权威·前沿·原创

皮书系列为
"十二五""十三五""十四五"时期国家重点出版物出版专项规划项目

BLUE BOOK

智库成果出版与传播平台

河南省社会科学院哲学社会科学创新工程试点项目

河南蓝皮书
BLUE BOOK OF HENAN

河南城市发展报告 (2023)
ANNUAL REPORT ON URBAN DEVELOPMENT OF HENAN (2023)

建设宜居韧性智慧现代化城市

主　编／王承哲　　王建国
副主编／王新涛　　李建华

社会科学文献出版社
SOCIAL SCIENCES ACADEMIC PRESS（CHINA）

图书在版编目（CIP）数据

河南城市发展报告 . 2023：建设宜居韧性智慧现代
化城市 / 王承哲，王建国主编 . --北京：社会科学文
献出版社，2022.12
　（河南蓝皮书）
　ISBN 978-7-5228-1105-5

　Ⅰ.①河…　Ⅱ.①王…②王…　Ⅲ.①城市经济-经
济发展-研究报告-河南-2023　Ⅳ.①F299.276.1

　中国版本图书馆 CIP 数据核字（2022）第 215588 号

河南蓝皮书

河南城市发展报告（2023）
——建设宜居韧性智慧现代化城市

主　　编 / 王承哲　王建国
副 主 编 / 王新涛　李建华

出 版 人 / 王利民
组稿编辑 / 任文武
责任编辑 / 王玉霞
文稿编辑 / 陈彩伊
责任印制 / 王京美

出　　版 / 社会科学文献出版社 · 城市和绿色发展分社（010）59367143
　　　　　　地址：北京市北三环中路甲 29 号院华龙大厦　邮编：100029
　　　　　　网址：www.ssap.com.cn
发　　行 / 社会科学文献出版社（010）59367028
印　　装 / 天津千鹤文化传播有限公司

规　　格 / 开本：787mm×1092mm　1/16
　　　　　　印 张：19.75　字 数：294 千字
版　　次 / 2022 年 12 月第 1 版　2022 年 12 月第 1 次印刷
书　　号 / ISBN 978-7-5228-1105-5
定　　价 / 98.00 元

读者服务电话：4008918866

河南蓝皮书编委会

主要编撰者简介

王承哲　河南省社会科学院院长、研究员。中宣部文化名家暨"四个一批"人才，中央马克思主义理论研究和建设工程重大项目首席专家，中国社会科学院大学博士生导师，河南省和郑州市国家级领军人才，《中州学刊》主编。主持马克思主义理论研究和建设工程、国家社科基金重大项目"网络意识形态工作研究""新时代条件下农村社会治理问题研究"两项以及国家社科基金一般项目两项。出版《意识形态与网络综合治理体系建设》等多部专著。参加庆祝中国共产党成立100周年大会、纪念马克思诞辰200周年大会中央领导讲话起草工作及中宣部《习近平新时代中国特色社会主义思想学习纲要》编写工作等，受到中宣部嘉奖。主持省委、省政府重要政策的起草制定工作，主持起草《华夏历史文明传承创新区建设方案》《河南省建设文化强省规划纲要（2005—2020年）》等多份重要文件。

王建国　河南省社会科学院城市与生态文明研究所所长、二级研究员。中原文化名家，河南省优秀专家，河南省学术技术带头人，全省宣传文化系统"四个一批"人才，"河南青年科技创新杰出奖"获得者，河南省城乡规划专家委员会委员，河南省国土规划专家委员会委员，河南省"十四五"规划专家委员会委员，河南省委宣讲团成员。先后主持和参与承担完成各类课题150余项，其中主持完成国家社科基金课题4项；独立发表文章150余篇，主编、合著及参与撰写出版专著20多部；先后获各种优秀成果奖30余项，其中省部级一等奖9项；先后参与《中原经济区建设规划纲要》《中原城市群发展总体规划》等重大规划的起草工作；主持承担50多项厅市县"十二五""十三五""十四五"规划的编制工作；有10多项研究成果得到省委省政府主要领导批示。

摘　要

随着我国经济发展由高速增长阶段转向高质量发展阶段，新型城镇化建设将由追求速度与规模向更加注重质量转变。国家发改委发布的《"十四五"新型城镇化实施方案》中提出了推进新型城市建设的要求，并强调顺应城市发展新趋势，加快转变城市发展方式，建设宜居、韧性、创新、智慧、绿色、人文城市。2022 年，河南省充分发挥新型城市作为重大平台载体的主引擎、主战场、主阵地作用，依托新型城市建设，着力提升城市发展质量，取得城镇化空间格局持续优化、生活空间品质显著改善等效果。2023 年，河南仍要在促进城镇化布局形态优化、增强城市发展动力、提高城市安全韧性、推动城市绿色低碳发展、推动城乡融合发展等几个方面持续发力，全面推进新型城市建设，集聚高质量发展新动能，助力新型城镇化提质增效。

《河南城市发展报告（2023）》围绕"建设宜居韧性智慧现代化城市"这一主题，立足河南发展实际，从宜居城市、韧性城市、创新城市、智慧城市、绿色城市建设等方面系统、全面地研究和探讨了建设宜居韧性智慧现代化城市的思路和对策建议，以推动和支撑河南新型城镇化的高质量发展。

《河南城市发展报告（2023）》总报告分为两个部分，第一部分《强化新型城市支撑城镇化高质量发展的平台载体功能——2022 年河南新型城镇化发展回顾与 2023 年展望》，系统梳理总结分析了 2022 年河南在新型城市支撑城镇化高质量发展方面的主要做法、成效以及存在的问题，对 2023 年河南新型城市支撑城镇化高质量发展的形势进行了分析和展望，并提出了

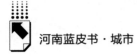

2023年河南新型城市支撑城镇化高质量发展的对策建议。第二部分《河南城市活力监测评价报告（2022）》，从人口、经济、社会、环境四个维度，构建河南城市活力大数据评价指标体系，对2021年河南省17个省辖市和济源示范区的城市活力进行综合评估与分析，在此基础上，提出了进一步提升河南城市活力的对策建议。其他专题报告分别从持续提升城市宜居水平、不断增强城市的安全韧性、全面提高城市的创新能力、加快构建新型智慧城市、深入推进绿色城市建设等方面着手，提出进一步加快建设宜居韧性智慧现代化城市的对策建议。

关键词： 城镇化　新型城市　城市活力　河南省

目 录 ⟲

Ⅰ 总报告

Ⅱ 宜居城市篇

Ⅲ 韧性城市篇

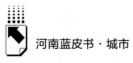
皮书数据库阅读**使用指南**

总 报 告

General Reports

B.1

强化新型城市支撑城镇化高质量
发展的平台载体功能

——2022 年河南新型城镇化发展回顾与 2023 年展望

摘　要： 2022 年，河南将以人为核心的新型城镇化战略作为"十大战略"之一，通过谋划推进中心城市和副中心城市建设、优化重塑"1+8"郑州都市圈、建设高品质新型城市等措施，取得城镇化质与量明显提升、城镇化空间格局持续优化、生活空间品质显著提升等成效。但是，河南城镇化仍然存在总体发展滞后于全国平均水平、发展空间不均衡、城乡融合发展程度不高等问题。2023 年，河南要在促进城镇化布局形态优化、增强城市发展动力、增强城市

---

* 课题负责人：王建国，河南省社会科学院城市与生态文明研究所所长、二级研究员，研究方向为城市经济、区域经济。课题组成员：王建国、王新涛、左雯、郭志远、易雪琴、李建华、盛见、韩鹏、彭俊杰、金东、赵中华、赵执。执笔人：王建国、王新涛、左雯、郭志远、易雪琴。

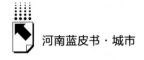
安全韧性、推动城市绿色低碳发展、推动城乡融合发展等几个方面持续发力，全面推进新型城市建设，助力城镇化提质增效。

关键词： 新型城镇化　新型城市　都市圈　城乡融合

一　2022年河南新型城市支撑城镇化高质量发展的现状

2022年，河南加快推进以人为核心的新型城镇化，着力构建"一主两副、四区协同、多点支撑"发展格局，推动郑州都市圈一体化建设，推进城市治理体系和治理能力现代化，建设宜居韧性智慧现代化城市，打造更健康、更安全、更宜居的高品质生活空间，持续推进新型城镇化高质量发展。

（一）主要做法

1. 加速推进中心城市建设

我国新型城镇化进入高质量发展阶段，中心城市、都市圈、城市群成为我国区域发展中承载发展要素的主要空间形式，河南省第十一次党代会明确提出要推动中心城市"起高峰"，发挥中心城市龙头带动作用，引领全省经济社会高质量发展。

郑州作为国家中心城市，担负着"当好国家队、提升国际化、引领现代化河南建设"的重任。在创新发展领域，2021年以来，河南省科学院重建重振和中原科技城、国家技术转移郑州中心建设加速推进，成功举办了全国"双创"活动周郑州主会场活动，持续打造中原龙子湖智慧岛品牌。先后有嵩山、黄河、龙湖现代免疫、龙子湖新能源4家省实验室在郑州挂牌运行，拟新组建6家省级重点实验室中，河南省水圈与流域水安全重点实验室、河南省心脏重构与移植重点实验室、河南省先进导体材料重点实验室、河南省高性能碳纤维增强复合材料重点实验室4家实验室将落户郑州。推进了中铁工程装备集团牵头的装备地下工程装备技术创新中心、"中原之光"超短超强激光实验装置项目、智能传感器 MEMS 平台等创新平台建设，创新资源加快集聚。在对外开放领域，2022 年 4 月 16 日，河南中欧班列统一命名为"中豫号"，此后先后开通了郑州至河内、郑州至万象、郑州至俄罗斯乌兰乌德的班列。深耕郑州—卢森堡"空中丝绸之路"，2022 年 9 月，郑州机场北货运区开始全面运营，年货邮保障能力从 50 万吨上升到 110 万吨，完成了郑州国际航空货运枢纽建设的重要一环。在产业发展方面，2022 年 6 月，郑州市政府集中发布了关于发展 6 个战略性新兴产业的实施意见和《郑州市人民政府办公厅关于加快软件和信息技术服务业发展的实施意见》，即"6+1 实施意见"，明确了关于 6 个战略性新兴产业及软件和信息技术服务业的目标任务、推进措施和支持政策；同月，郑州市人民政府印发《郑州市"十四五"战略性新兴产业发展总体规划（2021—2025 年）》，提出深入实施战略性新兴产业跨越发展工程，打造"153N"战略性新兴产业体系，努力将郑州建设成具有国际竞争力的战略性新兴产业发展高地。

洛阳作为副中心城市，一年来着力推进产业发展、城市提质、乡村振兴"三项重点工作"，实施产业发展"136"工作举措、城市提质"351"工作举措、乡村振兴"151"工作举措，高标准规划建设伊滨科技城和智慧岛，揭牌运营龙门实验室，谋划确定光电元器件、农机装备、高端轴承等十大重点发展的产业集群。

此外，省第十一次党代会明确提出支持南阳建设省域副中心城市，2022年省委省政府出台了《关于支持南阳以高效生态经济为引领 建设省域副中心城市的若干意见》，省农业农村厅、司法厅、卫生健康委等相关厅局相继出台了支持南阳副中心城市建设的意见，南阳市委审议通过了《市委市政府关于落实〈省委省政府关于支持南阳以高效生态经济为引领 建设省域副中心城市的若干意见〉的实施方案》《市委市政府建设省域副中心城市 2022年度工作目标任务》《市委市政府 2022 年 100 个重大支撑项目推进工作要求》，在 9 个领域重点发力，打造防爆电机、汽车零部件、数字光电等 21 个优势产业链，建设全国性综合交通枢纽。

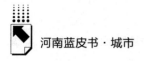

2. 优化重塑"1+8"郑州都市圈

2021年12月27日，河南省委宣传部举行了"奋进新征程 中原更出彩"主题系列第六场新闻发布会，正式宣布将洛阳、平顶山、漯河、济源四市纳入郑州都市圈，郑州都市圈由"1+4"拓展为"1+8"，包含郑州、开封、许昌、新乡、焦作、洛阳、平顶山、漯河、济源。扩容后的郑州都市圈空间格局为"一核一副一带多点"，"一核"是以郑州国家中心城市为引领，以郑开同城化、郑许一体化为支撑，将兰考纳入郑开同城化进程，发挥郑州航空港区枢纽作用，共同打造郑汴许核心引擎；"一副"是推动洛阳副中心城市和济源深度融合发展；"一带"是落实郑洛西高质量发展合作带国家战略；"多点"主要是指新乡、焦作、平顶山、漯河等新兴增长中心。2021年，郑州都市圈地区生产总值达到3.49万亿元，常住人口达到4674万人，城镇化率达到64.25%，高于全省7.8个百分点，郑州都市圈集聚了全省47%的人口，贡献了全省59.24%的经济总量，综合发展实力强劲。

进入2022年以来，郑州都市圈扩容提质发展加速推进。目前，郑州都市圈发展规划及相关专项规划的编制正在进行中，后者包括郑州都市圈生态保护与建设、产业协同发展、公共服务一体化、综合交通体系、能源保障一体化、水资源保障和水利设施建设规划以及新阶段郑州航空港经济综合实验区高质量发展规划等。全面启动郑新、许港、洛济焦等都市圈重点产业带建设。2022年9月，《关于"1+8郑州都市圈"住房公积金一体化协同发展有关事项的通知》明确郑州都市圈住房公积金实行互认互贷。

以郑开同城化、郑许一体化为支撑，协力打造"郑汴许"核心板块。郑开同城化速度加快，郑州、开封协商拟定《共同推进郑开同城化发展合作备忘录》，启动了郑开同城化发展规划、郑开同城化示范区国土空间规划编制。首批255项"郑开同城自贸通办"事项实现网上可办，一批郑开同城化先导性工程加速推进，郑州、开封籍ETC小型客车在郑开兰高速间指定站点实现免费通行，郑开城际铁路延长线建设、郑开大道快速化改造项目启动，同时预留了建设兰考城际铁路的条件。此外，郑州、开封联合发售郑开旅游年票。积极推进郑许一体化，2022年底郑许市域铁路将通车运营，将形成许昌和郑州的 1 小时通勤圈。许昌积极构建研发在郑、制造在许的产业链式错位发展格局，2021 年底，正式开行"许郑欧"公铁联运国际班列。郑州、许昌签订了《郑许公共文化服务同城合作协议》，争取郑州优质公共服务资源向许昌覆盖延伸。

3. 推进县域高质量发展

2022 年，中共中央办公厅、国务院办公厅出台《关于推进以县城为重要载体的城镇化建设的意见》，此前，2021 年，河南省第十一次党代会明确提出要推动县域经济"成高原"，河南已进入县域经济高质量发展的新阶段，着力推进三项改革落地。一是将"推进向县（市）下放更多经济社会管理权限"作为激发县域经济活力的着力点，持续深化放权赋能改革，2022 年 1 月 1 日，255 项赋予县（市）的经济社会管理权限全部下放到位，同时将下放的权限纳入一体化政务服务平台管理，推行"一窗受理、集成服务"和网上办理。加强对县（市）相关人员的培训和指导，开办了培训班，通过以会代训、跟班学习等多种方式提升相关人员的工作水平。厘清省、市、县三级的职责边界，形成省级部门宏观管理、省辖市本级管理、县（市）级决策执行一体的协同管理体系。二是 2022 年全面推行省直管县财政体制改革，财政直管县的范围扩大至全省县（市）。三是加快推进"一县一省级开发区"改革，统筹推进各开发区整合、扩区、调规等，截至 2022年 9 月，全省县（市）开发区整合到 102 个，基本实现"一县一省级开发区"目标。重建开发区管理架构，推行"管委会+公司"运作模式，全省开发区"三定方案"全部完成批复，全部组建了运营公司。制定《关于推进开发区"三化三制"改革的指导意见》，推动各开发区实行领导班子任期制、员工全员聘任制、工资绩效薪酬制。逐步剥离开发区教育、民政、卫生健康、信访、社会保障、征地拆迁、居民安置等社会管理职能。

各县（市）发力优势领域，如内乡县以牧原、金冠、飞龙等产业"龙头""链长"为核心整合产业链，形成壮大产业集群，成为"龙头带动型"县域高质量发展样本；原阳县深耕预制菜领域，高标准规划建设原阳县预制菜产业园，全力打造"中国（首家）预制菜全产业链创新中心"和"中国

（原阳）预制菜产业基地"。同时，加快推进县城提质扩容，促进产业集聚、人口集中，支持永城、林州、项城、长垣、新郑、禹州、巩义、固始、荥阳、邓州等发展成为50万人的中等城市。

4. 建设高品质新型城市

河南省第十一次党代会明确提出"打造宜居、韧性、智能的现代化城市"。在宜居城市建设方面，2022年，河南持续推进老旧小区、老旧厂区、老旧街区、城中村"三区一村"改造，计划改造老旧小区3787个37.86万户，各地积极探索老旧小区改造模式：开封市建立"1个领导小组+7个工作专班"的组织领导模式；洛阳市坚持集"散"为"整"、由"表"及"里"、求"同"存"异"、提"质"增"效"；鹤壁市形成"楼院合、组织合、服务合、人心合"改造模式；商丘市实施"四网合一"改造；信阳市全面推进老旧小区改造、片区开发、海绵城市建设三大工程，成功入选全国首批海绵城市建设示范城市。实施基础设施补短板行动，以构建"窄马路、密路网"为目标，打通一批断头路、卡脖路，新建和改造一批自来水厂、供水管网，推进燃气集中整治，开展燃气管道等老化更新改造，加快建设立体化智能化停车设施，优化充电桩等公共充换电设施布局，开展了地下市政基础设施普查。围绕"一老一小一青壮"，改造建设一批适老化、适幼化基础设施、社区。全面推行城市总体设计和重点区域城市设计，编制全省城乡历史文化保护传承体系规划纲要，谋划实施一批历史文化街区和历史建筑保护修缮、活化利用项目。

在韧性城市建设方面，2022年2月底前完成了城市洪涝和市政基础设施隐患、排水防涝薄弱环节和重要设施设备运行情况排查，开展城市内涝风险评估，启动城市排水防涝综合规划修编。加强城市排水系统与外部河湖连接，实现"联排联调"，持续推进老城区雨污分流改造，改造更新排水管网、泵站和排水设备、雨水连管和雨水口，汛期前省辖市基本消除城市排水管网空白区，完成城区低处、易受淹失效的泵站的迁移改造，基本完成城市雨水口、检查井等微排水设施专项整治，完成地下空间配电设施等重要设施设备迁移或防涝加固、出入口等改造防护。加强城市供水、供气等重要生命线工程和污水处理设施、通信设施、变配电站等重要基础设施安全保障，建立"点位、街道、区、市"四级城市排水防涝应急处置责任体系。提升城市公共卫生防控救治能力,分级建设重大疫情救治基地,提升平疫结合能力,确保新建改建的特定大型公共设施具备短期内改造为方舱医院的条件。加强应急管理体系和本质安全能力建设,建立各级减灾委与防汛抗旱、森林防火、气象灾害防御、防震抗震、地质灾害等专项指挥部之间工作联动协同机制。

在智慧城市建设方面,河南省发改委印发《2022 年河南省数字经济发展工作方案》,开展 8 个省级新型智慧城市试点建设中期评估,支持基础较好的省辖市率先建设 CIM 平台、时空大数据平台等,推动省级智慧社区试点加快建设,推动许昌市魏都区国家智能社会治理(社区治理特色)实验基地建设。

在绿色城市建设方面,2022 年计划开工建设日处理能力 80 万吨的生活污水处理厂 20 座、日处理能力 2000 吨的污泥处理厂 10 座。加强生活垃圾分类,推进定时定点分类投放,2022 年计划建成 10 座生活垃圾焚烧设施,停用 30 座、封场 15 座垃圾填埋场。《河南省绿色建筑条例》2022 年 3 月 1 日起实施,城市规划区内新建民用建筑要按照绿色建筑标准建设。

5. 推进城乡深度融合发展

2021 年 10 月,省政府印发实施的《国家城乡融合发展试验区(河南许昌)实施方案》,重点关注"人、地、钱、技"等领域改革。许昌市出台农村集体经营性建设用地入市管理办法,明确农村集体经营性建设用地入市范围、入市主体、入市途径、收益分配方式等。出台《许昌市农村产权抵质押贷款管理办法》,完善农村资产抵押担保产权权能,稳步推广农村承包土地经营权抵押贷款,增加 1 家以上符合条件的金融机构开展农村产权抵押融资,制定农村产权流转登记管理办法。推进科技成果入乡转化,建立入乡转化科技成果库,初步建成入乡转化科技成果筛选机制。推动城乡公共服务均等化建设,新建、改扩建中小学 32 所,依托市中心医院建设 3 个省级区域医疗中心,打造 50 个基层综合性文化服务中心示范点。

推进城镇基础设施向乡村延伸,2022 年 4 月,省交通运输厅印发《加快推进"四好农村路"示范创建提质扩面实施方案》,力争 2022 年底实现"县县都有示范乡、乡乡都有美丽农村路",并组织开展了 2022 年"四好农村路"省级示范县创建工作。2022 年集中开展农村公路危桥改造,新建改造农村公路 5000 千米以上,新增 1000 个行政村农村客运班线实现公交化运行。分区域推进规模化农村供水工程建设,启动第三批 10 个县农村供水"四化"工作,新乡市"四县一区"南水北调配套工程东线 PPP 项目、内黄县城乡供水一体化工程项目、"丹江水润清丰"城乡供水一体化项目 3 个项目入选全国农村规模化供水工程"两手发力"典型案例 20 例。继续实施农村危房改造,出台《2022 年河南省农村低收入群体等重点对象危房改造实施方案》《河南省农村危房改造补助资金管理办法》,截至 2022 年 7 月 5 日,全省农村危房改造开工率达到 47.6%,竣工率达到 27.1%,开工、竣工率均位于全国前列。2021 年 12 月,出台了《关于开展农村人居环境集中整治行动的通知》,成立了省农村人居环境集中整治行动工作专班,全省所有村庄开展集中整治行动。

(二)取得成效

1. 新型城镇化建设实现"量质并举"

2012~2021 年,河南常住人口城镇化率与全国的差距逐年缩小(见图 1)。2021 年,河南常住人口城镇化率达到 56.45%,低于全国平均水平 8.27 个百分点,从历史数据看,河南常住人口城镇化率长期落后于全国平均水平,但与全国的差距在逐年缩小,从 2012 年相差 11.11 个百分点缩小到 2021 年相差 8.27 个百分点。从增长速度看,从 2012 年到 2021 年,河南城镇化水平快速提高,常住人口城镇化率从 2012 年的 41.99% 增加至 2021 年的 56.45%,年均增加约 1.6 个百分点;同期全国常住人口城镇化率从 53.10% 增加至 64.72%,年均增加约 1.3 个百分点;10 年间河南常住人口城镇化率年均增速高于全国 0.3 个百分点,常住人口城镇化率与全国的差距越来越小。从河南户籍人口城镇化率看,2020 年达到 36.09%,同比增幅居全国前列,且与常住人口城镇化率的差距也在缩小。

城镇人口数量快速增长。河南是传统农业大省,农村人口众多,随着城镇化进程的持续深入推进,大量农村转移人口进入城镇,城镇常住人口数量

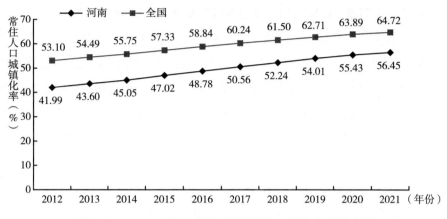

图1 2012~2021年河南与全国常住人口城镇化率的比较

资料来源：《中国统计年鉴2021》《河南统计年鉴2021》《2021年国民经济社会发展统计公报》《2021年河南省国民经济和社会发展统计公报》。

实现了快速增长。从2012年到2021年，全省城镇常住人口数量由4002万人增加到5579万人，10年增加了1577万人；同期乡村常住人口由5530万人减少到4304万人，10年减少了1226万人（见图2）。2017年全省城镇常住人口实现了对乡村常住人口的反超，河南城乡结构发生历史性变化，昔日传统农业大省实现了从乡村型社会到城市型社会的巨大转变。

图2 2012~2021年河南城镇和乡村常住人口情况

资料来源：《河南统计年鉴2021》《2021年河南省国民经济和社会发展统计公报》。

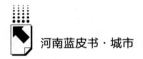

2.“一主两副、四区协同、多点支撑”发展格局初步确立

河南省第十一次党代会提出“加快形成以中原城市群为主体、大中小城市和小城镇协调发展的现代城镇体系”。强化龙头带动作用，加快郑州国家中心城市建设和洛阳、南阳省域副中心城市建设，推进豫西转型创新发展示范区、豫南高效生态经济示范区、豫东承接产业转移示范区、豫北跨区域协同发展示范区四大示范区协同联动发展，强化县域支撑新型城镇化发展的载体作用，“一主两副、四区协同、多点支撑”的城镇发展格局初步确立。

中心城市的龙头带动作用显著增强。2021 年，国家中心城市郑州市常住人口达到 1274.2 万人，城镇常住人口达到 1008 万人，常住人口城镇化率达到 79.11%，生产总值达到 12691 亿元，居全国第 16 位。与 2012 年相比，郑州市常住人口增加了 326 万人，城镇常住人口增加了 381 万人，常住人口城镇化率提高了约 13 个百分点。城镇常住人口增加数量高于常住人口增加数量，表明人口流动呈现向郑州城镇集聚的态势。2021 年，洛阳市城镇化率达到 65.88%，生产总值达到 5447.1 亿元，经济体量居中西部非省会城市首位，2012~2021 年，城镇化率年均提高 2.03 个百分点，比同期全省年均增长高出 0.42 个百分点。2021 年，南阳市城镇化率达到 51.61%，生产总值达到 4342.22 亿元，居全国第 61 位，2012~2021 年，城镇化率年均提高 1.72 个百分点，比同期全省年均增长高出 0.11 个百分点。2021 年，郑州、洛阳、南阳三个中心城市城镇常住人口总量达到 1971 万人，占全省常住城镇人口总量的约35%（见图 3），三市的生产总值达到 24480.32 亿元，占全省生产总值的约 38%（见图 4），三个中心城市对全省人口集聚和经济发展的带动作用进一步凸显。

县域支撑新型城镇化建设的载体作用进一步显现。2020 年，全省县域常住人口达到 6948 万人，占全省常住人口的比重约为 70%，县域生产总值达到 3.37 万亿元，占全省生产总值的比重达到 61.3%。2021 年，全省县（市）城镇常住人口达到 3207 万人，城镇化率达到 46.92%，与 2012 年相比，城镇常住人口增加 769 万人，城镇化率年均增长 1.55 个百分点，其中，城镇化率高于全省平均水平的有 66 个县（市、区），城镇化率超过 50% 的有 85 个县（市、区），城镇人口多于农村人口，已经进入城市型社会。第

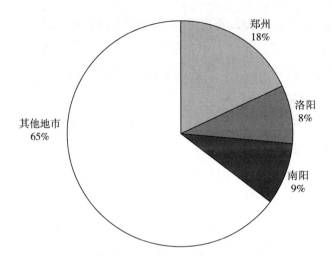

图 3　2021 年河南中心城市城镇常住人口占全省的比重

资料来源：2021 年河南全省和各市国民经济和社会发展
统计公报。

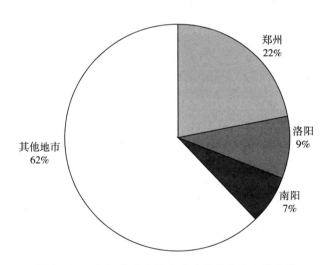

图 4　2021 年河南中心城市生产总值占全省的比重

资料来源：2021 年河南全省和各市国民经济和社会发展
统计公报。

七次全国人口普查数据显示，2020 年，省内流动人口中，跨省辖市流动人口占省内流动人口的比重为 31.8%，省辖市内流动人口占省内流动人口的比重为 68.2%，可以看出，省内流动人口以市内流动为主，进城人员更愿意选择离家较近、可以兼顾工作和家庭的县（市）安家落户，县域承载人口和就业的能力进一步增强，就近就地城镇化特征明显。

3. 生活空间品质显著提升

城镇基础设施不断完善。供水、排水、燃气、污水处理、垃圾处理等市政公用设施体系更加完善，2021 年，全省新建改造供水污水等管网 5100 多千米、热力站 567 座，新增集中供热面积 5181 万平方米、停车位 16.9 万个、绿地面积 6106 万平方米。从表 1 可以看出，2020 年，河南城市和县城污水处理率高于全国平均水平，河南城市生活垃圾处理率也高于全国平均水平，实现了从 2012 年落后全国 2.27 个百分点到 2020 年超过全国 0.92 个百分点的转变。虽然其他指标仍低于全国平均水平，但是这 10 年来河南不断加大市政基础设施投入，不断提升城镇生活品质，与全国的差距在逐年缩小。如供水普及率，2012 年河南城市供水普及率落后全国 5.4 个百分点，2020 年仅低于全国 0.8 个百分点，县城供水普及率由 2012 年落后全国 22.28 个百分点追赶至 2020 年低于全国 3.65 个百分点；2012 年河南城市和县城燃气普及率分别落后全国 15.21 个和 34.22 个百分点，2020 年河南城市和县城燃气普及率仅低于全国 1.04 个和 3.64 个百分点，差距极大缩小；建成区排水管道密度、人均道路面积、人均公园绿地面积三个指标与全国的差距也极大缩小。随着百城提质工程的加速推进，加快补齐县城的历史欠账，县城与城市在市政基础设施方面的差距逐步缩小。城镇基础设施供给总量不断增加，城镇功能日臻完善，综合承载能力进一步增强，在一定程度上加快了农村人口市民化的进程。

城市公共服务水平不断提升。2021 年河南城市卫生健康支出达到 404 亿元，比 2012 年增加了 308 亿元，城市卫生健康支出占全省的比重由 2012 年的 22.5% 增加到 2021 年的 39.6%。2021 年城市医院数量和城市医院床位数分别为 1040 个和 25.14 万张，城市医院数量占全省的比重由 2012 年的 27.5% 增加到 2021 年的 43.2%，城市医院床位数占全省的比重由 2012 年的 40.1% 增加到 2021 年的 46.8%。2021 年城市执业（助理）医师数达到 13.44 万人，城市执业（助理）医师数占全省的比重由 2012 年的 36.1% 增加到 2021 年的 45.2%。2021 年河南城市教育支出达到 619 亿元，城市教育支出占全省教育支出的比重由 2012 年的 27.1% 增加到 2021 年的 34.7%；2021 年普通高等学校数、城市普通中学数、城市幼儿园数分别达到 156 所、1452 所、5780 所，与 2012 年相比分别增长 30%、40.8%、12.8%。

新型城市建设加快步伐。城市更新工程取得较大进展，2021 年改造城镇老旧小区 6065 个 71.5 万户，全省新开工棚改安置房 12.35 万套，基本建成 20.84 万套，发放租赁补贴 2.45 万户。省辖市数字化城市管理平台建设完成，各城市普及了"互联网+政务服务"信息惠民服务，智慧城市建设取得较大进展。2021 年河南全年空气质量优良天数达到 256 天，地表水水质优良（Ⅰ～Ⅲ类）水体比例为 79.9%，无劣Ⅴ类水质断面，2021 年河南城市绿化覆盖面积、城市绿地面积分别达到 11.86 万公顷、10.46 万公顷，与 2012 年相比分别增长 86%、69.7%，居民生活环境显著改善。中原文化影响力不断增强，全省共有国家历史名城 8 个、历史文化名镇 10 个，2021 年新公布省级历史文化街区 10 处、历史建筑 641 处，人文城市建设加快推进。

表1　2012 年和 2020 年全国与河南城市、县城市政基础设施建设基本情况

	年份	全国		河南	
		城市	县城	城市	县城
供水普及率(%)	2012	97.16	86.94	91.76	64.66
	2020	98.99	96.66	98.19	93.01
燃气普及率(%)	2012	93.15	68.5	77.94	34.28
	2020	97.87	89.07	96.83	85.43
建成区排水管道密度(千米)	2012	12.99	9.95	8.69	5.57
	2020	11.11	9.6	8.86	9.25
人均道路面积(平方米)	2012	14.39	14.09	11.08	12.54
	2020	18.04	18.92	15.32	18.5
人均公园绿地面积(平方米)	2012	12.26	8.99	9.23	5.18
	2020	14.78	13.44	14.43	11.69
污水处理率(%)	2012	87.3	75.24	87.83	78.83
	2020	97.53	95.05	98.32	97.01
生活垃圾处理率(%)	2012	93.32	75.09	91.05	75.35
	2020	99.02	99.31	99.94	99.21

资料来源：《中国城乡建设统计年鉴 2020》。

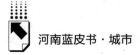
4. 城市治理效能有所增强

城市精细化管理水平不断提升。河南坚持以绣花功夫推进城市规划建设管理，老城区、背街小巷、城乡接合部等薄弱区域精细化管理水平不断提升，城市清洁行动和"U 型空间"治理取得成效。洛阳、平顶山、信阳、驻马店等市 43 条背街小巷整治列入住建部"我为群众办实事"项目。郑州市印发了 6 项专项整治方案，加快推进城市"序化、洁化、绿化、亮化"，消除"脏乱差"，城市"颜值"大幅提高。洛阳连续开展冬季绿化精细化管理"百日会战"、春季绿化集中行动等，对市区 200 余条道路、公园游园、街角绿地的绿化进行"微改造"，形成春有花、夏有荫、秋出彩、冬有绿的高品质城市绿化景观。

城市治理数字化转型加快推进。数字城管升级为智慧城管，郑州、洛阳、濮阳等市《城市综合管理服务平台（智慧城管）项目建设方案》通过评审，截至 2022 年 6 月，郑州智慧城管项目一期项目完成初验，二期项目压茬启动，洛阳市正在搭建"1+1+3+N"的智慧城管新模式，许昌市城市综合管理服务平台基本建成。郑州、洛阳智慧停车平台已经投入使用，截至 2022 年 6 月，全市路内停车场和 98.3%以上的经营性停车场已经接入郑州智慧停车管理平台，平台注册用户达到 146 万。2021 年，全省 10 个市县初步建成智慧园林系统，焦作市启动"智慧园林"一期建设，开展了"11332"绿化专项建设，首个"智慧公园"龙源湖公园投入使用。

5. 农业转移人口市民化成效显著

城市落户通畅便捷。持续深化户籍制度改革，《2020 年河南省新型城镇化建设和城乡融合发展重点任务》明确提出要全面取消除郑州市中心城区之外的其他市县和省辖市落户限制，2022 年 9 月，《郑州市公安局关于进一步深化户籍制度改革的实施意见（征求意见稿）》发布，提出："进一步放宽中心城区落户条件。凡在我市中心城区具有合法稳定就业或合法稳定住所（含租赁）的人员，不受社保缴费年限和居住年限的限制，本人及其共同居住生活的配偶、子女和父母，可以在我市申请登记城镇居民户口。"至此，全省基本实现零门槛落户。

农业转移人口市民化待遇不断提升。河南实施居住证制度，截至 2021 年底累计制发居住证 394.5 万张，建立与居住证挂钩的基本公共服务提供机制，居住证持有人与户籍人口同等享有公租房申请权利。进城务工人口随迁子女义务教育阶段可以在公办学校或以政府购买服务方式入学就读。外来人口在基本公共卫生、体育、文化、法律援助、就业培训等方面均可享受与本地户籍人口同等待遇。相关调查显示，农业转移人口主动留在城市、落户城市、融入城市的意愿明显增强，生活满意度和对所在城市的适应度不断提高，对所在城市归属感不断增强。

城镇吸纳就业能力不断增强。2021 年全省城镇就业人员达到 2627 万人，与 2012 年相比增加 725 万人。2021 年全省三次产业就业人员分别为 1172 万人、1446 万人、2222 万人，全省三次产业就业比为 24.2：29.9：45.9，全国三次产业就业比为 22.9：29.1：48.0。2012 年全省三次产业就业比为 41.8：30.5：27.7，全国三次产业就业比为 33.6：30.3：36.1。虽然 2021 年河南第三产业吸纳就业人数的比重与全国相比还相差 2.1 个百分点，但是与 2012 年相差 8.4 个百分点相比，第三产业吸纳就业人数比重与全国的差距在逐年缩小，表明河南第三产业吸纳就业的能力快速提升，第三产业作为吸纳劳动力就业最主要的容纳器和蓄水池，其发展极大促进劳动力向非农产业和现代服务业的转移，推动了全省农业人口向城镇加速转移。

（三）存在问题

虽然近年来河南新型城镇化保持了较高的发展速度，但是由于河南是人口大省、农业大省，农业人口规模大、基数大，传统农区面积大，河南的新型城镇化仍然存在一些难题约束，存在一些结构性矛盾，迫切需要 2023 年坚持质与量并重的发展导向，持续推进新型城镇化扩量提质。

1. 城镇化总体发展水平不高

和全国平均水平相比，河南城镇化发展仍然滞后，2021 年常住人口城镇化率低于全国平均水平 8.27 个百分点，仅高于广西、贵州、云南、西藏、甘肃等几个西部省区，在东部、东北、中部的所有省份中，常住人口城镇化率最低。同时，河南新型城镇化的发展，在空间上也存在一定的不平衡性。2021年，郑州、洛阳、鹤壁、新乡、焦作、三门峡等6个省辖市和济源示范区的常住人口城镇化率高于全省平均水平，占全省省辖市（示范区）总数的比重为38.9%；其余11个省辖市均低于全省平均水平，占全省省辖市（示范区）总数的比重达到61.1%；在各省辖市和济源示范区中，郑州的常住人口城镇化率最高，为79.1%，周口最低，为43.62%，相比较而言，郑州高于周口35.48个百分点，差距较为明显。从空间分布来看，城镇化率高于全省平均水平的省辖市（示范区）基本分布于以郑州、洛阳为中心的豫西、豫北地区。相比之下，2012年，全省共有郑州、洛阳、平顶山、安阳、鹤壁、新乡、焦作、许昌、漯河、三门峡10个省辖市和济源示范区的常住人口城镇化率高于全省平均水平，在全省省辖市（示范区）数量中所占比重为61.1%。2012年和2021年对比，平顶山、安阳、许昌、漯河等4个省辖市的常住人口城镇化率从高于全省平均水平转变为低于全省平均水平，占全省省辖市总数的比重达到22.2%，可以说，10年来河南全省的新型城镇化总体格局发生了明显的变化。从河南城镇化所处的发展阶段看，2017年河南的常住人口城镇化率才突破50%，实现由乡村型社会为主体向城市型社会为主体的历史性转变，当前仍处于城镇化的快速增长阶段。但是由于区域之间发展的不平衡，人口的流动方向和集聚的空间布局呈现新的特征，更多的人口流向郑州、洛阳等中心城市及发展基础、发展潜力较好的省辖市，其余省辖市的人口处于净流出状态，这种城镇化空间上的非均衡布局，造成区域非均衡发展，进而导致城市间经济差距大，城市联动发展不发达，产业分工不明确。下一步河南城镇化的重点要更加突出豫中南、豫东等区域，特别是黄淮农区，推动城镇化保持一定的增长速度和发展质量。

2. 中心城市支撑带动能力不强

现代市场经济具有规模经济的特征，强调区域协同、区域一体，强化中心城市和城镇体系的协同，中心城市通过"通道+网络"的方式作用于区域，从而带动区域的发展。考虑到中心城市空间作用的衰减规律，河南城镇化滞后暴露的问题是中心城市支撑带动能力不强，辐射带动空间有限。郑州作为国家中心城市和中原城市群的核心城市，2021 年完成地区生产总值 12691 亿元，在全国排第 16 位。和其他国家中心城市以及国家级城市群的中心城市相比，郑州的经济总量，不仅低于长三角、珠三角、京津冀等国家级城市群的中心城市和副中心城市，而且还低于长江中游城市群、成渝城市群的武汉、长沙、重庆、成都等中心城市，带动能力明显不足。从产业发展能力来看，郑州的科技创新基础薄弱，高端产业支撑能力不足，与"合肥模式""长沙制造"相比，郑州产业发展缺乏特色和亮点，集聚、裂变、辐射、带动能力不强。从集聚人口能力看，2021 年，郑州市常住人口占全省常住人口的比重仅为 12.9%，在国家中心城市和周边省会城市中处于较低水平。从国内城镇化发展水平较高省份的发展实践来看，省域层面的城镇化需要两个或两个以上城市来共同带动，例如江苏的南京、苏州、徐州等，浙江的杭州、宁波，山东的济南、青岛，广东的广州、深圳，福建的福州、泉州、厦门。河南虽然把洛阳、南阳列为副中心城市加以支持，但是 2021 年洛阳的经济总量为 5447.1 亿元，南阳的经济总量为 4342.22 亿元，和其他副中心城市相比，综合经济实力和带动能力明显不强。从区域布局来看，豫北、豫东南、豫中南更是缺乏具有支撑带动能力的中心城市，濮阳、安阳、鹤壁、商丘、周口、驻马店、平顶山、漯河、信阳等城市综合经济实力不强，支撑市域城镇化发展的能力更弱，再加上属于传统农区，农业人口众多，小城镇发展滞后，导致城镇化发展不充分。

3. 市本级辐射带动能力不够

近年来，虽然河南各省辖市的市本级经济发展取得了较大成就，但是和经济高质量发展的要求相比，和省委省政府的战略部署相比，和人民群众对美好生活的期盼相比，和河南所处的城镇化、工业化阶段特征相比，和市本级应该发挥的功能作用相比，市本级经济还面临一些问题。从全省整体看，市本级地区生产总值占比仅为 42.52%，低于山西、河北、陕西等周边省份；多数城市存在市本级经济规模小、占比低、"小马拉大车"的现象。综合实力不强，又制约了市本级对资本、技术、人才等生产要素集聚能力的提升。此外，各城市在经历"退二进三"之后，技术密集型、知识密集型、环境友好型、附加值高、资源能源消耗少的都市型工业和现代服务业还没有完成接续替代,新技术、新产业、新业态、新模式发展不充分;工业小区、工业楼宇等平台载体相对较少,市本级发展工业主要依靠各开发区;金融保险、电子商务、现代物流、服务外包、文化创意、检验检测、合同能源管理等现代服务业业态较少、规模偏小,对经济增长的贡献度仍然较低。市本级的创新策源功能也未能充分发挥,对经济高质量发展的支撑作用也较为有限。随着人口集中、产业集聚、功能集成,市本级经济的空间资源不足问题日益凸显,此外,还存在存量建设用地闲置多、产出效益低等问题。

4. 城镇安全韧性发展不足

韧性城市建设就是要让城市在受到外界各种干扰与冲击时,能够维持正常的生产和生活,或者在经历干扰和冲击之后,能够快速有效应对,把损失降到最低。近年来,河南以建设宜居韧性智慧现代化城市为导向,使安全理念贯穿城市规划、建设、管理全过程,在海绵城市建设、补短板强弱项等方面都取得一定成效。但是,由于历史欠账较多、发展理念滞后等原因,河南城市的安全韧性水平仍有待于进一步提高。如水利和供排水工程体系存在薄弱环节,特别是面对百年一遇甚至更加极端的气象灾害,短板十分明显。从城市排水设施建设来看,2021 年河南城市排水管道长度达到 2.43 万千米,城市建成区面积达到 2550 平方千米,城市建成区排水管道密度达 9.53 千米/千米^2。对比全国,截止到 2020 年底,全国城市建成区排水管道密度已经达到 11.11 千米/千米^2,河南与全国平均水平相差较大。另外,城市绿地面积少将阻断雨水补给地下水的途径,导致城市地下水水位难以回升,也会进一步加剧城市的干旱和地面沉降等问题。2021 年全国城市人均公园绿地面积达到 14.87 平方米,而河南仍低于全国平均水平。除了城市,建制镇在安全韧性宜居方面存在的差距更为明显,燃气普及率、人均公园绿地面积、污水处理率、生活垃圾处理率等指标远远低于全国平均水平。

5. 城乡融合发展程度不高

2014 年以来,河南农村居民人均可支配收入增速持续快于城镇,到2021 年,全省城乡居民人均可支配收入比值下降到 2.12,但是从绝对量上看，城乡居民收入差距依然在拉大，2014 年城乡居民人均可支配收入差距为 14975.4 元，2021 年差距达到 19562 元。从城乡居民消费来看，2021 年城乡居民人均消费支出分别达到 23178 元、14073 元，城镇居民人均消费支出占收入的比重为 62.5%，农村居民人均消费支出占收入的比重为 80.3%，远远高于城镇居民。从收入来源看，2021 年城乡居民人均工资性收入分别为 21082 元、6695 元，城乡居民人均工资性收入比值为 3.15，远远高于城乡居民人均可支配收入比；2021 年城乡居民人均财产净收入分别为 3275 元、253 元，对比更加鲜明。农村居民收入来源主要是经营性收入，依靠工资性收入的新型职业农民数量较少。从基础设施和公共服务总体水平看，城乡差距仍然较大，优质的教育、医疗、文化、体育等公共服务资源也向大中城市集中，小城镇难以为居民提供较好的医疗、教育、文化休闲等服务，实现城乡基本公共服务均等化任务还十分艰巨。

二 2023年河南新型城市支撑城镇化 高质量发展的形势和展望

"十四五"时期，我国进入了全面建设社会主义现代化国家的新发展阶段。然而，以往支撑城镇化发展的"人口红利""土地红利""投资红利"都已开始显现"拐点"，而前期所积累的大量问题和矛盾将在中后期集中显露，未来城镇化发展"从失衡到均衡"需要付出不断趋高的成本，急需从外延无序式扩张向内涵集约式提升方向转型。河南省委、省政府提出要以"前瞻 30 年的眼光"进行谋划布局，确保实现高质量建设，高水平实现现代化河南的奋斗目标，并将以人为核心的新型城镇化战略确立为"十大战略"之一。立足新发展阶段，全面贯彻新发展理念，顺应城镇化发展新趋势，深入实施以人为核心的新型城镇化战略，河南新型城镇化发展的规模和质量将迈上新台阶。

（一）形势分析

1. 人口发展新特征促进城镇化呈现新趋势

从人口规模来看，河南人口自然增长率加速降低，到 2021 年已跌破

1‰，为 0.64‰，① 2020 年，65 岁及以上人口达到 1340 万人，占总人口的比重达到 13.5%，② 城市老年人口数量比农村老年人口数量多，但农村的人口老龄化程度高于城市。劳动年龄人口规模加速缩减，农村劳动力从无限供给变为有限剩余，人口红利正在消退，城市很难再以低成本吸纳劳动力资源，城乡间人口转移总量逐步趋于稳定甚至出现下降，但同时给城市基础设施和公共服务资源的供给、社会保障制度的衔接等带来明显挑战。从新增城镇人口的结构来看，随着以老一代农民工为主体的农业转移人口的减少，新增城镇人口结构发生了明显变化，由过去以农民工为主转向以各类高校毕业生、农村籍退伍转业军人、在城镇有稳定收入的流动人口等群体为主。从人口就业结构来看，农村从业人员占比仍明显高于城镇就业人员占比，且第三产业从业人员占比与第二产业从业人员占比相差不明显，在未来工业化、信息化持续推进的背景下，在非农产业中第二产业的"机器替代人"趋势发展将明显快于第三产业，第三产业作为吸纳农业转移人口的重要领域，从业人员比重将会持续上升。从人口流动来看，尽管人口流向发达地区和大城市的趋势依然明显，但人口长距离跨省流动的比例逐步下降，省内跨市流动的比例以及城镇间流动的比例在上升，城与城之间的流动将会逐步取代乡与城之间的流动，县城与中心城市之间、县城之间吸纳农业转移人口的竞争关系会愈发明显，一些区域内部还可能出现人口从大城市往周边中小城市、从城市往乡村部分回流的现象。

2.经济下行压力产生的传导效应没有减弱

在过去几十年的高速增长后，我国经济发展面临的诸多"结构性失衡"问题已经且仍将在未来一段时期集中显现，在近年来多重超预期因素叠加影响下，尽管国家及时出台并推动实施了一系列刺激经济、助企纾困政策措施，但国内经济下行压力持续增大，河南作为经济大省也未能幸免，城市经济发展作为经济发展的重要组成部分受到的影响尤为明显。比如，土地市场供应和成交呈现疲态，投资增速进一步放缓，2020 年、2021 年河南固定资

---

① 数据来源：《2021 年河南省国民经济和社会发展统计公报》。
② 数据来源：《河南省第七次全国人口普查公报（第四号）》。

产投资增速在 4.3%~4.5% 之间徘徊，与疫情前 8% 及以上的增速相比差距较大；未来一段时期预计城市房地产数据将持续下滑，且在多数城市呈现明显收缩态势；工业企业发展不容乐观，工业增加值增速尽管已从 2021 年开始强势反弹但依旧偏低，税收收入增速进一步回落；消费有所改善但增速持续偏低，河南社会消费品零售总额增速从 2020 年的 -4.1% 上升到 2021 年的 8.3%，但仍旧没有恢复到 2020 年以前的 10% 以上；非农产业发展面临的困难增多导致吸纳就业的能力、用工需求有所下降，部分行业、企业出现减招缩招现象，特别是作为吸纳就业主力军的中小微企业面临的风险挑战有所增多，在近几年以高校毕业生为主体的青年就业群体规模持续增加以及能耗双控、限电限产、教育"双减"和房地产调控等政策叠加影响下，城镇就业压力持续增加，就业结构性矛盾持续显现，近几年来河南的城镇登记失业率有所上升就是明显的例子。[1]

3. 资源要素约束趋紧局面仍会较长期持续

河南省城镇化水平与全国平均水平及发达地区相比还存在明显差距，未来城镇化的任务仍然艰巨，面临的资源要素约束也比其他地区更加突出。比如，耕地红线对城镇化土地使用形成硬约束。人多地少是我国基本国情，耕地是农业和粮食生产的基础性条件。作为农业大省和国家粮食主产区，河南耕地的充足和优质的保障事关国家粮食安全大局。"十四五"期间，国家将实施"最严格的耕地保护制度，强化耕地数量保护和质量提升，严守 18 亿亩耕地红线，遏制耕地'非农化'、防止'非粮化'，规范耕地占补平衡，严禁占优补劣"[2]，这必然会给城镇化用地带来巨大压力。再比如，河南的水资源短缺形势十分严峻。河南属于严重缺水省份，常年缺水 50 亿立方米，人均水资源占有量 410 立方米，仅为全国人均水平的 20%，长期低于人均500 立方米这一国际公认的极度缺水边缘标准，2020 年居全国第 24 位。同

---

① 数据来源：《2021 年河南省国民经济和社会发展统计公报》。

② 《中华人民共和国国民经济和社会发展第十四个五年规划和 2035 年远景目标纲要》，中华人民共和国中央人民政府网站，http：//www.gov.cn/xinwen/2021 - 03/13/content_ 5592 681. htm。

时，缺水导致地下水超采，引发地下水枯竭、地面下沉，豫北地下水漏斗区面积超过 1 万平方千米。另外，一些地区水资源污染严重，使水资源紧张的形势进一步恶化，2020 年河南国考河流监测断面中水质符合Ⅳ类标准的比例仅有 22.3%。① 在资源要素约束趋紧的背景下，城市经济社会将进入压缩式快速发展阶段，② 河南城镇化发展道路应该加速由传统粗放发展模式向集约高效的高质量发展模式转变。

4."双碳"目标赋予城市发展新的历史使命

我国已向全世界承诺二氧化碳排放将分别在 2030 年前实现碳达峰和 2060 年前实现碳中和。中国要在工业化、城镇化进程没有完成的情况下以及比欧美国家少一半还多的时间内实现"双碳"目标，困难非比寻常。城乡建设是碳排放的主要领域之一，城市是实现"双碳"目标的主战场。可以肯定的是，未来一段时期，我国仍处于工业化、城镇化、现代化的关键时期，制造业规模庞大且工业结构偏重、能源结构偏碳且能源需求持续增长，能源利用效率偏低，传统污染物排放与温室气体排放同步且处于高位。在中国庞大的人口基数背景及城镇化持续快速发展趋势下，无论是存量还是增量，城市基础设施建设、非农产业发展、城市居民消费等众多领域的碳排放量及其占全社会碳排放总量比例均将进一步提高，决定了未来我国的排放增长会是一个大的趋势。2022 年 7 月 13 日，住建部、国家发改委发布了《城乡建设领域碳达峰实施方案》，提出 2030 年前城乡建设领域碳排放达到峰值，同时针对建筑节能、垃圾资源化利用、能源利用效率、用能结构、城市更新、城市结构与布局、县城低碳化发展等多个方面提出了具体的减碳目标，也为城市绿色低碳转型发展设定了"期限"。未来的城镇化必须以增强城市整体性、系统性、生长性为导向，将城镇化与碳达峰、碳中和进程统筹起来加以规划，形成更加绿色低碳的城镇化发展模式，推动城市实现低碳化发展。

---

① 王建国主编《黄河流域生态保护和高质量发展的河南担当》，社会科学文献出版社，2021，第 217~218 页。

② 丁仲礼：《深入理解碳中和的基本逻辑和技术需求》，《时事报告》（党委中心组学习）2022 年第 4 期。

5. 重大突发性风险频发考验城市治理能力

无论是大城市还是中小城市，都是一个个巨大的复杂的经济社会运行系统。随着城镇化进程的持续推进，人口、土地、资金等要素加快集聚，各类城市面临的各种不确定性和风险也在不断叠加，且集聚的规模和强度越大，面临的风险尤其是重大突发性灾害事件、紧急事件、危机事件产生的风险越大。比如，随着全球气候变暖呈现持续加速趋势，极端天气气候事件与城镇化的交互式影响产生的负面效应愈发明显，极端降雨产生的城市型洪涝灾害、极端高温产生的城市"热岛效应"、"雨岛效应"、大风引发的城市安全事故等各类风险呈现高发态势。再比如，新冠肺炎疫情常态化防控趋势仍将持续，且近期疫情呈现很明显的多点并发、传播能力强的特征，人口高度集聚的大城市、管理相对薄弱的县城往往成为疫情传播的重灾区，且人员、防疫物资、医疗资源、隔离空间等各方面需求对城市运行造成不小压力。这些重大突发性风险频频发生，一方面对农业转移人口的进城意愿造成了一定冲击，另一方面使长期缺乏应急管理能力规划建设的城市基础设施和运营服务体系面临严峻考验。未来必须统筹好城市的发展和安全问题，将增强城市应急管理能力摆在更加突出的位置，更加注重提升城市韧性及智慧化水平，这样才能保障城市居民的幸福感、获得感的提升，并让潜在市民安心进城。

（二）发展展望

1. 从规模扩张到量质并举，城镇化发展潜力进一步释放

当前，河南非农产业和农业劳动生产率、城乡居民收入差距仍然较为明显，同时，河南叠加了构建新发展格局战略机遇、新时代推动中部地区高质量发展政策机遇、黄河流域生态保护和高质量发展历史机遇等多重机遇"红利"，未来农业转移人口市民化依然是大趋势，城镇化是河南未来发展的最大潜力所在，河南的城镇化是支撑全国城镇化水平持续提升的重要板块。在"十四五"期间乃至更长时期内，河南仍将牢记习近平总书记嘱托，持续打好新型城镇化牌，通过统筹处理好人口向大城市集聚与向中小城市流动的关系、农业转移人口进城务工与进城落户的关系、城镇发展与乡村振兴的关系等城镇化进程中出现的新的重大关系，更加注重坚持从社会全面进步和人的全面发展出发，推动发展方式由过去的"高速度"转向"高质量"，各种特色化、专业化城市的发展机会将会大量涌现，城市经济仍具有保持中高速增长的发展潜力。综合来看，按照目前的人口流动态势，"十四五"时期河南城镇化仍处于较快发展阶段，预计每年新增城镇常住人口在150万人左右，常住人口城镇化率年均增幅高于全国和中部，到2022年底常住人口城镇化率将达到57.5%。

2. 从要素投资到创新开放，城镇化发展驱动力持续转换

"十四五"时期，河南仍具备推动农业人口加速向城市转移、劳动力从农业加速向非农产业转移的强劲动力，由此必将带来大规模投资和消费乃至经济的结构性调整，进而形成经济增长的巨大动能。然而，在经济结构转型、资源环境压力、疫情防控常态化等多重约束下，仅靠要素和投资驱动城镇化已然不可持续。在新发展阶段，河南全面实施以人为核心的新型城镇化战略，人才、技术、制度等方面的创新开放将是未来城镇化发展红利新的来源。更加注重充分发挥城市作为经济转型和动能转换主平台、主阵地的功能作用，以改革开放创新加快"有中出新""无中生有"进而形成一批推动城市转型发展的新技术、新产业、新模式，打造一流创新生态和开放格局；更加注重加快互联网、大数据、云计算等新一代信息技术与城市规划、建设、管理、运营等各领域各环节深度融合，加大城镇化关键性制度创新供给力度，注重城市精神价值的挖掘与培育，从而推动城镇化动力从当前以土地、资本等物质要素投入为主向以制度创新、科技创新、文化创新等柔性要素投入为主转变；更加注重保持更开阔的视野，积极培育一批"塔尖"中心城市，不断提升中心城市对外连通度和影响力，引领、辐射、带动周边地区积极融入更大区域范围的城市体系和市场体系，有力支撑国家或地区参与未来的区域竞争。

3. 从板块塌陷到板块协同，城镇空间格局加速重塑优化

人口、经济要素向优势地区集聚成为不可逆转的趋势。随着河南中心城市"起高峰"、县域经济"成高原"等城镇化发展的重大部署落地实施，资源要素向中心城市和县城两端集聚趋势将进一步延续，中心城市辐射带动效应将进一步发挥，就近城镇化趋势更加明显，县城将成为就近城镇化的重要载体，将加快形成主副引领、四区协同、多点支撑的城镇化空间格局。未来一段时期，预计豫北、豫中南、豫东等板块的常住人口城镇化率将明显提升，与全省平均水平差距明显缩小。其中，郑州国家中心城市引领现代化河南建设能力持续强化，郑州"1+8"都市圈扩容提质，郑开同城化水平进一步提升，郑（郑州）许（许昌）、郑新（新乡）、郑焦（焦作）、郑平（平顶山）、郑漯（漯河）融合发展持续深入；洛阳作为中原城市群副中心城市的能级持续提升，将建设成为引领带动河南实现高质量发展新的增长极，与三门峡、济源等城市深入协同打造豫西转型创新发展示范区；南阳作为省域副中心城市的建设深入推进，与信阳、驻马店等城市加快协同打造豫南高效生态经济示范区；豫东承接产业转移示范区、豫北跨区域协同发展示范区、革命老区高质量发展示范区建设将取得显著成效；百城建设提质工程深入推进，"一县一省级开发区"将成为县域经济高质量发展重要平台载体，县城扩容提质的成效将更加突出。

4. 从传统城市到新型城市，城镇化的功能品质不断提升

顺应城市发展新趋势，未来河南新型城镇化将围绕"人"的现代化精耕细作，加快建设宜居、韧性、创新、智慧、绿色、人文城市，基于环境容量和综合承载能力的城市生产、生活、生态空间品质将不断提升，城市实现内涵式发展。以疫病预防控制、城市内涝治理、应急救灾为重点的韧性城市建设步伐加快，"里子工程""避险工程"建设取得明显成效，全覆盖、全过程、全天候城市治理能力不断提升。随着人工智能、区块链、云计算、大数据分析等大数据技术加速发展和全面运用，以"城市数据大脑""数字孪生城市"建设为重点的智慧城市建设步伐加快，"互联网+服务平台"建设深入推进，数字技术应用场景愈发丰富，城市运行管理、决策辅助和应急处置能力将显著增强。绿色城市建设进入新阶段，除了建设城市公共绿地、城区绿色生活圈、环城生态防护圈等传统城市生态建设项目外，更将积极倡导绿色交通出行、零碳城市建设、绿色城市管理运营方式，城镇化助力提升生态系统质量和稳定性的作用也将进一步发挥，城市的包容性、宜居性、公平性将明显提升。城市规划建设将更加注重保护能够传承城市历史文脉的文化遗迹、建筑、街区，进而将其打造成为彰显城市文化肌理和特色的城市空间、城市景观、城市环境，酒吧、咖啡店、博物馆、图书馆、公园等城市"第三空间"的文化属性将更加突出，城市的文化品位和品牌形象进一步提升。城市无障碍环境建设将不断加快，将逐步打造出一批全年龄、残疾人友好型城市，城市将更有"温度"。

5. 从二元发展到深度融合，新型工农城乡关系加快形成

随着新型城镇化和乡村振兴战略的协同推进，河南以工业反哺农业、以城市支持农村的发展条件将更加成熟，城乡融合发展的内在驱动机制将逐步形成，城乡发展差距不断缩小，城乡关系进入加速融合期，城乡区域发展将更加协调。城乡融合的体制机制创新仍将持续，农村集体产权制度、农村宅基地制度、农村集体经营性建设用地入市制度等的改革持续深化，城镇建设用地等公共资源按常住人口规模配置的水平将不断提升，农业转移人口市民化政策机制将更具包容性。人口在城乡之间的双向自由流动和多元互动趋势更加明显，居民"城乡双栖"现象将更加普遍。人、地、钱等传统要素将与技术、产权、数据等新兴要素一样在城乡之间实现更加频繁的双向流动和跨界配置，乡村资源的资产价值日趋显现，农村三次产业加速融合，城乡产业加速协同发展，融入国内大市场的条件将更加成熟。城乡规划一体化步伐持续加快，农村分类标准和规划布局将更加科学合理，城市市政基础设施不断向农村地区延伸，美丽乡村建设的步伐进一步加快，城乡之间的基础设施互联互通和公共服务衔接融合将进一步增强，城乡人居环境落差将不断缩小，城乡地域空间的连续性和统一性更加明显，紧凑一体的城乡空间网络将加快形成。城乡之间的教育、就业、医疗卫生、公共文化等基本公共服务的衔接融合不断增强，逐步实现优质均衡发展，城乡居民收入差距持续缩小，将为实现共同富裕打下坚实基础。

三　2023年河南新型城市支撑城镇化
高质量发展的对策建议

进入新发展阶段，要立足于河南城镇化发展基础，顺应城镇化发展规律，更加注重以人为本，重点围绕促进大中小城市和小城镇协调发展、增强城市发展动力、提高城市安全韧性、推动城市绿色低碳发展、推动城乡融合发展等几个方面，破解城镇化建设中存在的突出问题，全面推进新型城市建设，助力城镇化提质增效。

（一）抓两头，优化城镇化空间形态和布局

提升郑州国家中心城市规模能级。积极承接国家重大生产力和创新体系布局，强化科技创新、枢纽开放、教育文化、金融服务等功能，注重提升作为国家中心城市的集聚、裂变、辐射、带动能力。引领科技创新是国家中心城市应当承担的核心功能之一，与其他国家中心城市相比，郑州在科技创新方面还较为薄弱。坚定不移实施科技强市战略，补齐郑州在科技创新领域的短板弱项，努力在全省建设国家创新高地中"起高峰"。国家中心城市是现代产业体系完备的城市，制造业高度发达，服务业占据主导地位。继续加强制造业在郑州国家中心城市建设中的基础性作用，加快发展信息技术、新能源、生物医药、高端装备制造等战略性新兴产业，积极发展人工智能、氢燃料电池汽车、5G及北斗应用等未来产业，加快推动电子信息、现代食品、铝制品等现有主导产业提档升级。推动现代服务业扩量提质发展，强化服务业在国家中心城市产业体系中的主导地位。推动郑州都市圈扩容提质，积极推进郑州与开封、洛阳、平顶山、新乡、焦作、许昌、漯河、济源加速融合发展，加快构建"一核一副一带多点"的空间格局。

培育壮大副中心城市和节点城市。加快推动洛阳副中心城市建设，厚植洛阳在先进制造、生态屏障、人文交往、交通枢纽等方面的优势，坚持创新和产业双轮驱动、改革和开放两手抓，推动文旅文创成支柱，统筹城乡强融

合，优化发展环境搭舞台，尽快将洛阳打造成为全省高质量发展新的增长极。立足南阳生态良好和文化资源丰富的发展基础，统筹推进传统产业提质发展、新兴产业培育壮大和未来产业前瞻布局，推动中医药等特色产业加快发展；按照副中心城市的定位完善城市功能、拉大城市框架，充分发挥南阳作为河南向西南方向开放合作的桥头堡和门户的作用。按照省际区域中心城市的功能定位，积极推动安阳、濮阳、商丘、三门峡等城市提升规模能级，增强对周边地区的辐射带动作用。通过产业体系智能化、绿色化、高端化建设，不断壮大开封、新乡、焦作、许昌等城市经济规模，提升综合实力，形成推动全省城镇化高质量发展的新动能。

提升县域综合承载能力。贯彻落实习近平总书记调研指导河南工作时提出的县域治理"三起来"发展要求，推进以县城为重要载体的新型城镇化建设。坚持宜水则水、宜山则山，宜粮则粮、宜农则农，宜工则工、宜商则商，推动县域在细分市场中找到自身产业定位和产品定位，壮大优势产业集群和特色产业集群，加快在县域打造头部带动型、配套基地型、块状集群型、流通贸易型、专精特新型等发展模式，走出各具特色的县域经济发展路子。深入推进"一县一省级开发区"建设，加快构建"全省统筹、国家对口、职责明晰、协调联动"的开发区管理体系，真正将开发区建设成为县域经济发展的主阵地、主战场、主引擎。顺应县域人口流动发展趋势和就地就近城镇化发展态势，坚持县域人口公共服务需求与公共服务设施相匹配，深入实施百城建设提质工程，加快补齐县域市政公用设施、公共服务设施、环境卫生设施、防灾减灾设施等领域短板弱项，提高医疗、教育、就业、养老、社保、文化等公共服务水平，构建安全、高效、便捷的生活服务和市政公用设施网络。

（二）强支撑，增强城市创新力和产业支撑力

全面实施创新驱动、科教兴省、人才强省战略。深刻认识经济社会高质量发展的新要求，准确把握国内外科技创新的新趋势，坚持把科技创新摆在发展的逻辑起点、摆在现代化建设全局中的核心地位，加大创新投入，打造覆盖全省的一流创新平台、一流创新主体、一流创新生态，增强对创新创造

型人才的吸引力、凝聚力，全力打造国家创新高地，坚定走好创新驱动高质量发展这个"华山一条路"。充分发挥科技创新对产业发展的引领和先导作用，推动产业链和创新链的深度融合发展。坚持"引进来"和"走出去"两手抓，强化产学研合作，大力推进开放式创新，加大国内外一流高校、科研机构和科技型企业引进力度，通过设立研发机构、建设科技创新园区等多种方式，加强科技创新领域的开放合作共赢，补齐河南城镇化高质量发展的科技创新短板。

持续优化产业空间布局。以各类开发区建设为抓手，坚持以产兴城、以城促产，着力构建与城镇化相匹配的产业结构，逐步培育形成分工合理、优势突出、特色鲜明、吸纳就业能力强的城镇产业体系，为农业转移人口提供充分的就业空间。郑州、洛阳等中心城市通过吸引高端要素集聚，加快形成以服务业为主导、高端制造业为支撑的产业结构；新乡、平顶山等区域中心城市坚持制造业与服务业融合互动发展，提升城市产业能级；以县城为主体的中小城市要围绕集聚人口、扩大就业、拉动内需，充分利用要素成本优势，大力发展彰显特色的县域经济。此外，加强不同城市之间的优势共塑和互补协作，通过郑洛新国家自主创新示范区、豫西转型创新发展示范区等示范区的创建工作，实现"以点带面"，打通区域产业合作的"经脉"，分板块助力赋能城镇化发展。

加快发展"四新经济"。准确把握新一轮科技革命、产业变革趋势及新兴消费需求，推动生产方式走向跨界融合，加快培育新技术、新产品、新业态、新模式，引导重塑时空观念和消费方式。强化载体支撑，统筹推进各类产业园区、专业镇等产业升级与空间转型，合理布局一批创新引领、产教融合的科学城，培育一批新型消费综合体和消费中心城市，引导人口和相关产业合理布局。强化数据赋能，以数字产业化和产业数字化为重点方向大力发展城市数字产业体系，推动智能城市建设与数字经济协同发展。加强场景创新在城镇化建设中的应用，加快"新基建"布局，推动"新基建"和"新应用场景"在城镇化建设过程中的深度融合发展，为河南新型城镇化与产业结构升级联动发展提供物质基础和技术支撑。

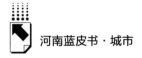

（三）固基础，提升城市品质和综合承载力

建设美丽低碳的绿色城市。在新型城镇化建设过程中深入践行习近平生态文明思想，贯彻落实好黄河流域生态保护和高质量发展等重大国家战略。坚持生态优先、绿色发展理念，推动形成绿色低碳循环的城市生产生活方式，让城市绿水青山常驻，显著提高人居环境质量。持续开展国土绿化和森林河南建设，加快推动实现城市森林公园、湿地公园、郊野公园省辖市全覆盖。依托大河大山大平原的生态格局和山水林田湖草沙等自然基底，加快城市生态廊道建设，强化城市内部及郊区的山地、林地、湿地的建设和保护，保持城市自然水域面积和生态用地空间稳定，不断丰富优质生态产品供给。全面推动城市中心城区、老城区的绿化建设和绿地品质提升，尽快构建点状绿色空间与线性绿道相结合的绿色服务网络。优化整合现有完整社区、低碳社区、绿色社区、智慧社区、未来社区等建设标准，打造面向碳中和的绿色低碳居住社区。

建设数字孪生智慧城市。随着信息技术的飞速发展，数字化在城市规划、建设、管理中的应用越来越广泛。河南在今后的城市建设中，要学习借鉴发达地区智慧城市的建设理念和方法，加强新一代信息技术在城市规划、建设、管理中的全方位应用，加快建设智慧城市平台，加快智慧交通、智慧政务、智慧医疗等现代化信息技术的普及共享，推动全省大中小城市全面向智能化、人性化方向发展。在条件成熟的省辖市先行先试，加快推进5G网络建设，持续完善高速宽带网络，积极发展智慧交通、智慧城管、智慧安防，推进城市治理精细化；广泛实施智慧生态环境监控、打造一体化智慧社区，推进生态宜居可持续化；加快发展智能制造、推进智慧园区建设，推进产业发展数字化。信息化发展是一个长期持续的过程，相应地智慧城市建设也是需要长期发展的事业，需要知识与智慧的持续积累，不能急于求成，需要稳步前行。

建设便捷舒适的宜居城市。以人性化、便捷化为发展导向，科学配置公共资源，统筹推进农业转移人口市民化、产业布局优化、基础设施建设和公共服务供给，优化提升城市承载能力和服务功能。以社区公共服务设施"15分钟可达"为目标，加快补齐居住社区配套设施短板，完善提升城镇社区公共服务设施。根据城市汽车拥有量的增长趋势和停车需求，优化停车场、停车位布局，并鼓励停车位错时共享，最大限度发挥有限停车位的作用。按照适度超前的理念，加快车桩相随的公共充电网络建设，全力满足新能源汽车的高速发展需求。有序推进城区排水、供电、供热、燃气、通信、有线电视等地下管线建设改造，积极推动新城新区、各类园区和成片开发区域地下综合管廊建设，有效解决"马路拉链"顽疾。坚持"房住不炒"，加快建立多主体供给、多渠道保障、租购并举的住房制度，多措并举"保交楼"，维护购房者利益，稳定房地产市场需求。

（四）筑底线，建设更加安全的韧性城市

增强城市发展韧性。聚焦洪涝灾害、公共卫生等重大风险防控薄弱领域，完善体制机制和防灾减灾设施，全面提升城市抵御冲击能力，保障城市正常运转和人民生命健康、财产安全。优化韧性城市科学化精细化的空间布局，增强城市韧性需要建设推广分布式、去中心、并联式的设施，为产业功能多样性发展提供基础条件。[1] 加快建立城市环境监测预警系统，加强对环境敏感区域、公共卫生事件高风险区域，如医疗机构，以及垃圾处理设施、污水处理设施等重点设施，重点区域土壤、水体、大气等的监测、监控、风险评估，及时发布各类重大安全隐患风险评估报告。积极开展城市体检，加强城市风险防控，制订风险防控实施方案。科学规划，适度超前开展城市生命线系统、应急救援和物资储备系统建设。加强城市重要基础设施安全管理，完善提升重要区域的人防工程，全面提升城市抵御自然灾害和公共卫生防控救治能力。加快完善城市防洪排涝系统，增强城市防洪排涝能力，有序推进海绵城市建设，建设抗风险能力强的韧性城市。

深化城市应急管理制度改革。完善重大突发公共安全事件风险评估和信

---

① 鲍淑君：《韧性城市建设：国际经验和借鉴》，《中国产经》2022年第16期，第26~31页。

息披露制度，增强突发城市公共安全事件、重大自然灾害、公共卫生事件信息发布的及时性、准确性、全面性，并设定发布机关"免责条款"，鼓励和支持突发公共安全事件风险预警和发布。同时，有条件地赋予行业主管机构、专业性公益组织等对社会发布突发重大事件预警权限。加强一线工作人员对于突发事件风险感知能力建设，提高一线工作人员对重大风险事件的感知敏锐度，及时收集本地区、本行业关于突发事件的信息数据，提高对突发事件暴发的危害性、影响人数等判断的准确性。制定和完善重大公共安全事件信息上网制度，及时将各地突然出现的自然灾害、次生灾害、不明原因疾病、不明病毒等信息发布，实现跨区域重大公共安全信息第一时间共享，有效提高对公共安全、公共卫生隐患的发现、研判、预警能力。

提升城市应急治理能力。加快推进城市治理现代化和信息化，建设城市大数据平台，构建城市"智慧大脑"，充分发挥大数据、人工智能、云计算等数字技术在灾情监测分析、防控救治、资源调配等方面的支撑作用。及时准确分析掌控事件演变特征和规律性，动态模拟、评估事件演变态势，科学制订应对方案，提前做好应急力量、应急设施、应急物资等储备。加快构建政企联动、上下协同的城市应急治理格局。充实社会组织力量和社区力量，加强社会组织能力和规范化建设，加大对社区建设支持力度，切实提高全社会协同应对突发事件能力，有序推进城市应急治理社会化发展。着力完善重大突发公共事件权威信息发布机制，一旦灾情发生，需要第一时间成立由省级应急管理部门、行业管理部门、事件源发地政府和专业人员联合组成的信息发布平台，及时、准确、全面地向社会公布有关事件发展态势、影响、应急措施等的信息，真正使公众理性应对。①

（五）优生态，推动城市绿色低碳发展

推动产业绿色化发展。以实现碳达峰、碳中和目标为引领，加快构建绿色低碳产业体系，是实现绿色低碳城市建设的重中之重。一是深入推动石

---

① 荣西武：《我国韧性城市建设的五个着力点》，《中国经贸导刊》2022 年第 6 期，第 80~82 页。

化、化工、钢铁、有色、电力、建材等重点行业企业开展节能降碳改造，引导产业园区开展综合能源改造，促进能源梯级利用。深挖存量项目节能潜力，加快淘汰落后产能，实施节能改造升级。二是严格进行固定资产投资项目节能审查，坚决遏制"两高"项目盲目发展，加强事中事后监管，完善节能监察制度，增强节能监察约束力。三是加快产业"绿色、减量、提质、增效"转型，加强低碳工艺革新，全面推进工业节能和污染物深度治理，推动钢铁、有色、建材等重点行业有序达峰。大力开展清洁生产，推进产业园区和产业集群循环化改造。四是大力发展低碳高效产业，培育壮大智能装备、生物医药、新能源、节能环保、新能源汽车等战略性新兴产业，布局储能、氢能利用、碳捕集利用与封存等未来产业。

倡导绿色出行模式。发挥规划在城市用地布局和交通出行中的引领作用，以实现职住平衡为目标，减少大规模单一性质土地使用安排，鼓励各种用地性质的混合布局，优化城市居住和产业用地分布，从源头上减少通勤需求。以绿色交通体系建设为重点，将更多资金向公共交通、步行、自行车等交通方式倾斜，加快城市公共交通基础设施建设，增强公共交通的连通性、可达性、便捷性。加快郑州、洛阳轨道交通建设，构建高效便捷的轨道交通网络，串联覆盖交通枢纽、商业中心、大型社区、高等院校等城市人口密集区域。积极开展绿色出行创建活动，鼓励有条件的城市沿河流、绿廊等打造城市绿道，因地制宜建设慢行步道、改造更新步行街、净化人行道等，提升市民骑行、步行体验，让城市环境更加优美、交通更加环保，让绿色出行成为一种时尚生活方式。

打造绿色能源生产消费体系。立足以煤为主的能源生产和消费现状，一方面积极推动煤炭清洁高效利用，另一方面大力发展太阳能、风能、水电、生物质能等非煤能源，加快构建煤、油、气、新能源、可再生能源多轮驱动的能源供应体系。有序推动风能资源开发利用，规划建设高质量风电项目，打造沿黄百万千瓦级高质量风电基地。积极推进太阳能高效利用，加快屋顶光伏整县（市、区）推进，鼓励利用开发区、工业园区、标准厂房、大型公共建筑屋顶发展分布式光伏发电，探索开展光伏建筑一体化示范。因地制宜开发地热能，加强地热资源调查评价，提高地热资源开发利用量，完善地热能开发利用方式。提升生物质能利用水平，建立健全资源收集、加工转化、就近利用的生产消费体系。此外，还应统筹推进氢能、水能的有序发展。

推动城市建筑绿色低碳发展。按照"节约优先、绿色转型"的发展理念，加快绿色建筑、绿色建造的推广普及，推动建筑能源资源消耗有效下降，推动城镇化过程中建筑行业绿色化发展。倡导建筑绿色低碳设计理念，推进绿色建筑标准的推广普及，充分利用自然通风、天然采光等，降低住宅用能强度。以政府投资公益性建筑为引领，推动大型公共建筑等新建建筑绿色化发展。积极出台地方性支持政策，推动绿色建筑规模化发展，鼓励建设高星级绿色建筑。加快推进既有建筑、老旧建筑的绿色化节能改造，形成与小区公共环境整治、适老设施改造、基础设施和建筑使用功能提升改造统筹推进的节能、低碳、宜居综合改造模式。以城乡建设绿色发展和碳达峰碳中和为目标，开展绿色低碳城市建设。

（六）促融合，构建新型工农城乡关系

推动城乡发展要素合理配置。以赋权赋能为核心，进一步完善农村承包地制度改革，为建设城乡统一的土地市场做好制度建设准备。继续深化落实农村土地"三权分置"制度改革，完善农村集体建设用地的价格机制、交易规则和收益分配机制，为城乡土地市场的一体化积累经验。加大财税支持力度，引导社会资本广泛参与乡村振兴，健全农村金融市场，撬动更多金融资本和工商资本投向农村，鼓励各类金融机构为农业和涉农产业提供融资优惠。推动市政公用设施向城郊村和中心镇延伸，加快农村公路危桥改造，加强农村资源路、产业路、旅游路建设，推动"四好农村路"提质扩面，实施好"气化乡村"工程。

推动城乡基本公共服务普惠共享。积极构建城乡统一的户籍管理制度，并在此基础上加快推进城乡统一的社保制度、人力资源管理制度建设，分类分梯次推进城乡基本公共服务制度并轨，加快推动城镇优质的基础设施和公

共服务向农村延伸、社会事业向农村覆盖，为形成全民覆盖、普惠共享、城乡一体的基本公共服务体系奠定基础。完善乡村公共服务队伍补充机制，推动职称评定、工资待遇等向乡村教师倾斜。深化紧密型县域医共体建设，推进县域医疗卫生服务一体化均等化，支持远程诊疗、互联网健康咨询广泛应用，推行基层卫生人才"县管乡用""乡聘村用"制度，提升乡村医疗卫生服务水平。加强农村留守儿童、妇女、老年人关爱服务，健全县、乡、村衔接的三级养老服务网络，满足新形势下乡村养老服务需求。

扎实推进城乡共同富裕。积极构建农民收入增长长效机制，千方百计增加农民工资性收入、财产性收入和经营性收入。注重引导发挥农业多功能性作用，探索生态产品价值实现机制，完善现代农村产业体系，推动"互联网+""旅游+""生态+""康养+"等与农业农村农民的全面深度融合发展，差异化延伸拓展农业产业链条，逐步打造城乡一体化全产业链，推动农村三次产业融合发展。加强低收入困难群体精准帮扶，建立农村低收入人口发现、跟踪监测和快速响应机制，完善困难群体分层分类帮扶机制，保持主要帮扶政策和财政投入力度总体稳定。加强城镇低收入群体生活保障，推动城乡居民社会保险与社会救助制度相衔接，织密兜牢困难群众基本生活保障底线。

（七）提质效，促进农业转移人口全面融入城市

畅通农业转移人口市民化的制度性通道。打通数量庞大的农业转移人口市民化的制度性通道，让这部分人留在城市安家落户，是提升河南户籍人口城镇化率的重点。为此，首先，以农村大学生、参军进入城镇人口、新生代农民工等群体为重点，促进这部分有能力有意愿在城镇稳定就业的重点人群顺利落户。其次，分城市分区域放宽落户条件和各种限制政策，推动在城镇稳定就业和具有稳定住所的农业转移人口顺利落户。最后，按照农业转移人口的流动趋势，探索推行以居住证为载体、与居住年限等条件相挂钩的基本公共服务提供机制，剥离开附着在户籍上的、用以分割城乡的配套政策，真正消除城市户口和农村户口的国民待遇差别，同时鼓励政府提供更多基本公

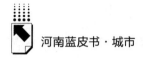
共服务和办事便利，提高居住证持有人城镇义务教育、住房保障等服务的实际享有水平。

推动城镇基本公共服务均等化。促进新增建设用地计划指标与吸纳落户数量相挂钩，强化对农业转移人口市民化工作的奖励支持，完善财政、土地、社保、教育、医疗、住房等配套政策，切实维护好进城落户农民的宅基地使用权、土地承包权以及集体收益分配权，推动具备条件、有意愿的农业转移人口及其他常住人口进城落户。紧跟产业转型升级需求，完善以农业转移人口为重点对象的就业服务体系，健全农业人口就业创业机制，推动实现产业与劳动力精准匹配，解决进城农民就业问题。坚持高起点规划、高标准建设、高水平管理，构建更具吸引力的基础设施和公共服务供给体系，打造宜居、韧性、创新、智慧、绿色、人文的现代化城市，不断增强城市对农业转移人口的吸引力。

提升农业转移人口融入城市社会能力。如何推动农业转移人口及其随迁家属融入城市生活是河南新型城镇化推进过程中的关键难题。为此，一方面，要加强农业转移人口职业技能培训和职业教育，提高农业转移人口劳动技能素质，提升农业转移人口在城市稳定就业能力，增强农业转移人口在城市扎根落实的安全感；另一方面，提高城市对农业转移人口的融合能力，建立健全农业转移人口社会参与机制，引导和鼓励农业转移人口及其亲属通过多种途径融入社区生活、融入城市人群，增强农业转移人口对城市生活的归属感。此外，还要加强对农业转移人口的人文关怀，提高农业转移人口及其亲属对城市居民身份的认同感。

参考文献

河南省社会科学院课题组：《河南实施新型城镇化战略的时代意义和实践路径》，《中州学刊》2021年第12期。

王承哲、王建国主编《河南城市发展报告（2020）》，社会科学文献出版社，2020。

王承哲、王建国主编《河南城市发展报告（2021）》，社会科学文献出版社，2020。

郭志远：《提升郑州国家中心城市规模能级的主要路径》，《决策探索》（中）2021年第 11 期。

朱媛媛、曾菊新：《中国中部地区六个中心城市功能优化研究》，《地理与地理信息科学》2013 年第 6 期。

周韬：《区域中心城市引领经济高质量发展的动力机制及空间效应》，《城市发展研究》2022 年第 6 期。

范建双、高骞、周琳：《城乡人口老龄化对城镇化的双边效应》，《中国人口科学》2020 年第 2 期。

倪鹏飞、徐海东：《面向 2035 年的中国城镇化》，《改革》2022 年第 8 期。

完世伟主编《打好"四张牌"的河南实践》，社会科学文献出版社，2021。

B.2
河南城市活力监测评价报告（2022）

河南省城市活力监测评价课题组*

摘　要： 城市活力在一定程度上反映了城市发展能力与潜力，表现着一个城市对于生命机能、生态环境和经济的社会支持程度，同时也是衡量城市发展品质、城市能否健康持续发展的重要指标。本报告从人口、经济、社会、环境四个维度构建河南省城市活力大数据评价指标体系，对河南省17个省辖市和济源示范区进行综合测评分析。通过测评发现，河南省城市活力水平呈现东强西弱、北强南弱、中心强四周弱的特点，人口活力普遍不足，而POI密度、人口密度、GDP与城市活力之间有显著的正向相关关系。未来，应从产业、交通、城市有机更新、城市社区建设、文体基础设施、生态环境等方面着手，加快深化体制机制创新，强化协同治理，为河南经济社会高质量发展提供有力支撑。

关键词： 城市活力　大数据　河南

　　城市是一个动态性、多样性和综合性的复杂系统。城市活力表示一个城市对于生命机能、生态环境和经济社会的支持程度，能描述城市系统的运行状态和特征，是城市生命力的集中表现，在一定程度上反映了城市发展的能力与潜力，同时也是衡量城市发展品质、城市能否健康持续发展的重要指标。客观评价河南的城市活力，对于促进城市转型发展、提升城市发展质量进而推动河南新型城镇化高质量发展具有重要的理论和实践意义。

---

*　课题负责人：王劲军。课题组成员：李晨阳、李智、索志辉、夏保林、麻永建、魏国杰、李德功、王新涛、盛见、易雪琴。

一　评价指标的选取

（一）理论框架

"活力"（vigor；vitality；energy）一词最早来自物理学和生物学领域，意指旺盛的生命力，行动上、思想上或表达上的生动性，其引申义较为丰富，具有众多的释义。1961 年，简·雅各布斯在《美国大城市的死与生》中首次将"城市活力"概念引入城市规划领域，以"城市街道"为视角展开研究，她认为造就城市生活多样性的最核心的因素是人类纷繁复杂的活动，城市活力即为城市生活的表现，城市活力源泉便是丰富的城市生活。美国建筑师凯文·林奇的《城市意象》一书中提到，衡量城市有五个指标，分别为"活力、感受、适宜、可及性、管理"，其对活力的阐释为"一个聚落形态对于生命的机能、生态的要求和人类能力的支持程度"。我国学者蒋涤非认为城市活力是保障市民人性化生存的能力，人的聚集、生活使城市具有了生命体的特征，是城市活力产生的动因。综合来看，城市活力包含了实体环境活力与非实体环境活力两个层面。其中，实体环境指城市区、建筑群、公共空间等物质空间环境，反映了其作为城市活力载体为人们提供多样性生活空间的功能；非实体环境指涉及城市生活的无形的、非实体的环境，包括经济发展、文化特色、活动模式等。

人与人的交往和人对空间场所的感知是活动生成前提，构成了城市活力产生的第一个步骤环节。人与人的交往和人对空间场所的感知均发生在特定的城市空间中，这成为人及其活动的承载性环境，空间对人及其活动的承载则是城市活力产生的第二个步骤环节——活动承载。在此环节中，承载空间对于人及其活动的凝聚力、容纳力是决定城市空间活力水平的关键要素，也是这一步骤环节的组成部分；空间的场所数量、功能类型和环境品质等都决定着城市空间对人的吸引力以及对高密度人群活动的容纳能力。城市活力产生的第三个步骤环节为活动聚集，包括人的活动在空间上的聚集性和时间上的持续性。一方面，人的数量增加或是人在空间中的分布密度增大意味着人的交往活动可能性增大，同时，人的活动在空间中分布的密度是城市活力水平最直接的外在表征。另一方面，人及其活动聚集具有时空动态性，人群及其活动的聚集情况随着一日以内的时间段的变化不断发生变化，展示着动态的活力特征。这三个步骤环节构成了城市活力的形成过程（见图1）。

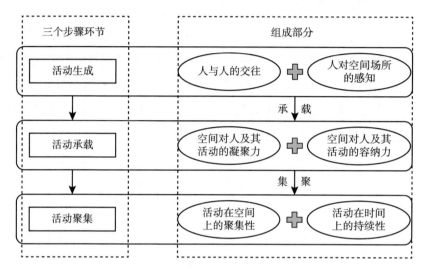

图1　城市活力的形成过程示意图

（二）指标体系构建

中国城市规划设计研究院（以下简称"中规院"）在《中国城市繁荣活力评估报告2019》中设定的城市繁荣活力指标体系包括6个维度。本报告借鉴中规院的城市繁荣活力指标体系并结合河南省环境特征及发展特点，构建河南省城市活力大数据评价指标体系。本报告基于"人-空间"的动力学思考，构建"4个一级指标、27项二级指标"的河南省城市活力大数据评价指标体系，得到"人口、经济、社会、环境"4个一级指标，27个二级指标（见表1）。其中，人均公共绿地面积、常住人口密度等传统指标，体现了城市活力的基础性和普适性；同时，引入短期流动规模、短期流动广度、夜间活力占比、微博活跃度、景区热度指数等以大数据为核心的新型指标，体现城市活力的复杂性和动态性。通过对各项指标进行归一化处理，取值为 1~10，消除量纲不同对评价结果产生的影响。通勤时间指数采用了逆向化处理，即数值越小越好，其他指标则皆采用了正向化处理，即数值越大越好。

从相关性和信度两个方面对河南省城市活力大数据评价指标体系进行校验。先将高重复性的指标剔除或消除多重共线性，得到了最初的指标体系，再对河南省城市活力大数据评价指标体系进行信度检验。信度检验用于监测指标体系的可靠程度，可靠程度主要表现为检验结果的一致性和稳定性。信度系数在 0~1 之间，数值越大，表明体系的可靠程度越高。本体系基于标准化项的 Cronbach's α 值为 0.918，大于 0.9，可见此体系具有较好的内在一致性，可靠性强。本指标体系的多重共线性问题轻微，具有较好的可靠性，因此，河南省城市活力大数据评价指标体系构建合理。

表 1　河南省城市活力大数据评价指标体系

一级指标	二级指标	指标解释	数据来源
人口	常住人口密度	常住人口/市辖区面积	百度时空大数据
	非老龄化程度	65 岁以下人口/常住人口。该指标主要测量人口的潜在活跃度	统计数据
	高学历人口占比	大学及以上学历人口/常住人口。该指标主要测量人口质量	统计数据
	新增常住人口全省占比	各城市新增常住人口/全省常住人口。该指标测量各城市长期的人口吸引力	统计数据
	短期流动规模	短期流动规模为跨城市流出、流入各城市的人次数总量。选取 2021 年 4 月 5~11 日共计一周时间为代表时段,测量各城市短期的人口吸引力	百度时空大数据
	短期流动广度	短期流动广度为各城市城际流动人员主要往来城市数量,根据百度迁徙数据按双向流动人次数对每个城市人员流动往来的城市对进行排序,计算构成累计流动人次数前 80%的城市对个数。该指标测量各城市短期的人口吸引力	百度时空大数据

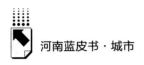
续表

一级指标	二级指标	指标解释	数据来源
经济	新增市场主体数量	与2020年相比增加的存续企业总量	企信产业大数据
	万人拥有小微企业数量	小微企业数量/常住人口(万人)。小微企业定义:同时满足企业应纳税所得额300万元以下、企业的从业人数在300人以下、企业现在资产总额在5000万元以下的企业	企信产业大数据
	万人拥有高新技术企业数量	高新技术企业数量/常住人口(万人)	企信产业大数据
	万人拥有上市公司数量	上市公司数量/常住人口(万人)	企信产业大数据
	利用省外资金增长率	各市利用省外资金增长率	统计数据
	外商企业登记注册	外商和港澳台商投资企业登记注册数量	统计数据
	研发投入强度(RD值)	当年研究与试验发展经费支出占地区生产总值比重	统计数据
	万人拥有企业专利申请量	根据企信产业大数据,统计城市的企业注册的专利总数/市辖区人口(万人)	企信产业大数据
社会	高铁联系指数	高铁班次/常住人口(万人)。分析城市对外交往活力,人均城际高铁班次一方面受城市的地理位置影响,另一方面亦反映城市在交通网络中的纽带作用	网络服务大数据
	通勤时间指数	城市中所有通勤人口的平均通勤时间,分析城市对内交往活力	百度时空大数据
	万人拥有体育设施数量	设施数量/常住人口(万人)。筛选POI(Point of Interest,兴趣点)中体育设施,包含综合体育馆、足球场、篮球场馆等	网络服务大数据
	万人拥有文化旅游设施数量	设施数量/常住人口(万人)。筛选POI中文化旅游设施,包含风景名胜和科教文化服务设施	网络服务大数据
	万人拥有商业服务设施数量	设施数量/常住人口(万人)。筛选POI中商业服务设施,包含餐饮服务、购物服务、汽车相关服务和住宿服务设施	网络服务大数据
	夜间活力占比	20点到第二天凌晨1点的定位人数/全天定位人数	百度时空大数据
	每万人微博活跃度	微博活跃度/常住人口(万人)。统计每万人微博发布量和热度,分析城市在社交媒体(微博)上的活跃度	社交媒体大数据

一级指标	二级指标	指标解释	数据来源
社会	每万人百度搜索指数	百度搜索指数/常住人口（万人）。统计每万人百度搜索量和热度,分析城市使用搜索引擎(百度)的活跃度	百度搜索大数据
	每万人拥有微信公众号数量	微信公众号总量/常住人口（万人）。分析城市原创能力和品牌打造能力	社交媒体大数据
	景区热度指数	各城市热门景区关键词在微博上的热度指数	社交媒体大数据
环境	人均公共绿地面积	城市公共绿地面积/常住人口。公共绿地面积指向公众开放,以游憩为主要功能,兼具生态、景观、文教、体育和应急避险等功能,有一定服务设施的公园和绿地,包括综合公园、社区公园、专类公园和游园等	统计数据
	舒适度指数	计算公式为:$THI = T-0.55 \times (1-f) \times (T-58)$。式中 THI 为温湿指数,T 为月均温度(°F),f 是月均空气相对湿度(%)。根据 THI 划分舒适度等级,确定舒适度指数	气象数据
	空气质量优良天数	统计的空气污染指数为 100 及以下的天数	环保数据

二　评价模型的构建

（一）评价方法

1. 专家打分法与 CRITIC 赋权法

通过对各个城市在人口、经济、社会、环境四个方面的情况进行综合评价,形成城市的综合活力指数并对城市排名。在指标权重方面,为避免单一方法带来的片面性,综合运用主客观赋权方法,提高指标权重的可信度和科学性。用专家打分法（主观）发现规律,再用 CRITIC 赋权法（客观）进行校核和解释。

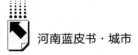

2. 层次聚类法

为了更直接清晰地洞察河南省17个省辖市和济源示范区的定位，从不同维度比如创造力、成长力、宜居性、活跃度等对17个城市和济源示范区进行层次聚类法分析。层次聚类（Hierarchical Clustering）是聚类算法的一种，通过计算不同类别数据点间的相似度来创建一棵有层次的嵌套聚类树。通过计算每一个类别的数据点与所有数据点之间的距离来确定它们之间相似度，距离越小，相似度越高，并将距离最近的两个数据点或类别进行组合，生成聚类树。其最大的优点是可以一次性地得到整个聚类过程，无须重新计算，相似度规则也更容易被定义。当讨论数据集应该聚类成多少个簇时，通常是在讨论我们在什么尺度上关注这个数据集，层次聚类法可以在不同的尺度（层次）上展示数据集的聚类情况。

3. 统计分析法

通过对多维因子间的关联的分析，分析各项指标间的相关密切程度，发现指标间的自相关关系以及指标与城市活力之间的关系。采用 Pearson 相关系数表示数据间的相关性，并达到 0.05 的显著性水平。为讨论城市活力各项指标之间的相互关系，采用结构方程模型分析不同维度之间的内生性影响及各维度对城市活力的影响。经过统计分析后，得出河南省城市活力大数据分析特征。

（二）指标体系赋权

采用专家打分法（主观）对指标体系进行赋权，再用 CRITIC 赋权法（客观）进行校核和解释。由22位从事规划设计的专家在充分理解指标含义的基础上，基于各自经验给出各指标的相对重要性评价分数。活力指数的计算主要包括两个方面，一是4个一级指标得分的计算，二是城市综合活力指数的计算。一级指标的得分情况通过计算该项一级指标下所有二级指标的赋权值获得，城市综合活力指数通过计算4个一级指标得分的赋权值获得。赋权值则是专家打分法赋予的权重与指标值的乘积。为了校验专家打分法的合理性和中立性，采用了 CRITIC 赋权法再次计算城市综合活力指数。CRITIC 赋权法是一种基于评价指标的对比强度和指标之间的冲突性来综合衡量指标的客观权重法。这种方法考虑指标变异性大小的同时兼顾指标之间的相关性，并非数字越大就说明越重要，完全利用数据自身的客观属性进行科学评价。专家打分法和 CRITIC 赋权法赋予各项指标的权重如表 2 所示。

表 2　专家打分法与 CRITIC 赋权法赋予各项指标的权重

单位：%

一级指标	权重	二级指标	专家打分法	CRITIC 赋权法
人口	21.25	常住人口密度	18.75	14.18
		非老龄化程度	16.25	22.74
		高学历人口占比	15.00	23.54
		新增常住人口全省占比	13.75	10.30
		短期流动规模	20.00	10.80
		短期流动广度	16.25	18.43
经济	32.75	新增市场主体数量	15.25	14.09
		万人拥有小微企业数量	12.75	15.55
		万人拥有高新技术企业数量	11.00	11.36
		万人拥有上市公司数量	14.50	11.08
		利用省外资金增长率	12.75	9.50
		外商企业登记注册	10.50	10.00
		研发投入强度（RD 值）	13.25	12.69
		万人拥有企业专利申请量	10.00	16.14
社会	29.75	高铁联系指数	12.27	10.44
		通勤时间指数	8.89	6.82
		万人拥有体育设施数量	10.56	3.39
		万人拥有文化旅游设施数量	7.25	7.25
		万人拥有商业服务设施数量	8.89	5.69
		夜间活动占比	8.89	24.55
		微博活跃度	11.35	8.25
		百度搜索指数	12.43	12.40
		万人拥有微信公众号数量	9.19	7.66
		景区热度指数	10.27	13.55

续表

一级指标	权重	二级指标	专家打分法	CRITIC 赋权法
环境	16.25	人均公共绿地面积	34.78	37.94
		舒适度指数	25.97	31.73
		空气质量优良天数	39.19	30.24

通过对比专家打分法和CRITIC赋权法对各城市的排名情况，发现主观赋权法和客观赋权法的结果存在较小差异，即专家打分法赋予各指标和界域的权重合理且可信。

（三）数据说明

研究的空间范围为河南省17个省辖市和济源示范区的市辖区，共计18组监测对象。使用数据以2021年为基准年，包括传统数据和多源大数据。其中，传统数据共三种来源，包含7项统计数据、1项气象数据、1项环保数据；多源大数据共五种来源，包含5项百度时空大数据、5项企信产业大数据、4项网络服务大数据、3项社交媒体大数据、1项百度搜索大数据（数据指标解释详见表1）。

三 河南省城市活力测评结果分析

（一）子系统专项指标分析

1. 城市人口活力子系统

如表3所示，从常住人口密度来看，排在前三位的依次是郑州市、焦作市、濮阳市，排在后三位的依次是南阳市、信阳市、三门峡市。从非老龄化程度来看，排在前三位的依次是郑州市、濮阳市、鹤壁市，排在后三位的依次是信阳市、驻马店市、漯河市。从高学历人口占比来看，排在前三位的依次是郑州市、济源示范区、洛阳市，排在后三位的依次是驻马店市、商丘市、周口市。从新增常住人口全省占比来看，排在前三位的依次是郑州市、洛阳市、商丘市，排在后三位的依次是漯河市、平顶山市、三门峡市。从短期流动规模来看，排在前三位的依次是郑州市、洛阳市、新乡市，排在后三位的依次是三门峡市、鹤壁市、济源示范区。从短期流动广度来看，排在前三位的依次是郑州市、南阳市、周口市，排在后三位的依次是漯河市、鹤壁市、济源示范区。[①]

表3　城市人口活力子系统各指标得分

行政区划	常住人口密度	非老龄化程度	高学历人口占比	新增常住人口全省占比	短期流动规模	短期流动广度
郑州市	5.80	5.55	5.58	5.67	5.97	5.68
开封市	5.00	4.91	4.97	4.93	5.01	4.94
洛阳市	4.87	5.05	5.14	5.06	5.09	5.09
平顶山市	4.94	5.05	4.99	4.92	4.93	4.91
安阳市	5.02	4.97	4.93	4.97	4.96	4.97
鹤壁市	5.02	5.19	5.03	4.93	4.85	4.80
新乡市	5.03	4.97	4.99	4.95	5.03	5.01
焦作市	5.12	5.06	5.04	4.97	4.93	4.90
濮阳市	5.10	5.23	4.98	4.99	4.90	4.90
许昌市	5.09	4.80	4.96	4.94	4.96	4.91
漯河市	5.09	4.69	4.97	4.93	4.89	4.84
三门峡市	4.72	4.91	5.10	4.91	4.86	4.85
南阳市	4.78	5.06	4.85	4.98	4.96	5.14
商丘市	4.99	5.11	4.78	4.99	4.98	5.09
信阳市	4.77	4.77	4.91	4.97	4.92	5.08
周口市	4.99	4.95	4.75	4.95	5.00	5.10
驻马店市	4.84	4.73	4.83	4.99	4.94	5.03
济源示范区	4.83	5.00	5.22	4.93	4.82	4.77

资料来源：根据统计局数据和网络大数据计算而得。

2.城市经济活力子系统

如表4所示，从新增市场主体数量来看，排在前三位的依次是郑州市、

[①] 表3中子系统指标得分取值精确到小数点后两位，因此表中会出现部分城市指标得分相同的情况，表4~表6与此情况相同。报告中城市活力子系统指标排名均取实际指标得分进行排名。

洛阳市、南阳市，排在后三位的依次是三门峡市、鹤壁市、济源示范区。从万人拥有小微企业数量来看，排在前三位的依次是郑州市、洛阳市、许昌市，排在后三位的依次是商丘市、周口市、信阳市。从万人拥有高新技术企业数量来看，排在前三位的依次是郑州市、洛阳市、三门峡市，排在后三位的依次是信阳市、商丘市、周口。从万人拥有上市公司数量来看，排在前三位的依次是济源示范区、郑州市、焦作市，排在后三位的依次是商丘市、开封市、驻马店市。从利用省外资金增长率来看，排在前三位的依次是驻马店市、鹤壁市、濮阳市，排在后三位的依次是南阳市、周口市、商丘市。从外商企业登记注册这一指标情况来看，排在前三位的依次是郑州市、洛阳市、新乡市，排在后三位的依次是漯河市、鹤壁市、济源示范区。从研发投入强度来看，排在前三位的依次是洛阳市、郑州市、新乡市，排在后三位的依次是驻马店市、信阳市、周口。从万人拥有企业专利申请量来看，排在前三位的依次是郑州市、洛阳市、许昌市，排在后三位的依次是驻马店市、商丘市、周口市。

表4　城市经济活力子系统各指标得分

行政区划	新增市场主体数量	万人拥有小微企业数量	万人拥有高新技术企业数量	万人拥有上市公司数量	利用省外资金增长率	外商企业登记注册	研发投入强度	万人拥有企业专利申请量
郑州市	5.74	5.60	5.49	5.27	4.93	5.52	5.22	5.29
开封市	4.97	5.03	4.92	4.86	4.94	4.96	4.96	4.91
洛阳市	5.05	5.06	5.18	5.13	4.88	5.01	5.36	5.24
平顶山市	4.95	4.94	4.94	4.94	5.00	4.98	5.08	4.99
安阳市	4.96	4.94	4.94	4.96	5.12	4.96	5.00	4.94
鹤壁市	4.89	5.00	5.00	4.94	5.21	4.95	4.88	4.97
新乡市	4.99	4.96	5.01	4.91	5.03	4.99	5.19	5.09
焦作市	4.93	4.96	4.98	5.18	4.92	4.95	5.11	5.09
濮阳市	4.94	4.95	4.92	4.92	5.19	4.99	4.92	4.96
许昌市	4.96	5.05	5.02	4.99	4.99	4.97	5.01	5.15
漯河市	4.92	5.04	4.98	4.90	5.14	4.95	4.91	4.96
三门峡市	4.90	4.97	5.02	5.00	5.12	4.95	5.09	4.95
南阳市	5.03	4.93	4.93	4.96	4.80	4.99	4.91	4.96
商丘市	4.98	4.90	4.92	4.87	4.74	4.98	4.85	4.88

续表

行政区划	新增市场主体数量	万人拥有小微企业数量	万人拥有高新技术企业数量	万人拥有上市公司数量	利用省外资金增长率	外商企业登记注册	研发投入强度	万人拥有企业专利申请量
信阳市	4.95	4.89	4.92	4.89	5.16	4.96	4.76	4.88
周口市	5.02	4.90	4.90	4.89	4.77	4.95	4.75	4.86
驻马店市	4.96	4.91	4.94	4.83	5.23	4.97	4.85	4.88
济源示范区	4.87	4.99	4.98	5.56	4.82	4.95	5.15	5.01

资料来源：根据统计局数据和网络大数据计算而得。

3. 城市社会活力子系统

如表5所示，从高铁联系指数来看，排在前三位的依次是郑州市、洛阳市、商丘市，排在后三位的依次是焦作市、濮阳市、济源示范区。从通勤时间指数来看，排在前三位的依次是郑州市、濮阳市、信阳市，排在后三位的依次是安阳市、商丘市、周口市。从万人拥有体育设施数量来看，排在前三位的依次是郑州市、洛阳市、南阳市，排在后三位的依次是三门峡市、济源示范区、鹤壁市。从万人拥有文化旅游设施数量来看，排在前三位的依次是郑州市、洛阳市、南阳市，排在后三位的依次是济源示范区、鹤壁市、三门峡市。从万人拥有商业服务设施数量来看，排在前三位的依次是郑州市、洛阳市、南阳市，排在后三位的依次是济源示范区、三门峡市、鹤壁市。从夜间活力占比来看，排在前三位的依次是郑州市、焦作市、濮阳市，排在后三位的依次是许昌市、鹤壁市、漯河市。从微博活跃度来看，排在前三位的依次是郑州市、南阳市、安阳市，排在后三位的依次是鹤壁市、济源示范区、信阳市。从百度搜索指数来看，排在前三位的依次是郑州市、洛阳市、南阳市，排在后三位的依次是鹤壁市、漯河市、焦作市。从万人拥有微信公众号数量来看，排在前三位的依次是郑州市、洛阳市、南阳市，排在后三位的依次是三门峡市、济源示范区、鹤壁市。从景区热度指数来看，排在前三位的依次是洛阳市、开封市、郑州市，排在后三位的依次是漯河市、济源示范区、濮阳市。

表5　城市社会活力子系统各指标得分

行政区划	高铁联系指数	通勤时间指数	万人拥有体育设施数量	万人拥有文化旅游设施数量	万人拥有商业服务设施数量	夜间活力占比	微博活跃度	百度搜索指数	万人拥有微信公众号数量	景区热度指数
郑州市	5.59	5.33	5.50	5.34	5.41	5.16	5.48	5.58	5.42	5.13
开封市	4.95	4.99	4.98	5.00	5.01	4.90	4.94	4.98	4.97	5.15
洛阳市	5.06	5.03	5.11	5.09	5.11	5.04	4.99	5.17	5.12	5.42
平顶山市	4.94	4.92	4.96	4.97	4.96	5.00	4.95	4.93	4.96	4.94
安阳市	4.98	4.90	4.98	5.01	4.98	5.08	5.10	4.96	5.00	5.02
鹤壁市	4.96	5.00	4.92	4.95	4.92	4.79	4.89	4.93	4.93	4.94
新乡市	4.97	5.04	4.99	4.98	4.98	5.03	5.06	4.93	5.01	4.99
焦作市	4.92	5.08	4.96	4.97	4.96	5.16	5.00	4.92	4.97	5.09
濮阳市	4.90	5.16	4.94	4.97	4.95	5.10	4.90	4.94	4.96	4.91
许昌市	4.97	4.96	4.97	4.97	4.96	4.89	4.90	4.92	4.95	4.93
漯河市	4.98	4.94	4.96	4.96	4.97	4.79	4.90	4.92	4.95	4.92
三门峡市	4.94	4.96	4.93	4.94	4.93	5.08	4.90	4.94	4.94	4.92
南阳市	4.96	4.98	5.01	5.03	5.02	5.07	5.12	5.01	5.04	4.94
商丘市	5.02	4.87	4.97	4.98	5.00	5.00	5.06	5.00	4.97	4.94
信阳市	5.00	5.08	4.99	4.97	4.98	5.04	4.89	4.97	4.97	4.95
周口市	4.98	4.86	4.95	4.97	4.95	4.95	5.03	4.93	4.95	4.94
驻马店市	4.98	4.94	4.94	4.95	4.95	4.89	4.90	4.96	4.94	4.96
济源示范区	4.90	4.96	4.93	4.95	4.93	5.03	4.89	4.93	4.94	4.92

资料来源：根据统计局数据和网络大数据计算而得。

4. 城市环境活力子系统

如表6所示，从人均公共绿地面积来看，排在前三位的依次是许昌市、漯河市、驻马店市，排在后三位的依次是安阳市、新乡市、洛阳市。从舒适度指数来看，排在前三位的依次是信阳市、南阳市、许昌市，排在后三位的依次是安阳市、洛阳市、三门峡市。从空气质量优良天数来看，排在前三位的依次是信阳市、驻马店市、三门峡市，排在后三位的依次是鹤壁市、焦作市、安阳市。

表6　城市环境活力子系统各指标得分

行政区划	人均公共绿地面积	舒适度指数	空气质量优良天数
郑州市	5.21	5.14	4.75
开封市	4.43	5.14	4.88
洛阳市	4.33	4.72	5.01
平顶山市	4.73	5.14	5.37
安阳市	4.40	4.72	3.86
鹤壁市	5.31	5.14	4.61
新乡市	4.36	5.14	4.92
焦作市	5.41	4.72	4.39
濮阳市	5.31	5.14	4.64
许昌市	5.65	5.14	5.23
漯河市	5.58	5.14	5.10
三门峡市	4.73	4.29	5.45
南阳市	5.14	5.56	5.17
商丘市	5.17	5.14	4.97
信阳市	5.07	5.56	6.01
周口市	5.00	4.72	5.26
驻马店市	5.48	4.72	5.66
济源示范区	4.70	4.72	4.73

资料来源：根据统计局数据计算而得。

（二）子系统活力指数分析

1. 城市人口活力子系统指数

在城市人口活力方面，郑州市的活力指数达到9.25，遥遥领先于省内其他城市。洛阳市、濮阳市、焦作市3市的指数大于5，3个城市差距不大，处于中间梯队。余下14个城市指数均在5以下，处于一般梯队（见图2）。

从各项二级指标得分情况来看，郑州市依然表现突出，领先于其他城市。在常住人口密度、非老龄化程度方面濮阳市有着不错的得分，说明濮阳市对年轻人有着不错的吸引力。从新增常住人口全省占比、短期流动规模来看洛阳市则表现较好，这可能与洛阳市有着较好的经济实力以及中原城市群副中心地位有关。济源示范区在高学历人口占比方面有着良好的表现，可能是由于济源示范区近年来出台了相关的人才吸引政策，为城市发展储备了不少高学历人才。而在各方面得分较低的城市则是驻马店市、信阳市、三门峡市，尤其在常住人口密度和非老龄化程度两项上，信阳市均排在后三位。三门峡市则在常住人口密度、新增常住人口全省占比、短期流动规模三项上得分较低。

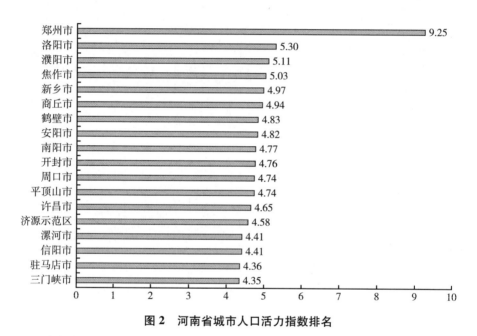

图2 河南省城市人口活力指数排名

资料来源：根据统计局数据和网络大数据计算而得。

2.城市经济活力子系统指数

在城市经济活力方面，郑州市的活力指数达到8.06，位列第一。洛阳市、济源示范区、新乡市、许昌市、焦作市、三门峡市6市，处于中间梯队，其中洛阳指数最高（5.91）。余下11个城市指数均在5以下，处于一般梯队，其中商丘市、周口市与其他城市差距较大（见图3）。

从各项二级指标得分内容来看，在新增市场主体数量、万人拥有小微企业数量、研发投入强度、万人拥有企业专利申请量、外商企业登记注册以及万人拥有高新技术企业数量多项指标上，郑州市和洛阳市有着较强的领先优势，这也与郑州市和洛阳市有着领先的经济优势和省内较高的城市地位相匹配。许昌市在万人拥有小微企业数量、万人拥有企业专利申请量方面有着不错的得分，新乡则在外商企业登记注册和研发投入强度方面表现不错。济源示范区在万人拥有上市公司数量方面优势明显，但在外商企业登记注册方面短板突出。多项指标得分均较低的城市为周口市、商丘市、信阳市三座城市，这同时也反映出了三座城市的经济基础薄弱、经济发展条件改善空间大，未来需要给予一定的政策帮扶，缩小与其他城市的发展差距。

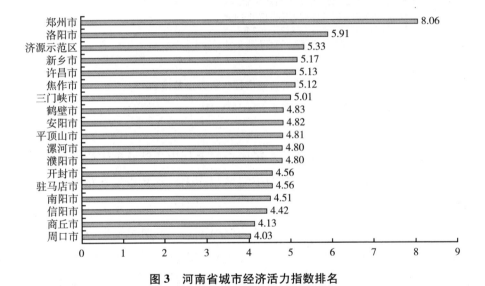

图3 河南省城市经济活力指数排名

资料来源：根据统计局数据和网络大数据计算而得。

3.城市社会活力子系统指数

在城市社会活力方面，郑州市、洛阳市分列第一、第二位，指数分别为8.94和6.14。南阳市、新乡市、焦作市、安阳市4市，处于中间梯队。余下12个城市指数均在5以下，处于一般梯队。总体来看，高分梯队的郑州和洛阳与排在其后城市拉开了较为明显的差距，但各个梯队内部城市之间差距较小（见图4）。

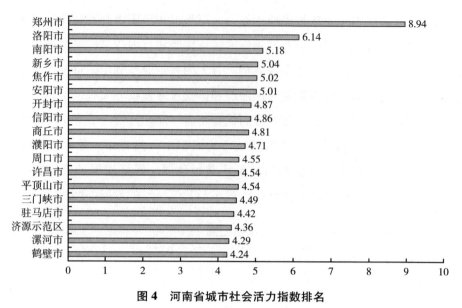

图4 河南省城市社会活力指数排名

资料来源：根据统计局数据和网络大数据计算而得。

在各项二级指标中，郑州市、洛阳市、商丘市高铁联系指数得分高于其他城市，这与上述三座城市的交通枢纽地位有关，郑州市是铁路大动脉京广线和陇海线的交汇点，是全国的综合交通枢纽中心，商丘是京九线和陇海线的交汇处，洛阳除了是通往西北地区的枢纽节点，同时也辐射河南西部的重要城市。在万人拥有体育设施数量、文化旅游设施数量、商业服务设施数量方面，郑州市、洛阳市、南阳市拥有领先优势，代表着三座城市的基础设施完善程度较高。从微博活跃度、万人拥有微信公众号数量、百度搜索指数方面来看，郑州市、洛阳市、南阳市依然保持着领先的优势，三座城市网络活跃指标得分排名靠前。在数字化和信息化时代，城市活力呈现出由实到虚的转变，"网络空间"活力也是城市空间活力的另外一种表征。在夜间活力占比方面郑州市、焦作市、濮阳市排在前三位。夜间活力是城市活力的仪表盘，对于一座现代城市是否有活力，夜间活力水平非常具有代表性。提高夜间活力占比是提升城市活力、形成强大市场的新引擎，夜间活力占比是城市活力的非典型表征。夜间活力占比高说明一个城市的城市活力质量也高。同时，制造夜间活力的主力军是年轻人，而上述三座城市的非老龄化程度得分也较高，侧面印证了三座城市夜间活力水平较高。

4.城市环境活力子系统指数

在城市环境活力方面，信阳市、许昌市、南阳市、驻马店市、漯河市5市进入高分梯队，其中信阳市排在第一位，指数为6.65。商丘市、平顶山市、郑州市、濮阳市、鹤壁市5市，处于中间梯队，郑州市位于中间梯队的中位处。余下8个城市指数均在5以下，处于一般梯队（见图5）。

洛阳市和安阳市的环境活力指数排在末两位，这可能与这两座城市的产业结构有关，洛阳市是国家老工业基地，市内有着较多的重工业产业，安阳市的纺织制造业则占有较高的比重，这些类型的产业在经济发展过程中多多少少会对环境产生负面影响。信阳市则是得益于良好的自然山水环境特点，这为其环境活力增加了不少得分。

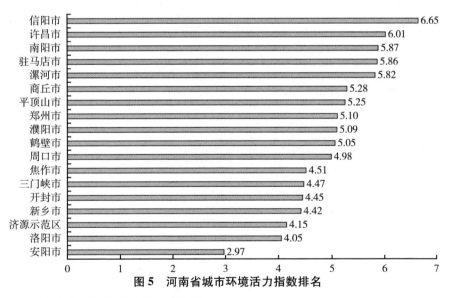

图5 河南省城市环境活力指数排名

资料来源：根据统计局数据计算而得。

（三）城市综合活力指数分析

根据各子系统的活力指数及其综合权重，通过计算得到河南省17个省辖市和济源示范区的城市综合活力指数。按照指数，河南省 17 个省辖市和济源示范区总体城市活力水平不平衡，18 个城市可分为三个梯队：高分梯队包括郑州市、洛阳市共 2 个城市，其中郑州市的城市活力最强，综合活力指数达到 8.09，断层式领先于第二名洛阳市（指数为 5.55）。中间梯队包括许昌市、南阳市、焦作市、新乡市、信阳市、濮阳市、平顶山市、漯河市、商丘市、鹤壁市、济源示范区、驻马店市、开封市共 13 个城市，其中许昌市的城市综合活力指数为 5.00，在全省排第三位，与高分梯队的郑州市、洛阳市有较为明显的差距，而在本梯队内的城市之间差距相对较小（城市综合活力指数在 4.68~5.00）。一般梯队则包括三门峡市、安阳市、周口市共 3 个城市，这些城市分布于省域西、北、东隅，受区位因素影响在城市综合活力方面稍弱于省内其他城市（见图 6）。

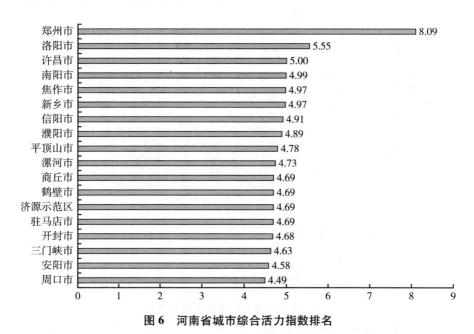

图6 河南省城市综合活力指数排名

资料来源：根据统计局数据和网络大数据计算而得。

总体而言，从空间分布上看，城市活力划线而生，东西有别。郑州和洛阳两大中心城市充分发挥了辐射带动作用，周围城市活力强于外围，活力线西侧城市活力强于东侧。除环境活力外，西侧城市大部分指标平均值均高于东部城市，其中人口活力和社会活力差异显著。郑州市在河南省表现突出，展现出多元的、均衡的城市活力。除郑州外，文旅活力方面，洛阳市脱颖而出，作为名副其实的"文旅名城"展示出很强的活力；夜间活力方面，焦作市"不夜城"魅力突出，另外濮阳市、新乡市也表现出较强的夜间活力；企业活力方面，新乡市、平顶山市、驻马店市、周口市在市场主体尤其是中小企业数量上优势明显。

郑州市活力指数在人口、经济、社会三个维度上都位居河南省榜首，特别是在人口维度表现尤为突出（人口活力指数为9.25）。但在环境维度上表现一般，跌至中间梯队的一般水平（环境活力指数为5.10），与其他维度的活力指数相比有着较为显著的差距。郑州市作为河南省会城市、国家中心城市，容易吸引外来人口并紧抓人口红利提升城市活力，常住人口密度高，交流与活动往往更密切，因而城市活力更多显现。郑州市的经济活力与省内社会影响力毋庸置疑，但在城市环境活力方面还有待加强，未来应抓住黄河流域生态保护和高质量发展核心示范区建设的机遇，提升城市环境质量，从而更好地推进城市环境活力的提升。洛阳市活力指数在人口、经济、社会三个维度上都排在全省第二位，虽然与郑州市有一定的差距，但其远超省内其他城市。在人口活力方面，除郑州外，洛阳市、濮阳市表现较好，其中濮阳市以较高的常住人口密度和非老龄化程度跻身城市人口活力前三名。在社会活力方面，洛阳市、南阳市和郑州市也跻身前三名，其中洛阳市和南阳市服务设施较为完善，空间供给水平较高；郑州市除每万人拥有服务设施数量较多外，夜间活力也十分亮眼，为其社会活力发展带来动力。在环境活力方面，信阳市、许昌市、南阳市则有较大优势。

（四）城市综合活力影响分析

1. 人口活力存在结构性问题，密度影响显著

各城市除郑州外，人口活力普遍不强。大部分城市长期人口吸引力与短期人口吸引力均存在短板。洛阳市与济源示范区高学历人口占比较高，有一

定人才储备；濮阳市与鹤壁市非老龄化程度相对较高。郑州市与洛阳市周边城市新增常住人口较少，三门峡市甚至有不增反减现象，说明两大中心城市因资源聚集与经济繁荣，吸引周边城市人口。除郑州外各城市老龄化问题突出。郑州市高学历人口占比为 8%，其余 17 个城市平均高学历人口占比为 4%，相差较大，亟须吸引高学历高质量人才以激发人口活力。

如表 7 所示，综合活力指数与人口密度、POI 密度相关。从人口规模来看，河南省 18 个城市的综合活力指数与常住人口规模具有强相关性。综合活力指数也与人口密度息息相关，人口更密集的城市，交流与活动往往更密切，从而使城市活力更多显现。吸引外来人口、紧抓人口红利是提升城市活力的一种方式。从建设规模来看，活力与市辖区面积并没有显著相关性，地域广阔不利于沟通和交流，因此也就弱化了地域空间对活动的影响。与活力最密切相关的是 POI 密度，因此优化空间格局、增大 POI 密度才是提升城市活力的关键。

2.经济实力决定城市活力，企业的成长力和创造力相伴而生

经济规模是城市活力的催化剂。如表 7 所示，河南省 18 个城市的综合活力指数与 GDP 呈现显著的正相关性（相关系数达 0.889），经济规模是建设活力城市的决定性要素，经济规模决定着人口的流向，经济规模较大的城市通常具备一定规模的产业集群、完善的产业结构和紧密的产业链条，能够吸引相关行业人才。人与经济、社会、资源、环境实现协调统筹发展是城市活力增长的推动力。综合活力指数与人均 GDP 相关性不强，GDP 代表的是产业规模和就业规模，一座城市的就业规模越大和环境越好，城市活力越高；人均 GDP 代表的是城市经济发展水平和质量，活力与发展水平高低的关系并不十分明显。

表7　综合活力指数相关性

	综合活力指数	常住人口规模	GDP	人口密度	POI 密度	人均 GDP	市辖区面积
综合活力指数	1						
常住人口规模	0.823 **	1					
GDP	0.889 **	0.959 **	1				

续表

	综合活力指数	常住人口规模	GDP	人口密度	POI密度	人均GDP	市辖区面积
人口密度	0.903 **	0.824 **	0.879 **	1			
POI密度	0.927 **	0.786 **	0.854 **	0.989 **	1		
人均GDP	0.416	0.039	0.308 *	0.312	0.372	1	
市辖区面积	−0.302	0.006	−0.099	−0.469 *	−0.479 *	−0.320	1

注：**，$p<0.001$；*，$p<0.005$。

万人拥有上市公司数量与万人拥有企业专利申请量成正相关。企业创造力助力企业发展，企业发展激发创造力，两者相辅相成。郑州市、洛阳市、焦作市两指标表现皆较好，值得关注的是济源示范区在这两个指标上跻身领先行列，更是侧面印证充足的上市公司数量在提高企业创造力上的重要性。万人拥有高新技术企业数量与万人拥有企业专利申请量成正相关。高新技术企业越多，企业创造力越强。郑州市、洛阳市、新乡市和许昌市表现突出，两个指标得分均高于平均线。新乡市万人拥有企业专利申请量和万人拥有小微企业数量多；郑州市、洛阳市、焦作市和许昌市在企业创造力上相对优越，其中焦作市和洛阳市万人拥有小微企业数量相对较少。万人拥有小微企业数量与万人拥有企业专利申请量关系不明显，即万人拥有小微企业数量的增加在对企业创造力的提升上作用相对较弱。

3. 社会情况是城市的"硬活力"，文化热度是城市的"软活力"

通过构建人口吸引力结构方程模型（见图7）发现，人们选择居住的城市主要考虑就业环境和生活宜居性，而不是通勤成本。就业环境对人口吸引力有最强的正向影响（回归系数为0.908），企业的高质量发展促进常住人口增长。生活宜居性对人口吸引力有较强的正向影响（回归系数为0.409），完善的城市功能混合状态和较强的生活宜居性在一定程度上会吸引人口常住。高铁联系指数和通勤时间指数不影响常住人口增长速度，其他因素更影响人们迁徙决定。

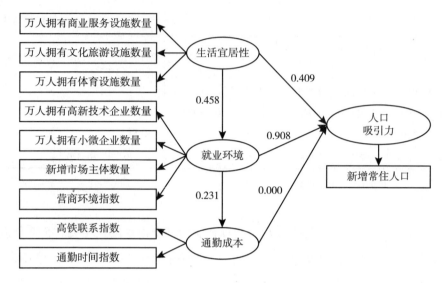

图7　人口吸引力结构方程模型示意图

数字化时代，城市活力呈现出由实到虚的转变。与传统社会指标相比，文化热度和城市活力相关性更强。其原因在于微博活跃度和百度搜索指数与人口活力紧密相关，而人口活力是城市活力的源泉。在信息化和数字化的今天，"网络"空间活力是城市空间活力的另外一种表征。

夜间活力是城市活力的仪表盘。对于一座现代城市是否有活力，夜间活力非常具有代表性。夜间活力占比提高是提升城市活力、形成强大市场的新引擎，夜间活力占比是城市活力的非典型表征。夜间活力占比高说明一个城市的城市活力质量也高，因为年轻人是制造夜间活力的主力军。夜间活力占比与非老龄化程度成正向线性关系（见图8）。夜间出行、消费、打卡等是年轻人共同的生活方式。

4.旧区环境改造影响舒适度

城市新建筑已占多数，支配着城市生活，主宰了景观风貌。然而高速建成的城市环境并不一定意味着优良的环境品质，随之而来的城市旧区环境改造问题日益凸显。各种社会力量围绕城市空间的利益博弈使得不少建成环境出现高品质建筑与低水准空间环境之间的巨大反差。在城市环境中，存在着

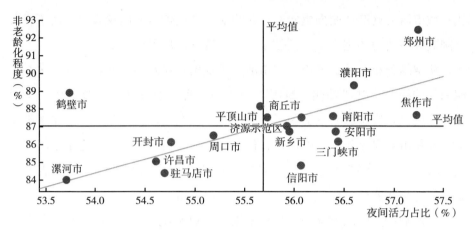

图 8　夜间活力占比与非老龄化程度散点图

大量弱势活动空间，这类城市空间较多地存在于城市的边缘地带，代表着弱势群体活动的空间化。现实生活中形形色色的城市弱势活动及其对应空间环境仍旧大量存在，并且长期占据着一定的城市公共空间。

城市的环境污染降低了居民生活的质量，容易滋生社会矛盾。城市环境污染最集中、最严重的地区，污染物排放量占城市总排放量的很大比例。环境问题与贫困问题相互交叉，矛盾突出，城市经济发展水平不均衡。环境污染地区与贫困人口所在地区分布有着很大的联系，使得城市环境活力问题与贫困问题在某种程度上陷入恶性循环。面对社会加速转型的压力，谋求经济发展与环境保护的"双管齐下"显得比较困难。

（五）主要结论

通过从人口、经济、社会、环境四个维度对城市活力进行量化和评估发现，河南省总体城市活力水平不平衡，在活力结构、空间分布及影响活力的因素方面存在以下特征。

从活力结构来看，河南省人口活力普遍不足，存在结构性问题；企业的成长力与创造力成正比，创造力随着成长力的提高而提升；通过构建结构方程模型发现，居民选择居住城市主要考虑就业环境和生活宜居性；数字化时代，城市活力逐渐从实向虚转变；夜间活力是城市活力的仪表盘，而年轻人是制造夜间活力的主力军，抓住年轻人，就是抓住了城市活力。

从空间分布来看，河南省城市活力呈现出东强西弱、北强南弱、中心强四周弱的特点。以"郑州—洛阳"为中心，两大中心城市充分发挥了辐射带动作用，其周围城市活力高于外围。其中，在人口、经济、社会三大维度上，郑州市明显领先于其他城市，仅在环境方面稍有逊色，展现出了高度多元的城市活力；洛阳市活力水平低于郑州市，但依然在总体活力上表现突出，特别是在实体空间活力和文旅活力方面突出。

从影响活力的因素来看，POI 密度、人口密度和 GDP 与城市活力之间有显著的正向相关关系。具体而言，所选 POI 主要针对城市空间中的休闲娱乐功能，其数量直接受到市场需求的影响，即人口活动强度越大，响应越激烈；人口密度是常住人口数量与市辖区面积的比值，人是活动的缔造者与参与者，规模化的人口数量是城市活力的基础；GDP 是一座城市发展水平的直观测度，只有具备一定规模的产业集群、完善的产业结构和紧密的产业链条，才能够吸引人的聚集和激发更多的活动。因此，休闲娱乐设施布局、人口规模和经济水平对城市活力的产生有着显著的影响。

四　提升河南城市活力的思考与建议

测评分析表明，河南城市活力总体上呈现不平衡的特征，存在较为明显的短板弱项。为进一步提升河南城市活力，建议针对测评中发现的相关问题，从产业、交通、城市社区建设、文旅基础设施、生态环境等方面着手，加快深化体制机制创新，强化协同治理，为河南经济社会高质量发展提供有力支撑。

（一）优化城市现代产业体系

加快对传统产业的转型升级改造，加大科技型企业招商力度和提高其精准度，持续引入高新技术产业，大力发展第三产业。强化科技对产业支撑作用，实施对高新技术企业、上市公司的专利申请、科技研发等方面的奖励措施，鼓励企业增强创新意识，同时提高本地高等院校的科研水平。充分发挥人才在加快转型发展中的重要作用，制定完善的人才落户激励政策，放低落户门槛，简化落户程序，提供优质服务，构筑人才集聚高地，最大限度激发人才创新创业活力。利用互联网红利，鼓励并积极推动网商发展线上业务和活动的开展。全面对标国家和河南省营商环境评价指标体系，制订出台对标先进的深化改革全面优化营商环境工作攻坚提升方案，持续改善城市营商环境，吸引更多企业入驻。

（二）完善城市交通路网结构

注重交通规划先行，调整城市用地布局，优化城市路网结构，加强骨干路网微改造，重视小尺度、小路宽、网络交织的道路系统和地铁系统建设，构建高效、便捷、科学、合理的城市立体化交通体系。学习借鉴香港等地先进经验，加强市政道路交通体系建设，加密微循环道路，构建"窄马路、密路网"模式，完善市民公共出行体系。加强静态交通管理，大力推进城市停车场规划建设，加快建设立体化智能化停车设施，制定落实智慧停车建设导则，着力解决停车难、停车乱的问题。通过解决城市拥堵问题，不断推动实现产、城、人的良性互动，有效解决城市空间流动性不强、"职住不平衡"等问题，进而增添城市活力。

（三）加快推进城市有机更新

从人文角度出发，结合地域文化的历史命脉和特色，加快推进城市有机更新，将其与多种功能如产业、社交、办公、旅游等多元融合，让老城区成为具备文化底蕴和社交属性的文化商业空间，旧貌换新颜，回归"烟火生机"，不断激发城市活力。通过更新和改造，逐步调整用地结构以提升用地混合度，并在难以改造的区域通过微改造方式植入多元功能，以提升社会活力水平和活力质量，使其保持更为健康和可持续的发展态势。加大对"新基建"的支持力度，提高 5G 网络的覆盖度，同时积极探索虚实相互融合、线上线下互动的交互方式，利用智能技术加强人与人之间的连接和人与环境的互动，推动城市空间的智能化更新。建立完善城市更新制度机制，探索适用于存量更新的规划、土地、财政、金融等领域政策，完善审批流程和标准规范，探索政府引导、市场运作、公众参与的可持续模式，坚持"留改拆"并举、以保留利用提升为主，加强修缮改造，补齐城市短板，注重提升功能，增强城市活力。

（四）建设包容开放的城市活力社区

加快重塑开放空间体系，支持创建一批口袋公园、潮玩街区、街头艺术表演区、传统文化交流区、夜间集市区等街道文化消费体验场所，将街道还给居民活动，将各项设施、共享空间、书吧、咖啡屋和公园绿地通过不同方式连接起来，让各项活动相互碰撞，打造安全、便利、轻松、有趣的街道空间，不断激发城市微空间活力。推动步行5~15分钟邻里空间多样化，建设"宜居、宜业、宜游、宜学、宜养"的社区生活圈，提升人民的幸福感和获得感，满足居民形式多样的活动需求。在保证城市公共基础设施供给和品质的同时兼顾公平性与差异性，优先考虑弱势群体和公益服务，完善无障碍基础设施，重点推进居住区和公共空间缘石坡道、轮椅坡道、人行通道的无障碍改造，提升无障碍信息服务水平。

（五）完善文体基础设施和文化旅游产品体系

持续加大建设投资力度，加快博物馆、科技馆、图书馆、体育馆等文化体育基础设施和商业设施建设。借鉴先进城市的经验，加快不同商圈商业与文化体育融合发展，将历史、民俗、商业、文化、艺术等元素渗透融入建筑设计、商业运营等商圈发展每个细节之中，同时通过植入文化艺术节、购物节、展会等商圈活动促进人口活动与交流，积极举办各类文化节和体育赛事，打造民俗传统、国际潮流、古今文化兼容并蓄、碰撞交流的城市文化氛围，整合历史文化资源，突出自身文化特色，积极开发适应各类消费需求的文化旅游产品，培育夜间文化旅游消费街区，打造旅游产业品牌，同时加快建设与文化旅游资源相配套的服务设施，提升文化旅游能级，提高城市文化知名度和吸引力。

（六）持续改善城市生态环境

坚持生态优先和绿色发展，结合对接国家"碳达峰、碳中和"发展要求，加快调整产业结构，积极推进节能减排降碳、生态修复、环境污染防治、城乡环境整治，完善生态环境质量考核体系，切实改善和提高城市生态环境质量。加强城市生态空间规划设计，强调精细化和人性化，统筹推进生态修复和城市修补，加大海绵城市、排水防涝设施、地下综合管廊、生态廊道等建设力度，深入推进道路洁化、立面美化、景观亮化、水体净化、生态绿化，不断改善居住环境，提高居住舒适度，打造生态宜居的高品质城市空间。

参考文献

〔美〕希若·波米耶等：《成功的市中心设计》，马铨译，台北：创兴出版社，1995。

〔美〕凯文·林奇：《城市意象》，方益萍、何晓军译，华夏出版社，2001。

〔加〕简·雅各布斯：《美国大城市的死与生》，金衡山译，译林出版社，2005。

王建军、吴志强：《城镇化发展阶段划分》，《地理学报》2009年第2期。

王兴中等：《中国城市社会空间结构研究》，科学出版社，2000。

刘贵利：《城市生态规划理论与方法》，东南大学出版社，2002。

陈立旭：《都市文化与都市精神：中外城市文化比较》，东南大学出版社，2002。

段进：《城市空间发展论》，江苏科学技术出版社，1999。

董宪军：《生态城市论》，中国社会科学出版社，2002。

《数字城市导论》编委会：《数字城市导论》，中国建筑工业出版社，2001。

〔美〕刘易斯·芒福德：《城市发展史——起源、演变和前景》，宋俊岭、倪文彦译，中国建筑工业出版社，2005。

马琦伟、阚长城、宫兆亚、党安荣：《城市活力恢复及其影响因子——突发性公共卫生事件情景下的探索》，《城市规划》2020年第9期。

塔娜、曾屿恬、朱秋宇、吴佳雨：《基于大数据的上海中心城区建成环境与城市活

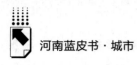

力关系分析》,《地理科学》2020年第1期。

张梦琪:《城市活力的分析与评价》,硕士学位论文,武汉大学,2018。

雷舒砚、徐邓耀、李峥荣:《四川省各市的城市活力综合评价与分析》,《经济论坛》2017年第9期。

蒋涤非、李璟兮:《当代城市活力营造的若干思考》,《新建筑》2016年第1期。

童明:《城市肌理如何激发城市活力》,《城市规划学刊》2014年第3期。

蒋涤非:《城市形态活力论》,东南大学出版社,2007。

中国城市规划设计研究院:《中国城市繁荣活力2020报告》,2020。

宜居城市篇

Livable City

B.3

河南提高城市公共服务供给水平研究

洪佩丹　崔学华*

摘　要： 城镇化进程加大了河南城市公共服务供给压力，居民需求的差异化、多样化、个性化让政府力不从心。进一步提高河南城市公共服务供给水平、满足居民需求已经成为河南建设服务型政府的重要内容。本报告通过构建公共服务供给反馈模型，对河南城市公共服务供给过程进行二元主体分析，发现河南城市公共服务供给在公共服务购买反馈链、直接公共服务供给反馈链以及间接公共服务供给反馈链上的制约因素。在这些制约因素上的不足使河南省城市公共服务供给在整个供给反馈链上无法形成正向反馈激励。基于此，本报告从制约因素出发进一步提出提高河南城市公共服务供给水平的措施，以期构建一个正向的公共服务反馈激励机制，持续精准提高公共服务供给水平。

---

* 洪佩丹，郑州大学公共管理学院硕士研究生；崔学华，河南省社会科学院副研究员。

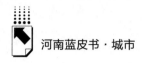
关键词： 城市公共服务　服务供给　政府购买服务　河南

一　引言

城镇化进程的不断加快、户籍制度的日益松动以及民众对美好生活的向往不断驱使着河南农村人口流向城市。对城市而言，流入人口对城市公共服务形成挤压效应，对城市公共服务资源造成压力，并衍生出各种社会问题，外来人口侵占原本属于城市居民的公共服务资源导致城市居民对外来人口的排斥和疏离；外来居民也因户籍制度等的制约，给城市创造经济价值的同时公民权利却得不到保障，幸福感降低，犯罪率上升。并且，随着生活质量的不断提升，人们对公共服务的需求层次不断提高，需求内容也更加多样化和个性化。城市复杂的公共服务供给情境要求政府不断提高公共服务供给能力。党的十八大以来，我国始终坚持建设服务型政党，出台了一系列加强新时代公共服务体系建设的政策文件，为各省提高公共服务水平提供强大动能。

河南省相继发布了《河南省"十四五"公共服务和社会保障规划》《河南省基本公共服务实施标准（2021年版）》等一系列重要文件，在婴幼儿照护、公共教育、就业创业、卫生健康以及养老服务等九大领域进行整体性规划和布局，确立基本公共服务项目范围和底线标准，以满足公民生存和发展的需要，维护社会公平稳定，促进社会发展，保障社会成员特别是困难群体的生活权利，确保幼有所育、学有所教、老有所养、病有所医。通过政府不断的制度改革、实践和创新以及社会的广泛参与，河南在改善城市公共服务供给方面取得了显著的成效。

河南省聚焦民生重点领域和关键环节，积极推动公共服务供给侧改革，大幅度增加公共服务财政投入总量，公共服务供给能力明显增强。[①] 在婴儿

---

① 《河南省人民政府关于印发河南省"十四五"公共服务和社会保障规划的通知》，河南省人民政府门户网站，2022年2月16日，https://www.henan.gov.cn/2022/02-16/2399877.html。

照护服务方面，出台《关于促进 3 岁以下婴幼儿照护服务发展的实施意见》，提出各种措施保障婴幼儿父母重返工作岗位，支持有条件的幼儿园提供婴幼儿照护服务。在公共教育服务方面，不断完善入学政策，让流动人口子女享受平等的教育机会。2021 年，全省义务教育阶段随迁子女在校生总数约 87.74 万，其中，在公办学校就读的达到 90.56%。在就业创业方面，全方位强化就业创业服务，强化劳动用工保障，完善数字就业服务，推进"人人持证、技能河南"建设，推动实现更加充分更高质量的就业。在卫生健康服务方面，统筹医疗、医保、医药、医养、医改"五医联动"，加快紧密型城市医疗集团建设，引导大型公立医院跨院协作和一院多区发展。在养老方面，紧紧围绕养老服务和康养产业高质量发展推进供给侧结构性改革，公布施行了《河南省老年人权益保障条例》，不断完善制度框架；"十三五"期间，城市低保月人均保障标准由 400 元提高到 570 元，增幅为 42.5%，城市兜底保障更加有力；积极探索医养协作、外包委托、养内设医和医养一体等医养结合模式，服务质量不断提升。虽然河南城市的公共服务供给能力提升在不断加强顶层设计和实践创新中取得了显著成效，但是在公共服务政策落实以及供给过程中还存在诸多问题，导致公共服务供给能力不足、供给质量和供给效率不高。进一步提升城市公共服务供给的水平成为河南省建设人民满意的"服务型"政府的重要内容。

新时期，面临新的社会治理压力，国家加快行政体制改革，积极转变政府职能，政府角色由过去的"全能型"向"有限型"转变，[1] 公共服务领域政府角色由以往的"完全供给者"向"基础供给者+购买者"转型。[2] 河南省通过政府购买社会组织服务大力鼓励和支持社会组织特别是社工机构的发展以提升公共服务供给水平。本报告通过构建公共服务供给反馈模型（见图 1），对河南城市公共服务供给过程中主要参与主体即政府、社会组织

---

[1] 杨国栋：《论我国地方政府公共服务供给能力提升的行动逻辑》，《江西行政学院学报》2007 年第 3 期，第 16~20 页。

[2] 姜郁、薛永光：《供给者与购买者：我国社区公共服务中的政府转型》，《中国行政管理》2019 年第 6 期，第 26~29 页。

和居民进行二元主体分析，发现河南城市公共服务供给在公共服务购买反馈链、直接公共服务供给反馈链以及间接公共服务供给反馈链上存在的制约因素。这些制约因素上的不足对河南城市公共服务供给水平和可持续性产生了消极影响。基于此，本报告从制约因素出发进一步提出提高河南城市公共服务供给水平的措施，以期构建一个正向的公共服务供给反馈激励机制，不断提高河南城市公共服务供给水平。

二　河南城市公共服务供给水平的制约因素分析

本报告构建了公共服务供给反馈模型（见图1），并在此模型下对河南城市公共服务供给水平的制约因素进行分析。

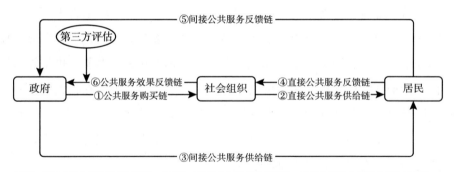

说明：①⑥为公共服务购买反馈链，②④为直接公共服务供给反馈链，③⑤为间接公共服务供给反馈链。

图1　公共服务供给反馈模型

在公共服务供给反馈模型中，政府根据居民需求购买社会组织服务，资金一旦开始流向社会组织，就形成了公共服务购买链（图1-①）；社会组织依据政府政策和文件在社区中获得合法性，并利用政府资金为居民直接提供公共服务，形成直接公共服务供给链（图1-②）；此时，政府通过购买社会组织服务间接为居民提供公共服务，形成间接公共服务供给链（图1-③）；在公共服务供给过程中以及供给完成后，社会组织会调查居民对公共服务供给的评价，居民直接向社会组织反馈服务意见和建议，这一过程产生了直接公共服务反馈链（图1-④），与此同时，也会产生对政府间接公共服务供给的意见和建议，形成了间接公共服务反馈链（图1-⑤）；而社会组织在完成政府购买的项目后，会将服务完成情况反馈给政府，政府邀请第三方对社会组织的服务进行评估，由此形成了公共服务效果反馈链（图1-⑥）。在整个公共服务供给反馈模型中，政府购买社会组织服务为居民提供服务，社会组织将服务效果反馈给购买方即政府，这一过程存在公共服务购买反馈链（图1-①⑥）；社会组织直接为居民提供服务并收到居民的反馈形成了直接公共服务供给反馈链（图1-②④）；政府购买社会组织服务间接为居民提供服务并收到反馈形成了间接公共服务供给反馈链（图1-③⑤）。本报告将在构建的公共服务供给反馈模型中对制约河南城市公共服务供给水平的因素进行逐一分析。

（一）公共服务购买反馈链：政府与社会组织的不足

公共服务购买反馈链上政府和社会组织都存在着一定程度的不足，致使双方都无法形成对对方的正向反馈激励：对政府来说，导致政府通过购买社会组织服务为居民提供公共服务的信心和能力下降；对社会组织来说，也不利于其持续健康发展。

在公共服务购买链上，政府的购买模式、基层政府的治理理念以及社会组织的发展程度三个因素是制约河南省城市公共服务供给水平的重要影响因素。第一，在政府的购买模式上主要存在供需不匹配、购买服务周期短、服务指标重数量轻质量等问题，在工作中体现为项目的服务对象缺失、个案对象问题解决程度不深、社会组织的自我运行能力弱、社会组织服务质量不高等问题。第二，基层政府特别是城郊基层政府，"官本位"意识仍然较强。基层政府主要的职能范围和工作内容还是围绕有利于晋升的经济领域、能够立竿见影的环境治理领域和市容市貌管理，对公共服务职能进行了自我弱化。这种治理理念必然导致社会组织在与基层政府合作过程中的行政化现象，降低社会组织为居民提供公共服务的专业性。第三，社会组织发展滞后，体现在社会组织数量和质量上不足，在政府购买社会组织服务领域未形成充分的市场竞争，降低了公共服务供给资金的使用效率。

在公共服务效果反馈链上，项目的实际完成度和第三方评估机构的公平性是社会组织完成公共服务项目后能否形成与政府之间的正向反馈激励的两个重要影响因素。社会组织完成政府购买的公共服务项目之后，政府会邀请第三方对社会组织的项目完成度进行评估。一方面，由于基层政府使社会组织行政化，社会组织公共服务项目完成情况存在数量上不足、质量上不高的情况。而且一些项目实际完成度不高的社工机构为获得更高的评分，在评估前"补活动、造资料"，这种行为在很大程度上降低了公共服务供给的质量。另一方面，评估机构的评估工作由于缺乏监督，公平性不足，也助长了社会组织伪造资料的行为，不利于社会组织的可持续性健康发展。社会组织项目完成后实际效果不明显打击了政府购买社会组织服务的积极性。

（二）直接公共服务供给反馈链：居民与社会组织的疏离

社会组织高质量的公共服务供给是获取接受供给居民的信任的前提，也是社会组织获得正向反馈的基础。而在河南城市公共服务供给中，社会组织整体服务水平偏低，居民参与不足，社会组织无法获得充分的服务反馈，双方呈现出疏离的服务状态。这一问题在整个直接公共服务供给反馈链上表现为负向的供给反馈循环。

在直接公共服务供给链上，发展理念、服务内容以及服务质量是制约社会组织为居民提供高质量公共服务的主要因素。第一，社会组织的发展理念呈现出明显的功利化的倾向。比如，为承接更多公共服务项目而打造"全能型"的组织定位、重投标轻管理、重指标轻质量以及挪用公共服务资金等。这些做法都极大地降低了公共服务的质量。第二，社会组织公共服务供给的内容由购买方决定，在实际工作中也极易受到基层政府行政性工作的影响，而居民对公共服务的实际需求未得到充分重视，一定程度上降低了公共服务供给的效率。第三，社会组织的服务质量与其在项目中投入的资金直接相关。存在部分社会组织大幅降低运营成本，使一线工作者的专业性和活动资金无法得到保障，直接降低了公共服务的供给质量。

在直接公共服务反馈链上，居民的参与度是影响直接公共服务反馈效果的一个重要因素。每一个公民都平等地享有公民权利，社会权利是公民权利的重要组成部分，必须通过公共服务的供给予以确认，也必须通过公共服务来得到保障。[1] 享受公共服务供给是每一位公民的公民权利，居民作为公共服务的接受者，本身就是公共服务的重要参与主体，但是公民权利意识和参与公共事务的渠道长期缺失、信息获取不足导致居民对涉及自身利益的社区公共事务的不关心、不参与和不发声。城市居民特别是老年人囿于传统小农思想，[2] 在长期自给自足的观念影响下，寻求政府和他人帮助的意愿不强。而政府通过购买社会组织服务为居民提供公共服务目前在河南多地还处于起步阶段，社会组织的知名度和服务质量不高，在社区居民寻求帮助意愿不强的情况下，居民需求识别难度大，居民对社会组织常常表现出不信任，参与程度不足，不利于社会组织开展帮扶活动和获得充分的服务反馈。

（三）间接公共服务供给反馈链：政府与居民的断联

在间接公共服务供给反馈链上，政府在公共服务供给之前缺少对居民需求信息的获取，居民在公共服务供给之后缺乏对服务效果的反馈。公共服务的供给方与承受方之间的断联，导致整个间接公共服务供给反馈链上缺乏正向的反馈修正循环，不利于政府有针对性地提升公共服务供给能力，同时居民的公共服务需求也无法得到充分满足。

在间接公共服务供给链上政府决策信息的不对称限制了政府公共服务供给的效率。一方面，政府获取居民公共服务需求意识不强，缺乏直接和准确获取居民需求的快捷方式和方便渠道。另一方面，居民公民权利意识的匮乏以及参与度不高也增加了公共服务需求获取的难度。间接公共服务供给链上政府与居民之间存在断联。在公共服务供给对象不清、供给目标模糊的情况

---

① 王春福：《公民身份与城市外来人口公共服务的供给——基于杭州市外来人口调查的分析》，《浙江社会科学》2010 年第 11 期，第 54~60、127 页。

② 任博、孙涛：《整体性治理视阈下我国城市政府公共服务职责划分问题研究》，《东岳论丛》2018 年第 3 期，第 165~172 页。

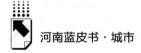
下，政府购买公共服务的类型和内容与实际居民公共服务需求不匹配，导致政府公共服务资金和资源的低效配置。

间接公共服务反馈链上居民参与的缺失主要表现为居民需求表达不足和对政府公共服务供给效果反馈缺失。一方面，居民由于自身的权利意识淡薄，对于公共服务的表达意愿不强。另一方面，缺少多样化的需求表达和服务反馈渠道，而且政府提供的公共服务需求表达渠道不够便捷，居民需求表达的门槛较高，一定程度上也阻碍了居民的需求表达和服务反馈。在间接公共服务供给反馈链上，政府和居民的沟通和互动存在断联现象。

三 提高河南城市公共服务供给水平的措施

在河南城市公共服务供给过程中存在的制约因素为提高公共服务供给质效指明方向。在公共服务供给反馈模型中，有效地消除制约因素方面的障碍并持续改善公共服务供给反馈模式能有效地建立公共服务供给反馈的正向反馈激励循环，不断提高公共服务的供给质效和公共服务资金使用效率。

（一）公共服务购买反馈链：系统提高公共服务供给能力

1.优化公共服务购买模式，确保政府决策科学有效

科学设计公共服务的购买流程，建立政府与居民之间的双向、动态公共服务供给决策机制，[1] 坚持公共服务购买决策以需求为导向，及时、精准地回应居民需求，解决公共服务供给中供需不匹配的问题。根据公共服务购买项目的完成度和服务对象问题的解决程度，合理调整服务购买周期，提高社会组织服务质量，增强服务效果的可持续性。在服务指标中，增加对社会组织公共服务供给质量和效果的考核指标，减少简单量化性指标，促使社会组织提高服务质量。

---

① 于海燕、黄文义：《新居民公共服务的供给决策机制优化》，《甘肃社会科学》2016年第6期，第224~228页。

2. 转变基层政府治理理念，留足社会组织发展空间

在体制机制方面加快基层政府由"管理型"向"服务型"政府转变，一方面，主动引导、强化基层政府公共服务意识，在与社会组织的合作中，将社会组织作为基层社区治理的主要参与主体，充分发挥社会组织者在公共服务方面的优势，减少对各个服务购买项目的服务内容和服务方式的行政性干预，留足社会组织发展空间。另一方面，为基层政府建立责任机制，将基层政府的公共服务纳入绩效考核之中，主动引导加被动施压，共同促使基层政府转变治理理念，建设一个有限但有效的基层政府。

3. 支持社会组织快速发展，促进服务市场充分竞争

持续鼓励和支持社会组织在数量和质量上快速发展，加速形成在政府公共服务购买领域的充分市场竞争。[1] 一方面，在社会组织充分的市场竞争中，价格机制可以有效发挥作用，提高政府公共服务资金使用效率。另一方面，充分的市场竞争也可以促使社会组织致力于服务质量的提高，发掘自身服务优势，不断促进社会组织的快速、高质量发展。但是政府作为公共服务购买的组织者和引导者，要发挥好公共服务购买领域的协调作用，[2] 营造公平竞争的市场环境。

4. 优化服务效果评估机制，驱动组织服务提质增效

在公共服务效果反馈链上，公共服务评估通过第三方机构的综合评估完成，单一的评估主体容易造成公共服务评价的客观性不足。而居民作为公共服务的接受者最能直接体会公共服务的效果。所以应该优化服务效果评估机制，建立由第三方机构、专家学者以及居民多方参与的评估机制，服务接受者参与服务效果评估也能在一定程度上降低社会组织资料造假的可能性，增强对服务效果评价的客观性和公正性，驱动社会组织提升服务的质量和效果。

---

① 赵泽洪、吴义慈：《责任政府视角下的公共服务供给能力建构》，《科技管理研究》2010 年第 7 期，第 20~22 页。

② 杨国栋：《论我国地方政府公共服务供给能力提升的行动逻辑》，《江西行政学院学报》2007 年第 3 期，第 16~20 页。

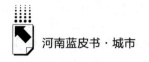

（二）直接公共服务供给反馈链：全面提高公共服务供给质量

1. 对社会组织加强引导，使组织正确树立发展理念

社会组织的发展理念决定着组织的行为模式。正确、健康和可持续的发展理念促使社会组织重视自身的服务质量、服务对象满意度以及对人才的培养。所以，应加强对社会组织发展理念的引导，助力社会组织树立可持续性的健康发展理念。一方面，要发挥党建引领作用，从思想上转变社会组织具有营利性倾向的发展理念，引导社会组织关注居民的核心公共服务需求。另一方面，充分发挥法律对社会组织的规范作用，加强对社会组织的资金使用的监督，确保公共服务资金在活动开展和人才培养等方面的规范使用。

2. 对居民需求动态识别，确保供给精准有效

对于居民需求准确的动态识别是公共服务供给有效性的起点。社会组织在向居民提供直接公共服务的过程中，应该加强与居民的有效沟通，准确识别居民的现实需求和潜在需求，始终坚持以居民的公共服务需求为出发点，根据居民需求的满足程度以及居民的服务反馈，及时动态调整服务内容，回应居民关切，确保公共服务供给的精准性和有效性，进而提高居民对社会组织的信任度。

3. 对服务过程加强监督，督促提高服务质量

居民对直接公共服务供给过程的监督是提高社会组织公共服务供给质量的重要驱动力量。首先，设置社会组织公共服务事务公开栏，对公共服务的资金使用、用人规范以及服务内容等进行公开，让居民明晰公共服务的资金使用情况、项目的进展程度，主动接受居民监督。其次，建立居民监督委员会，对社会组织的服务过程进行监督，及时指出和纠正社会组织的不合理行为。最后，充分发挥居民监督委员会在居民和社会组织之间的纽带作用，广泛收集和整理居民对服务过程的建议和公共服务需求的变化，有利于社会组织及时把握居民需求动态，及时做出回应，提高公共服务供给效率。

4. 对公民意识加强培养，使居民充分参与公共事务

要使居民充分参与社区公共事务，要做到以下几点。首先，应该对居民进行赋权，① 激发居民的公民意识，使他们从传统观念中解放出来，让居民意识到自己参与公共事务的权利。其次，居民参与的内在动力是公共性而非利益，而公共性的产生依赖于对居民需求的满足。② 以居民自身需求作为出发点和切入点，在需求不断得到满足中不断激发居民的主动和持续参与。最后，应该对居民进行多种培训，不断提高居民的个体素质，增强居民的参与能力。③ 与此同时，降低居民参与门槛，减少参与阻力。

（三）间接公共服务供给反馈链：综合提高公共服务供给效率

1. 全方位搭建沟通渠道，畅通居民需求表达反馈

政府对居民需求的获取渠道选择取决于居民需求表达和反馈能力。在科技革命时代，要充分运用大数据、云计算、人工智能等新兴技术创造全新沟通渠道，④ 建立一站式电子政务平台，⑤ 为居民提供方便快捷的公共服务需求表达和反馈渠道。但是，在科技革命时代，我们更应该重视被科技"抛弃"的老年群体的需求表达，建立人工走访、实地访谈和调研等适宜老年群体的需求表达渠道，准确掌握不同群体的需求偏好和反馈，构建居民与政府之间有效的沟通渠道，为进行精准的公共服务供给奠定坚实基础。

2. 多方面获取居民信息，决策充分体现居民意志

多方面获取居民公共服务需求和反馈，加强对居民需求偏好和反馈的分析。一方面，坚持以居民公共服务需求为导向进行公共服务供给决策，对居

---

① 姜力波：《社区治理居民参与不足的社会工作干预——基于赋权理论的分析视野》，《智库时代》2019 年第 51 期，第 10~11 页。

② 杨莉：《以需求把居民带回来——促进居民参与社区治理的路径探析》，《社会科学战线》2018 年第 9 期，第 195~201 页。

③ 于海燕、黄文义：《新居民公共服务的供给决策机制优化》，《甘肃社会科学》2016 年第 6 期，第 224~228 页。

④ 杨丽敏：《不断强化优质公共服务供给能力》，《奋斗》2022 年第 12 期，第 49~50 页。

⑤ 张开云、张兴杰、李倩：《地方政府公共服务供给能力：影响因素与实现路径》，《中国行政管理》2010 年第 1 期，第 92~95 页。

民的需求偏好按照公共服务的需求度、稀缺度进行排序,[①] 建立公共服务需求清单,优化公共服务财政资金在不同公共服务供给项目中的配置,不断提高公共服务的供给的精准度。另一方面,重视居民对公共服务供给的反馈,根据居民反馈信息,对供给过程和服务供给内容进行修正,及时、准确回应居民关切,不断提高公共服务供给效率。

四　结语

河南是人口大省,城镇化又加大了城市公共服务供给的压力。若想满足城市居民的公共服务需求,政府就要不断提高城市公共服务供给水平。在公共服务供给反馈模型中,需要通过政府、社会组织和居民的共同努力消除各个供给反馈链上的制约因素方面的问题,在对决策机制、供给过程、供给内容等的不断修正中,形成正向的反馈激励循环,为提高城市公共服务供给的能力和质效提供可持续性发展动力。

---

① 张开云、张兴杰、李倩:《地方政府公共服务供给能力:影响因素与实现路径》,《中国行政管理》2010 年第 1 期,第 92~95 页。

B.4
河南完善城市市政公用设施研究

易雪琴 *

摘　要：　城市市政公用设施是保障城市运行的重要基础，是城市经济社会
各项事业发展的支撑体系。经过数十年的发展，河南城市市政公
用设施建设取得了明显成效，但是建设水平和质量与全国和发达
省（市）相比还存在明显差距，仍存在省内区域建设水平不平
衡、重建设轻管理现象突出、资金保障存在困难等问题。未来，
应把握好"十四五"时期城市市政公用设施建设面临的新形势、
新特征、新要求，着力从规划布局、差异化政策、建设模式、管
理运营、投融资机制等方面补齐短板，保障市政公用设施有效供
给，提高设施建设水平和服务质量。

关键词：　市政公用设施　城镇化　河南

　　城市市政公用设施是支撑城市经济社会各项事业发展、保障城市健康
高效运行的重要基础。随着新型城镇化的快速发展，河南城市的供水、供
气、供热、园林绿化、道路交通、污水处理等各类市政公用设施建设的整
体水平和质量得到普遍提升，在增强城市综合承载能力、提升城市发展质
量和市民生活品质、促进农业转移人口市民化等方面发挥有力支撑作用。
当前，城市市政公用设施建设呈现新特征和趋势，也面临新的问题和挑
战。"十四五"时期是河南锚定"两个确保"、深入实施"十大战略"、加

---

　　* 易雪琴，河南省社会科学院助理研究员，研究方向为区域与城市经济。

快推动实现高质量发展的关键时期，分析和研判河南城市市政公用设施建设存在的短板与不足并提出可行的对策建议，对于进一步提升城市市政公用设施建设水平，推动河南城镇化实现高质量发展，助力现代化河南建设而言具有重要意义。

一 河南城市市政公用设施建设的主要成就

党的十八大以来，随着新型城镇化的加速推进，河南加大投入力度，创新建设和运营模式，深入推进百城建设提质工程，城市市政公用设施建设水平稳步提高，人居环境有了显著改善，城市综合承载力、安全保障能力不断增强，有力支撑了河南新型城镇化的健康快速发展。

（一）"三供两治"工程加快推进，城市综合承载能力显著增强

党的十八大以来，河南加大城市建设投入力度，加快推进城镇"三供两治"（供水、供气、供暖、污水治理、垃圾治理）基础设施建设，城市综合承载能力得到明显提升。2011~2020年，河南共完成城市"三供两治"基础设施建设固定资产投资额10832866万元，年均增长率达到12.9%。[①] 2012~2021年，河南城市排水管道长度由1.33万千米增加到2.43万千米，增加1.1万千米，增长82.7%，年均增长6.9%；城市公共供水综合生产能力由796万米³/天增加到890万米³/天，增加94万米³/天，增长11.8%，年均增长1.2%；城市供气总量年供应量由26.32亿立方米增加到52.02亿立方米，增加25.7亿立方米，增长97.6%，年均增长7.9%。[②] 2011~2020年，全省供水普及率、燃气普及率、建成区供水管道密度、建成区排水管道密度、污水处理率、生活垃圾处理率等也都得到显著提升（见表1）。

---

① 数据来源：根据2011~2020年《中国城市建设统计年鉴》数据整理。
② 数据来源：《践行时代发展新理念 开启城市发展新征程——党的十八大以来河南城市发展成就》，"河南统计"公众号，https://mp.weixin.qq.com/s/kQiHAQeM19AA9itWlP6w_Q。

表1　2011~2020年河南省城市"三供两治"市政公用设施建设水平

单位：%，千米/千米²

年份	供水普及率	燃气普及率	建成区供水管道密度	建成区排水管道密度	污水处理率	生活垃圾处理率
2011	92.64	76.19	8.71	7.55	89.04	88.87
2012	91.76	77.94	8.69	7.79	87.83	91.05
2013	92.16	81.98	8.72	7.99	90.84	90.04
2014	92.99	83.76	8.67	8.15	92.52	92.84
2015	93.10	86.02	8.52	8.18	93.57	95.99
2016	93.42	88.93	8.74	8.40	95.91	98.75
2017	95.88	93.96	8.43	8.38	96.92	99.65
2018	96.65	96.30	8.52	8.42	97.29	99.71
2019	97.38	97.05	8.76	8.73	97.72	99.86
2020	98.19	96.83	8.90	8.86	98.32	99.94

资料来源：2011~2020年《中国城市建设统计年鉴》。

（二）路桥及照明设施建设力度加大，城市内部通达性明显改善

近年来，河南积极学习先进地区建设经验，坚持规划引领，支持全省各地加快完善城市内道路网络，打通城市内各个交通节点以及城市外延性道路，完善城市照明设施体系，逐步构建地上、地面、地下一体的城市路桥和照明设施网络，有力提升了城市通达性和便利度。在路桥基础设施建设方面，2012~2021年，河南城市道路面积由1.9亿平方米增加到3.55亿平方米，增加1.66亿平方米，增长87.4%，年均增长7.2%；城市年末实有公共汽（电）车营运车辆由1.56万辆增加到2.57万辆，增加1.01万辆，增长65%，年均增长5.7%；[①] 2011~2020年，城市桥梁数从1084座增加到1624座，年均增长率达到4.6%。[②] 除了传统的交通基础设施外，作为主副中心城市，郑州和洛阳还获批建设城市轨道交通，实现了轨道交通从无到有的跨

---

① 数据来源：《践行时代发展新理念 开启城市发展新征程——党的十八大以来河南城市发展成就》，"河南统计"公众号，https://mp.weixin.qq.com/s/kQiHAQeM19AA9itWlP6w_Q。

② 数据来源：根据2011~2020年《中国城市建设统计年鉴》数据整理。

越，实现了传统与现代交通设施相互补充，共同支撑城市实现内捷外畅，为市民的出行提供了更多便利选择。在照明设施建设方面，河南各市对照规划设计、照明节能、绿色照明管理等方面的要求，统筹城市道路照明、整饰街路与景观照明等方面的需求，不断完善城市照明设施。2011~2020年，全省道路照明灯盏数和安装路灯道路长度分别从693182盏、8112千米增加到1060950盏、13356.32千米，年均增长率分别达到4.8%、5.7%。①

（三）园林绿地品质逐步提升，城市人居环境得到进一步优化

河南统筹推进城市更新、城市景观设计、棚户区与老旧小区改造、中心城区企业搬迁、城市污染治理与城市园林绿化建设，加快完善城市公园及居住区绿地、城市道路绿化、城市休闲广场、城市绿心绿廊绿道等方面基础设施，不断增强城市绿地系统综合功能，打造更加宜居的城市人居环境。2012~2021年，河南城市绿化覆盖面积由6.38万公顷增加到11.86万公顷，增加5.49万公顷，增长86.0%，年均增长7.1%；城市绿地面积由6.16万公顷增加到10.46万公顷，增加4.30万公顷，增长69.7%，年均增长6.1%；城市公园绿地面积由1.69万公顷增加到3.44万公顷，增加1.75万公顷，增长1.04倍，年均增长8.2%②。2011~2020年，城市人均公园绿地面积、建成区绿化覆盖率、建成区绿地率等总体呈提升态势，城市整体环境质量明显改善，大多数城市面貌焕然一新（见表2）。

表2　2011~2020年河南省城市园林绿化设施建设水平

单位：平方米，%

年份	人均公园绿地面积	建成区绿化覆盖率	建成区绿地率
2011	8.90	36.64	31.64
2012	9.23	36.90	32.32

① 数据来源：根据2011~2020年《中国城市建设统计年鉴》数据整理。
② 数据来源：《践行时代发展新理念 开启城市发展新征程——党的十八大以来河南城市发展成就》，"河南统计"公众号，https://mp.weixin.qq.com/s/kQiHAQeM19AA9itWlP6w_Q。

年份	人均公园绿地面积	建成区绿化覆盖率	建成区绿地率
2013	9.58	37.60	32.93
2014	9.93	38.32	33.47
2015	10.16	37.69	33.29
2016	10.43	39.33	34.70
2017	12.00	39.44	34.82
2018	12.69	40.02	35.39
2019	13.59	41.03	36.15
2020	14.43	41.92	36.48

资料来源：2011~2020 年《中国城市建设统计年鉴》。

（四）坚持低碳绿色智慧理念引领，市政公用设施建设模式加快转型

近年来，河南坚持系统理念，更加注重城市市政公用设施建设的质量和内涵，积极探索城市绿色、低碳、集约发展的新技术、新模式，先后在多地开展了海绵城市建设、地下综合管廊建设、智慧城市建设示范试点，梳理总结出一批典型经验和案例在全省复制推广，有力提升了全省各市市政公用设施整体现代化水平。比如，郑州、洛阳、濮阳等市综合管理服务平台建设方案通过评审，许昌市基本建成城市综合管理服务平台；郑州、洛阳建成智慧停车平台；郑州、开封、平顶山等 10 个市（县）初步建成了城市智慧园林系统；驻马店市成立高规格 CIM 平台建设领导小组和工作专班，强化各部门信息整合和平台应用，走在全省前列；信阳市全面推进老旧小区改造、片区开发、海绵城市建设三大工程，成功入选全国首批海绵城市建设示范城市；2021 年，全省 1696 个城市社区达到绿色社区创建要求；等等。①

---

① 资料来源：《2022 年全省住房城乡建设工作报告》，2022 年 1 月 30 日，https://hnjs.henan.gov.cn/2022/01-30/2393476.html。

二 河南城市市政公用设施建设存在的问题

尽管近年来河南在城市市政公用设施建设方面取得了较为明显的成效，但由于历史欠账较多，河南与全国平均水平、先进省（市）相比还存在较为明显的差距，也无法满足新时代城镇化高质量发展的新需求，城市市政公用设施建设是河南未来实现城镇化高质量发展急需补齐的短板。

（一）设施建设水平和质量仍旧偏低

党的十八大以来，河南城市市政公用设施建设水平虽然有了明显提升，但是当前建设水平与全国平均水平、发达省（市）相比还存在较为明显的差距，还滞后于城市经济社会发展和人民生活改善的需求。从 2020 年指标来看，河南城市燃气普及率、人均道路面积、建成区路网密度、建成区绿化覆盖率等多个指标还低于全国平均水平，有些指标与上海、江苏、广东等发达省（市）或四川、陕西等西部省份相比存在明显差距（如表 3 所示）。比如，燃气普及率不仅低于全国平均水平，在中部六省中处于最末位，还低于四川、陕西等西部省份；建成区供水管道密度不仅远低于全国平均水平，在中部六省中处于最末位，而且连浙江省水平（20.46 千米/千米^2）的一半都不到。城市尤其是中小城市的路网级配仍不够合理，尤其是支路网密度偏低，作为城市"毛细血管"没有有效发挥出应有的作用。供排水管网现有建设水平与国家设计标准要求还存在差距，和与城市园林绿化密切相关的城市黑臭水体治理不同步，不少城市的公园、游园、城市水系等方面治理存在"一年一治、反复治理"的现象。不少城市的市政公用设施建设与绿色、低碳、循环理念新要求存在不小的差距，由于市政公用设施建设水平不高引发的交通拥堵、路面坍塌、城市内涝、生态恶化等各类"城市病"叠加显现、难以根治，影响城市健康运行。

表3　2020年河南与全国及部分省（市）城市市政公用设施建设水平比较情况

	供水普及率（％）	燃气普及率（％）	建成区供水管道密度（千米/千米²）	人均道路面积（平方米）	建成区路网密度（千米/千米²）	建成区道路面积率（％）	建成区排水管道密度（千米/千米²）	建成区绿化覆盖率（％）	建成区绿地率（％）
全国	99.0	97.9	14.02	18.04	7.07	14.2	11.11	42.1	38.2
河南	98.2	96.8	8.90	15.32	5.11	12.8	8.86	41.9	36.5
江西	98.6	97.6	14.74	19.81	6.91	13.9	11.00	46.4	42.7
山西	99.6	98.7	9.76	18.41	7.20	15.7	7.68	43.9	39.9
湖南	98.9	97.3	15.26	19.72	6.93	16.1	9.99	41.5	37.2
湖北	99.6	98.4	15.34	18.89	8.10	15.3	10.29	41.1	36.6
安徽	99.6	99.2	14.67	24.29	6.99	17.1	13.49	42.0	38.5
上海	100.0	100.0	31.95	4.76	4.47	9.3	13.92	37.3	35.8
江苏	100.0	99.9	18.33	25.60	8.91	15.4	14.86	43.5	40.1
浙江	100.0	100.0	20.46	19.08	7.38	14.8	13.88	42.2	38.1
广东	98.5	99.0	17.24	13.29	6.25	11.5	13.95	43.5	39.4
山东	99.8	99.3	9.99	25.64	7.71	16.1	11.32	41.6	37.8
四川	98.3	97.4	15.09	18.13	7.45	15.2	10.96	42.5	37.4
陕西	97.9	98.6	8.16	16.73	5.18	14.3	7.34	40.8	37.1

资料来源：《中国城市建设统计年鉴—2020》。

（二）设施建设水平的区域差距依然明显

在非均衡发展理念作用下，全省城市建设的投入大多按照战略需要和行政级别来区分力度轻重，在产业、人口、就业等多重因素叠加影响下，大城市与中小城市之间、省辖市与县级市之间、老城区与新城区之间、城与乡之间的市政公用设施建设水平存在一定差距（见表4）。从2020年指标来看，河南18个省辖市（含济源示范区）的人均道路面积、建成区路网密度、建成区供排水管道密度等指标存在明显差距。比如，建成区供、排水管道密度最高的城市分别是开封（15.36千米/千米²）、安阳（15.59千米/千米²），最低的分别是南阳（3.12千米/千米²）和信阳（4.14千米/千米²），两类指标的最高值分别是最低值的4.9倍和3.8倍。在建成区供水管道密度、污水处理率、人均公园绿地面积、建成区绿化覆盖率这几方面，全省39个城市中均有超过一半的城市低于全省平均水平。省辖市与县级市之间的差距也较为明显。从2020年指标来看，供水、燃气普及率最高的城市（郑州市、安阳市、濮阳市等，100%；濮阳市、洛阳市、济源示范区等，100%）与最低的城市（汝州市，72.0%；汝州市，72.7%）供水、燃气普及率分别相差了28个百分点和27.3个百分点。与城市新区市政公用设施建设现代化水平较高形成鲜明对比的是，不少城市的老城区市政公用设施尤其是水电气暖设施建设历史长、标准低，面临设施老旧，无法满足现有居民需求且改造、维护困难等问题，使得老城区的人居环境和居民生活品质受到较为严重的影响。

表4　2020年河南全省及39个城市市政公用设施建设水平比较情况

	供水普及率（%）	燃气普及率（%）	建成区供水管道密度（千米/千米²）	人均道路面积（平方米）	建成区路网密度（千米/千米²）	建成区排水管道密度（千米/千米²）	污水处理率（%）	人均公园绿地面积（平方米）	建成区绿化覆盖率（%）
河南	98.2	96.8	8.90	15.32	5.11	8.86	98.3	14.43	41.9
郑州市	100.0	93.8	9.04	9.61	3.66	7.78	98.5	14.70	41.5
开封市	96.9	99.4	15.36	21.56	5.50	8.28	96.2	14.13	42.4
洛阳市	96.5	100.0	8.07	13.35	3.77	6.85	100.0	16.12	42.5
平顶山市	99.0	98.4	14.83	16.85	5.19	8.82	98.5	12.84	41.6
安阳市	100.0	99.6	9.85	20.40	7.11	15.59	98.1	12.52	42.0
鹤壁市	98.8	98.9	9.39	20.98	7.13	9.37	96.1	17.07	45.2
新乡市	99.9	99.6	7.17	15.45	4.45	7.00	98.5	12.26	41.8
焦作市	99.8	98.2	8.69	18.14	5.16	9.59	99.3	15.07	41.4
濮阳市	100.0	100.0	14.67	18.16	7.29	13.46	97.1	14.83	40.8
许昌市	98.6	98.9	4.89	33.57	4.14	7.27	98.1	16.40	41.6
漯河市	100.0	100.0	10.08	18.10	6.71	14.43	100.0	17.97	42.2
三门峡市	99.1	100.0	4.95	13.70	5.31	4.83	97.8	16.62	43.7
南阳市	99.5	100.0	3.12	14.88	8.12	10.04	99.8	15.31	42.5
商丘市	99.3	98.8	9.44	13.54	7.12	7.25	98.5	14.44	47.9
信阳市	94.7	94.7	12.46	14.49	3.77	4.14	97.6	14.19	46.5
周口市	99.5	98.8	5.30	21.54	4.00	9.91	96.8	15.77	39.9
驻马店市	100.0	100.0	5.99	22.11	3.83	9.62	99.9	15.63	45.5

续表

	供水普及率（%）	燃气普及率（%）	建成区供水管道密度（千米/千米²）	人均道路面积（平方米）	建成区路网密度（千米/千米²）	建成区排水管道密度（千米/千米²）	污水处理率（%）	人均公园绿地面积（平方米）	建成区绿化覆盖率（%）
济源示范区	100.0	100.0	9.41	15.67	3.61	8.92	99.0	12.23	42.2
孟州市	97.2	96.5	12.65	27.36	6.47	18.82	97.0	11.14	39.0
沁阳市	85.4	93.1	8.86	28.34	7.14	11.92	96.7	9.52	36.4
邓州市	95.3	93.1	18.88	17.51	6.89	15.10	97.5	10.18	40.5
永城市	99.5	96.3	7.29	18.05	7.17	11.81	96.5	14.84	42.8
义马市	99.6	96.8	9.48	18.44	7.63	7.38	94.6	19.96	41.5
长垣市	98.5	97.6	11.39	21.73	8.44	14.28	99.6	12.50	41.2
长葛市	96.9	100.0	5.73	21.97	7.21	10.43	96.0	14.95	40.1
汝州市	72.0	72.7	8.03	15.06	6.24	8.20	100.0	14.71	42.1
舞钢市	99.2	97.6	6.52	20.21	7.67	13.52	94.2	12.46	41.5
禹州市	94.6	100.0	6.71	16.75	7.74	9.21	99.7	11.37	42.2
偃师市	98.6	85.0	9.83	14.54	6.28	8.83	98.2	10.58	41.0
新郑市	93.1	97.6	10.53	16.17	4.10	7.76	96.9	13.88	37.3
项城市	97.3	95.1	11.01	18.26	6.91	13.88	95.0	12.06	38.5
辉县市	99.9	98.0	17.48	12.78	5.58	13.01	97.1	9.50	37.7
灵宝市	100.0	92.8	6.52	16.15	4.71	7.83	99.6	11.84	39.6
林州市	100.0	98.2	10.35	14.95	6.14	9.60	95.4	11.56	40.3
巩义市	87.6	97.1	5.48	11.29	4.18	7.78	100.0	15.00	42.1
新密市	99.9	98.5	8.23	17.40	3.99	5.01	100.0	12.00	37.5
荥阳市	98.7	98.8	8.89	19.21	4.27	8.71	97.5	12.69	31.7
登封市	97.8	98.8	5.16	19.58	5.26	5.16	98.0	13.35	43.7
卫辉市	99.5	91.1	7.42	11.90	3.84	5.92	97.0	9.39	36.2

资料来源：《中国城市建设统计年鉴—2020》。

（三）重建设轻管理问题依旧突出

市政公用设施具有很强的服务性，是为城市运行和市民生活提供服务的设施建筑。然而，由于规划、资金、人力、理念等方面的原因，有些城市将工作重心放在市政公用设施的建设环节，有些市政公用设施存在重复建设现象，同时忽视了设施的后期维护、管理、运营，管理模式不当、人员管理意识薄弱、服务质量不高，主要表现为对现有市政公用设施情况缺乏统一完整的统计摸排、对各类市政公用设施的统筹协调管理水平不高、对设施安全性能的监管维护不到位等。这就导致部分市政公用设施维修不及时或管理不当，使用寿命缩减，甚至存在严重的损坏。比如，在路灯、路面和井盖等设施的养护中，存在反复损坏、反复修缮的恶性循环；此外，还有一些市政公用设施在建设完成以后就一直处于管理空白地带，没有充分利用起来，可用性不强，功能发挥不足，资源利用率不高。这一方面是一些市政公用设施建成后未能及时移交至管理运营方，或者各区域之间、部门之间管理沟通不够、各自为政，或者缺乏管理资金，最终导致设施养护不到位甚至出现损坏严重的现象；另一方面是因为市政公用设施建设投资、管理、运营主体比较单一，缺乏专业化、规范化、规模化的建设和运营管理。

（四）建设资金保障依然是一大难题

尽管近年来河南加大了城市市政公用设施建设资金投入的规模，但长期以来历史欠账巨大，随着市政公用设施建设需求特别是集中式、超前性、大规模实施市政公用设施项目建设需求持续扩大，市政公用设施建设规模总量不足的形势依旧比较严峻。从投资资金结构来看，2011~2020年河南的市政公用设施建设固定资产投资的资金来源中，财政投入都超过了40%，到2020年河南市政公用设施建设固定资产投资资金来源中，财政预算资金和国内银行贷款占投资总额的比重达到66.7%，① 可见财政投入和银行贷款长期以来都是投资资金的主要来源。然而，近年来受到疫情冲击、贸易保护主义抬头、经济结构调整等多因素影响，各地经济发展面临较大阻力，以财政为主要资金来源支撑市政公用设施建设已不可持续，同时，河南与其他很多省份一样，多数中小城市财力有限，关于城市市政公用设施建设的融资依旧相对困难。尽管近年来引入了社会资本广泛参与，但由于市政公用设施大多是建设周期长、前期投入多、投资收益少、成本回收缓慢的项目，社会资本参与市政公用设施建设的积极性不高，建设资金的难题依旧没有得到有效解决。

---

① 数据来源：根据2011~2020年《中国城市建设统计年鉴》计算得出。

三 河南城市市政公用设施建设的形势分析

"十四五"时期是我国开启全面建设社会主义现代化国家新征程的时期，也是河南锚定"两个确保"，深入实施"十大战略"的关键时期。随着新冠疫情防控常态化、新一代信息技术发展、人口老龄化持续加剧等内外部环境的深刻变化，城市市政公用设施的建设出现新的趋势与特征、面临新的机遇与挑战。

（一）城镇化战略深入实施激发市政公用设施建设动力

到 2035 年之前，河南城镇常住人口将持续增加，城镇化动力依然较强。随着河南中心城市"起高峰"、县域经济"成高原"重大战略落地实施，两端集聚的趋势将进一步延续，河南的城镇化既是河南未来发展的最大潜力所在，也是支撑全国城镇化水平持续提升的重要板块。预计到 2035 年全省城镇人口增量将超过 2100 万人，约占全国城镇人口增加总量的 1/10。河南正在由工业化中期向后期迈进，产业发展动力更加多元，创新的重要作用日益凸显，创新和开放成为新型城镇化的核心动力，基于数字化、网络化、智能化的新城建投资需求巨大，城市市政公用设施补短板强弱项等是未来一段时间扩投资、稳增长、促消费重要领域，将进一步释放城市市政公用设施建设带来的动力效应。

（二）人口老龄化加剧催生市政公用设施建设新需求

河南省第七次全国人口普查公报（第四号）显示，河南 60 岁及以上人口占比达到 18.08%，相比 2010 年第六次全国人口普查时比重上升了 5.35 个百分点；65 岁及以上人口占比达到 13.49%，相比 2010 年第六次全国人口普查时比重上升了 5.13 个百分点。与老龄化程度加深相对的是，河南城市公共环境的"适老"设施配套和维护上还存在较明显的短板。比如，在公共厕所中缺少方便老人使用的马桶或如厕设施，一些坡度较大的路段缺乏助力老人行走的扶手，一些公共场所的标志不够醒目导致老年人难以辨别，商场、游乐场、公园中方便老人休息的座椅间隔太远，不少老旧社区的配套设施不完善也给老年人生活带来不便，甚至存在安全隐患，等等。在这种背景下，急需从包容性、安全性、功能性、协调性等方面需求出发加快建设设施齐备、功能完善、信息通畅、体验舒适的城市无障碍环境，其中就包括在市政公用设施建设过程中统筹考虑增加符合老年人需求的设施或对已有的公用设施进行适老化改造。

（三）城市发展理念更新推动市政公用设施体系不断优化

随着新型城镇化的持续深入推进，以往通过粗放式发展实现了城市的快速扩张后随之而来的交通拥堵、城市内涝、疫情蔓延、空气污染等各种城市病问题当前集中爆发，在全球气候变化、能源危机、生态压力持续、新一代信息技术发展、新冠肺炎疫情防控常态化等外部因素叠加影响下，绿色、安全、智慧、健康等理念越来越成为当前城市发展的新要求、新趋势。基于环境容量和综合承载能力的城市生产、生活、生态空间品质不断提升，城市发展方式向内涵提升式加快转变。在高质量发展的要求指引下，低碳城市、韧性城市、智慧城市、海绵城市等新型城市建设如火如荼，由此引发了城市市政公用设施建设的理念、内容、模式等的显著改变，加快建设绿色、低碳、智慧、安全的市政公用设施体系已经成为当前全国各个城市建设的重要内容。

（四）城市有机更新牵引市政公用设施建设更加均衡

经过数十年的快速发展，河南城市建成区面积迅速扩大，但是高速度、大规模建设和粗放式发展，"重地上、轻地下""重建设、轻管理"的城市建设方式，积累了许多风险隐患，特别是老城区经过几十年运行，市政公用设施尤其是各种管网设施不断老化，加之前期的建设标准不高、设计的支撑城市发展的承载能力不足，尤其是在气候发生显著变化的背景下，一些城市排水排涝设施欠账较多，城市防灾减灾应急能力不能满足当前城市运行的需求，长期积累和新增加的风险隐患凸显。国家"十四五"规划明确提出要实施城市更新行动，河南省第十一次党代会也提出要实施城市更新，提升城市人居环境质量。这就要求未来推进市政公用设施建设必须统筹好新城区建设与老城区更新改造的关系，在开展新一轮城市体检的基础上进一步查缺补漏，提升建设质量，推动新老城区之间、大中小城市之间的市政公用设施建设水平更加均衡。

四　加快河南城市市政公用设施建设的建议

未来，河南应坚持以人民为中心的理念，坚持系统理念和问题导向，推动解决城市市政公用设施规划、建设、管理和运行维护方面存在的问题，不断提高市政公用设施建设水平和服务质量，有效保障城市健康高效可持续运行，推动新型城镇化实现高质量发展。

（一）优化完善市政公用设施规划布局

充分认识城市市政公用设施的系统性、整体性，发挥规划的控制和引领作用，在加快新一轮城市体检评估的基础上，同时融入新型城市建设理念，加强城市相关规划的修编，以前瞻性眼光科学谋划布局各类城市的市政公用设施建设规模和水平，推动全省加快形成规模适中、层次分明、衔接有序的市政公用设施网络，不断提高设施建设质量和服务水平，使规划既满足当前及未来一段时间的需要，又能为长远发展预留空间。在完善规划过程中，要统筹考虑好城市新区、老旧城区、各类园区和成片开发区域市政公用设施建设以及地上、地面设施与地下综合管廊建设，推进地下空间"多规合一"，同时以积极应对深度老龄化社会为导向，加强基于老龄友好型社会建设的适老化市政公用设施建设规划布局。建立健全建设管理工作机制，常态化开展跨部门、跨区域的沟通和协调，及时研究解决市政公用设施建设和管理过程中遇到的困难和问题，同时强化政策统筹，形成推进城市市政公用设施建设的政策合力。

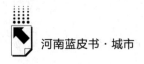

（二）加快构建区域差异化市政公用设施建设体系

根据城市功能定位、人口规模等方面特征做好城市市政公用设施供需规模和水平的测算，聚焦重点区域、重大项目建设，制定区域差异化发展政策，构建差异化、均衡化的大中小城市市政公用设施建设体系。人口密集的大中城市要加大市政公用设施建设投入力度，人口规模相对较小的小城市应依托县城、乡镇集中居住区等区域建设相对集中的市政公用设施，加强小城镇基础设施和公共服务设施配套，提高生活服务便利化程度，构建以乡镇政府驻地为中心的农村居民半小时生产生活圈。以县城为主体，统筹供水、污水垃圾处理等城乡基础设施规划建设，推动市政公用设施向城郊村和中心镇延伸。依托郑州都市圈建设，统筹谋划区域性市政公用设施布局，推动交通、"三供两治"等公用设施互联互通、互惠互用，提升都市圈基础设施一体化水平。以"三区一村"（老旧小区、老旧厂区、老旧街区、城中村）为重点，聚焦制约城市发展空间、品质、功能的因素，系统推进城市有机更新。建立完善城市更新制度机制，探索适用于存量更新的规划、土地、财政、金融等政策，完善审批流程和标准规范，探索政府引导、市场运作、公众参与的可持续模式，推广郑州"芝麻街"改造模式，坚持"留改拆"并举、以保留利用提升为主，加强修缮改造，补齐城市短板，注重提升功能，增强城市活力。

（三）建立完善绿色、安全、高效、智慧的市政公用设施体系

树立安全、智慧、绿色、人文、创新等新型城市理念，加快构建更加低碳、绿色、智慧、安全的城市市政公用设施体系。以治理城市内涝与黑臭水体为突破口，通过"渗、滞、蓄、净、用、排"等措施加快建设能够依靠城市自身的设施实现积存、渗透、净化功能的海绵城市。加快推进城市生活污水处理、生活垃圾焚烧处理设施建设，开展绿色市政公用设施建设试点，助力打造面向碳中和的绿色低碳居住社区。以数字孪生城市建设为契机，加强通信光缆、5G基站、大数据中心等信息化设施建设，实施"互联网+市

政公用设施"工程，推动新一代信息技术加速与市政公用设施体系衔接融合，加快发展智慧交通、智慧水务、智慧城管等，全面提升市政公用设施的智能化水平。加强绿色低碳市政公用设施建设，重点优化城市道路网络功能和级配结构，加强公共交通设施建设，优化城市道路网络功能和级配结构，结合开放空间体系建设环境优美的慢行线性网络，合理布局公共停车场，构建适度超前、车桩相随的公共充电网络，推动市内市外交通有效衔接、融合发展，分类引导不同规模城市构建以公共交通为核心的绿色交通体系。加强城市中心区、老城区园林绿化建设和绿地品质功能提升，形成点状绿色空间与线性绿道相结合的绿色服务网络。以韧性城市建设为契机，以交通物流、供电供水、信息通信、电力系统、热力管网等工程为重点，推进城市生命线工程及其安全运行系统建设，重点开展燃气管网和相关设施安全隐患排查整治，推进既有小区电力设施迁移改造或防涝加固，增强体育场馆等公共建筑和设施的应急避难功能，全面提升城市安全系数。

（四）持续提升市政公用设施建设管理运营水平

树立全周期理念，完善提升标准，以老城区、背街小巷、城乡接合部等薄弱区域为重点加强城市精细化管理，持续开展城市清洁行动和"U型空间"治理，实施第三方监管机制，以绣花功夫提升市政公用设施管理和运营水平。加快数字城管向智慧城管提升，搭建城市运行管理服务平台，研究制定CIM基础平台标准体系，加快建设省级智慧城市管理平台，支持郑州、洛阳、南阳和其他有条件的城市启动CIM基础平台建设。加快历史文化名城名镇名村和传统村落保护条例、城市绿化条例、物业专项维修资金管理办法等立法进度，引导设区市针对城乡建设管理薄弱环节加快完善法规制度和相关政策。加强执法队伍正规化建设，完善城市管理执法标准规范，建立问题发现、反馈、整改闭环管理机制。消除地方性的市场壁垒，推进市政公用设施建设的市场化改革，完善支持社会资本投资、建设与运营市政公用设施的政策体系，建立健全公用事业服务价格的形成、调整和补偿机制，最大限度释放市政公用设施的市场价值和社会效益。

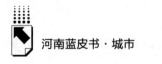

（五）深化城市基础设施建设投融资体制机制改革

强化财政资金保障，对于新增的城市基础设施建设财政资金，应向解决城市内涝、交通路网建设、黑臭水体治理、地下综合管廊建设等重点领域倾斜。完善财政转移支付与农业转移人口市民化挂钩机制，提高各级财政均衡性转移支付中非户籍常住人口权重系数，加快实施中央预算内投资和中央财政专项转移支付安排向吸纳农业转移人口落户多城市倾斜的政策，重点支持市政公用设施、公共服务设施、环境基础设施的建设运行维护。完善政府与社会资本合作（PPP）共建共管城市市政公用设施的机制，创新社会资本参与城市公用事业建设管理运营的盈利机制和补偿机制，提高城市市政公用设施建设领域的投资效率、效益和质量。完善金融机构支持市政公用设施建设PPP项目的机制，推进金融产品和服务模式创新，积极拓宽项目融资渠道，为市政公用设施建设提供多元化、可持续的资金保障。

参考文献

吕萍：《黑龙江城市市政设施建设发展问题研究》，载朱宇、杨春青主编《黑龙江住房和城乡建设发展报告（2016）》，社会科学文献出版社，2015。

张鑫：《黑龙江省市政基础设施建设研究》，载王爱丽主编《黑龙江住房和城乡建设发展报告——"十三五"回顾与"十四五"展望》，社会科学文献出版社，2021。

梁广彦、林晓峰、陈志鹏、吴赟、郑博芫：《城市基础设施更新项目投融资模式研究》，《建筑经济》2022年第A1期。

陶志梅、杨景方：《城市基础设施系统与城市发展互动关系研究——以北京市为例》，《城市》2022年第4期。

梅轶卉：《创新城市基础设施建设融资体制的对策研究》，《企业改革与管理》2022年第5期。

王明岩、白楠、韩跃迪：《城市基础设施完全无障碍设计策略研究》，《城市住宅》2021年第8期。

席恒：《全球新冠肺炎疫情、超级老龄化、新型就业三重挑战下的中国社会保障》，《社会保障评论》2022年第1期。

方琦、刘星、李振中、米雷阳：《城市基础设施现状建设水平评估方法探索——以邢台市为例》，载邵益生主编《城市基础设施高质量发展——2019 年工程规划学术研讨会论文集》（上册），中国城市出版社，2019。

张志果、张全、龚道孝、章林伟：《新时代我国城市市政基础设施建设策略与路径》，《城乡建设》2018 年第 12 期。

B.5
河南完善城市住房体系研究

韩 鹏[*]

摘　要： 住房一头连着民生，一头连着发展，在民生保障和城市发展中占据重要的支撑地位。党的十八大以来，河南省把完善城市住房体系作为城市发展的重要工作，坚持住房"房住不炒"居住属性，稳妥实施房地产长效机制，加快完善住房保障体系，规范发展住房租赁市场，开展重点领域深化改革与制度建设，积极应对各种风险挑战，城市住房发展取得明显成效。然而，随着中国特色社会主义进入新时代，河南省新型城镇化阶段性特征和高质量城市化发展要求下，河南城市住房发展面临新的形势和问题，应坚持正确发展观，把握规律，处理好政府与市场关系，健全完善城市住房体系发展机制。

关键词： 城市　住房体系　住房保障　河南省

　　住房是城市居民安居乐业的基本保障，也是城市经济发展的重要支撑。习近平总书记始终关心百姓住房，指出"住房问题既是民生问题也是发展问题"，强调"坚持房子是用来住的、不是用来炒的定位"，要求"加快建立多主体供给、多渠道保障、租购并举的住房制度，让全体人民住有所居"。[①] 河

---

* 韩鹏，河南省社会科学院城市与生态文明研究所助理研究员，主要研究领域为城市经济、区域经济、自然资源管理、环境经济。

① 习近平：《决胜全面建成小康社会 夺取新时代中国特色社会主义伟大胜利——在中国共产党第十九次全国代表大会上的报告》，人民出版社，2017。

南省在科学推进新型城镇化的进程中，立足努力实现全体人民住有所居、住有宜居，逐步发展起了多主体、多渠道、租购并举的城市住房体系，相关法律法规和制度体系逐步健全，很好地满足了城市居民生活、生产需要。然而，面对新时代城镇化高质量发展中人民基于对美好生活需要形成的更加多样化、高质量住房需求，人口老龄化、多孩政策出台等社会发展，以及城镇化形态和城市发展方式转变等新形势、新要求，河南城市住房体系还存在一系列问题亟待加以完善。

一　研究背景和意义

完善城市住房体系，是新时代背景下解决社会主要矛盾和科学推进新型城镇化及化解多种风险矛盾的重要抓手，具有深刻的历史背景和现实研究意义。

（一）完善城市住房体系是适应人民对更美好生活需要的直接体现

党的十九大报告明确指出，人民日益增长的美好生活需要和不平衡不充分的发展之间的矛盾，已经成为当前阶段我国社会主要矛盾。对于城市居民来说，安居是最基本的生活需求，持续改善的居住条件既是人民日益增长的美好生活需要的重要对象，也是人民群众追求美好生活重要物质基础。快速城镇化阶段，城市住房问题，特别是大城市及以上规模城市住房问题，是全球普遍性难题，在我国城市快速发展过程中也不同程度地存在，成为住房领域不平衡不充分发展问题的具体体现，受到中央高度重视。

习近平总书记指出："人民群众对实现住有所居充满期待，我们必须下更大决心、花更大气力解决好住房发展中存在的各种问题。"在准确把握"房住不炒"住房居住属性的基础上，习近平总书记在确保房地产健康发展、强化住房保障等方面做出了一系列重要指示，要求以满足新市民住房需求为主要出发点，以建立购租并举的住房制度为主要方向，以市场为主满足多层次需求，以政府为主提供基本保障，分类调控，地方为主，金融、财税、土地、市场监管等多策并举，形成长远制度安排，让群众住有所居。①

党的十八大以来，我国在稳定住房市场和强化住房保障上持续努力，住房市场供给优化，住房保障不断增强，取得积极成效。房地产市场在"房住不炒"的定位下平稳健康发展，建成了以公租房、保障性租赁住房和共有产权住房为主体的世界上最大的住房保障体系，截至2021年8月，在使城市居民住房需求得到有效满足的同时，帮助2亿多困难群众改善了住房条件，基本实现了低保、低收入住房困难家庭应保尽保。据第七次全国人口普查数据，2010年以来，我国城市居民平均居住面积大幅提升，2020年，城市家庭居住面积达到人均36.52平方米、户均92.17平方米。然而，由于受国际政治环境、全球经济形势、我国经济社会发展和新型城镇化阶段性特征，以及新冠肺炎疫情冲击等影响，住房领域发展不平衡不充分问题呈现出一系列新的特点，城市住房问题亟待进一步深化研究，城市住房体系也亟待持续完善。

（二）完善城市住房体系是河南省科学推进新型城镇化的重要任务

党的十八大以来，河南省科学推进新型城镇化取得了明显进展，住房发展取得积极成效。全省常住人口城镇化率由2012年的41.99%，提高到了2021年的56.45%，年均增长1.61个百分点，增幅居全国前列并且城镇化率与全国平均水平差距持续缩小，城市体系持续优化，城市户口落户通道"更加畅通"，城镇居民保障更加完善。在科学推进新型城镇化进程中，河南省坚持"以人民为中心"的城市发展思想，高度重视城市住房发展在民生建设中的突出作用，牢牢把握"房子是用来住的、不是用来炒的"定位不动摇，稳妥实施房地产长效机制，积极完善住房租赁制度体系，加大棚户区、老旧小区改造力度，强化公租房、保障性租赁住房供给，有效地适应了城市居民住房市场需求，有效地缓解了城市住房困难居民住房困境。据第七

---

① 《十八大以来治国理政新成就》编写组编《十八大以来治国理政新成就》（上），人民出版社，2017，第316页。

次全国人口普查数据，2020 年，全省城市家庭人均住房面积已经达到 41.81 平方米，居全国第二位。

然而，需要清醒地认识到，与多数地区一样，河南省在住房发展上也存在着明显的区域差异、群体差异、结构差异；"十四五"期间，全省将有 800 万新增城镇人口，这既是全省新型城镇化潜力形成的机遇，也为住房发展带来了必须完成的目标任务。此外，随着国家计划生育政策调整和人口老龄化以及城市居民家庭经济的发展，家庭收入、人口结构也会发生明显变化。这些都对今后新型城镇化中城市住房发展提出了更高的要求。因此，《河南省新型城镇化规划（2021—2035 年）》提出要完善住房市场体系和住房保障体系，以进一步实现从住有所居到住有宜居。

（三）完善城市住房体系是河南省破解大城市病、化解多种风险矛盾的有效抓手

随着中国城镇化率从 2017 年开始超过 60%，城市发展已经开始由增量拓展为主转向存量更新为主，城市发展将由以前的空间扩张向结构优化、功能完善、内涵提升的高质量发展转变，城市发展由此前更多依靠中心地位集聚要素向以城市群为主体、现代化都市圈为核心，以人为本、创新发展转变。在这个过程中，城市特别是大城市发展中人作为城市的最终生产者和消费者，其作用和重要性越来越突出。

在过去二十多年，住房市场及其关联市场和产业的发展不但在很大程度上适应了城镇化快速发展中的住房需要，缓解了城市住房压力，而且为城市发展提供了强大的资金支撑和发展动力。然而，市场自身固有的缺陷，导致市场失灵、资源要素配置扭曲，住房市场也不例外，形成了炒房团、高房价、过道房等不合理的市场现象，产生了土地依赖的财政、金融现象，严重削弱了一些地方创新发展思路的积极性、主动性，严重挤压了居民正常消费空间和其他产业发展空间，形成了一系列的财政、金融、经济、社会乃至伦理隐患和矛盾，在特定的外部环境影响下，极易形成多种风险矛盾。

截至 2021 年，河南全省城镇化率为 56.45%，郑州市城镇化率已经超过 70%，洛阳、焦作等市城镇化率也已经超过 60%，已经处于由增量拓展为主到存量更新为主的转换期，亟待加快转变城市发展思路。近年来，由于 2021 年影响全省的特大自然灾害以及随之而来的疫情影响，加之国际环境的复杂影响，全省问题楼盘、停工停贷等房地产乱象频发，不仅对房地产行业本身形成了极大的挑战，也对城市居民、城市经济、地方财政、金融稳定造成了明显影响。为此，加快完善城市住房体系，成为尽快消除市场失灵、政府缺位带来的不利影响，努力构建以人民为中心、创新为动力的城市高质量发展方式的有效抓手。

二 河南省完善城市住房体系取得的主要成就

党的十八大以来，河南省城市规模持续扩大，城市人口持续增加，市辖区数量由 50 个增加到 54 个，城市建成区面积由 1802 平方公里扩大到 2550 平方公里，城市常住人口由 2215 万人增加到 3047 万人。通过稳妥实施房地产长效机制，持续完善住房保障体系，稳步实施棚户区、城中村、危旧房改造，有序推进城市更新，住房体系加快完善，取得一系列成就。

（一）城市住房发展取得巨大成就

党的十八大以来，河南房地产市场活跃发展，住房保障体系不断完善，城市居民住房条件持续改善，住房发展取得巨大成就。根据第七次全国人口普查数据，2020 年河南省城市家庭户人均住房建筑面积达到 41.81 平方米，居全国第二、中部地区第一；人均住房间数达到 1.12 间，位居全国、中部地区前列（见表 1）。与第六次全国人口普查数据相比，城市家庭户人均住房建筑面积比 2010 年的 34.02 平方米增加了 7.79 平方米，人均住房间数比 2010 年的 1.04 间增加了 0.08 间。城市住房发展不但满足了日益增长的城市人口居住需要，还比较明显地改善了城市居民的居住条件。

表1　第七次全国人口普查2020年中部地区城市家庭户人均住房条件

单位：平方米，间

	人均住房建筑面积	人均住房间数
山西	36.61	0.98
安徽	37.70	1.01
江西	39.36	1.01
河南	41.81	1.12
湖北	41.18	1.05
湖南	41.77	1.14

资料来源：国家统计局，http://www.stats.gov.cn/。

（二）稳妥实施房地产长效机制取得明显成效

党的十八大以来，河南省牢牢把握"房住不炒"定位，坚持把房地产发展的落脚点放在民生上，因城施策、分类指导，积极完善"一城一策"房地产长效机制，坚定不移稳地价、稳房价、稳预期，努力促进房地产业健康发展和良性循环。2012年以来，河南省房地产开发企业从5316个至少持续增加到2020年的8052个，商品房住宅销售面积从5455.50万平方米持续增加到2019年的12981.63万平方米，商品房住宅销售额从1915.57亿元持续增加到2020年的8402.53亿元，很好地发挥了城市住房供给主力军作用和拉动城市消费功能，极大地满足了城市居民住房市场需求（见表2）。与此同时，持续推动二手房市场规范发展，强化中介机构、中介人员管理，加快处理历史遗留问题，促进存量房交易有序发展。

表2　2012~2021年河南省房地产开发企业经营情况

年份	房地产开发企业数量（个）	商品房住宅销售面积（万平方米）	商品房住宅销售额（亿元）
2012	5316	5455.50	1915.57
2013	5438	6561.41	2516.26
2014	5662	7009.09	2739.71
2015	6158	7645.84	3300.33

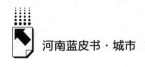

年份	房地产开发企业数量 （个）	商品房住宅销售面积 （万平方米）	商品房住宅销售额 （亿元）
2016	6687	10137.13	4839.03
2017	7205	11707.26	5897.68
2018	7536	12482.88	6903.79
2019	7930	12981.63	8016.93
2020	8052	12831.18	8402.53
2021	—	12258.83	7892.03

资料来源：2012~2020年数据来自《河南统计年鉴—2021》，2021年数据来自《统计提要——河南省主要指标（2021年）》，河南省统计局网站，https：//tjj.henan.gov.cn/。

（三）持续强化住房保障取得显著进展

经过持续完善，目前河南省已经基本上形成了以公租房、保障性租赁住房为主的住房保障体系，并通过持续实施棚户区、城中村、危旧房改造，加快推进城市更新，不断强化对住房困难群众住房保障，积极改善城市居民居住条件。

为了妥善解决住房困难群众居住问题，河南持续推进城镇保障性安居工程建设，加快推进老旧小区改造。2012~2021年，河南城市住房保障支出由67亿元增加到142亿元，增加75亿元，年均增长8.7%，占全省的比重由36.1%增加到52.0%，增长15.9个百分点。2017~2021年共完成棚改安置房170.8万套，2020~2021年共完成城镇老旧小区改造147.5万户。

各地在城市住房保障方面都付出了巨大的努力。全省共开工建设公租房超100万套，累计保障了近193万中低收入住房困难家庭；开工各类棚改安置房340万套，建成交付225万多套，2021年启动保障性租赁住房建设以来，已筹集房源10.5万套，交付使用2.6万套。为了解决新市民、青年人才面临的突出问题，仅2022年全省就下达人才公寓建设项目72个47167套（间），其中郑州29641套、洛阳3904套、新乡1585套、漯河2152套、周口1920套、驻马店1830套、南阳5560套。党的十八大以来焦作市共计实施棚户区（城中村）改造项目 98 个，安置 77708 套，18 万名群众迁入新居；交付公共租赁住房项目 81 个、30658 套，10.7 万名住房困难群众实现安居梦想。仅 2022 年第三季度，许昌市就共对 1398 户家庭发放廉租补贴 119.6 万元。推进郑州市开展政策性租赁住房建设试点，先后起草了《郑州市政策性租赁住房试点工作暂行办法》、《郑州市政策性租赁住房运营奖补管理办法》和《郑州市申请金融机构贷款发展政策性租赁住房项目认定办法》等 3 个政策性文件，试点项目已开工建设。洛阳市建成投用青年人才公寓 2016 套，来洛应聘青年可免费入住城区 21 家青年驿站，每年 3 次，每次 5 天。安阳市细化"一岗一房"人才政策，精心准备 4.7 万个优质岗位、建成人才周转房 5170 套，免费试用期 3 年。

（四）规范发展城市住房租赁市场

建立规范发展的住房租赁市场，是促进存量资源利用，满足城市居民过渡性、改善性住房需求的一个重要途径。河南省高度重视城市住房租赁市场的规范发展，着力从长租房市场发展及解决信息不对称问题、中介机构和人员规范管理等方面，加快相关领域改革发展。

一是加快完善城市住房租赁市场发展机制。着重从培育市场供应主体、增加住房租赁市场供应、完善公共租赁住房制度、加大政策支持力度、完善住房租赁管理体制等方面，积极培育住房租赁专业化企业及住房租赁新业态、新模式，有效增加住房租赁市场供应，促进住房租赁市场持续健康发展。同时，明确了发展住房租赁市场城市主体责任，将相关成效纳入有关部门考核范围。目前，各地已在房地产主管部门进行备案的住房租赁企业 370多家，持有房源数量约 18 万套（间）。

二是加快规范市场主体行为。从建立联动机制、加强资金监管、强化金融监管、化解涉稳风险、健全信用管理等方面建立健全住房租赁企业监管机制，规范明确出租房屋主体需要提供的相关信息、居住人数、房屋修缮和责任主体等与住房租赁当事人行为相关的方面的内容。

三是整顿中介秩序。河南省住房和城乡建设厅联合有关部门，开展了住房租赁中介机构乱象专项整治行动，共排查住房租赁中介机构3095家，查处违法违规住房租赁中介机构752家，有效打击了违法违规住房租赁中介机构，进一步规范了市场秩序。

（五）制度建设相关改革逐步完善深化

河南省坚持"房住不炒"定位，落实中央和有关部门改革举措，"一城一策"压实房地产健康发展城市主体责任，加快完善住房保障体系，聚焦问题突出重点领域深化改革和制度建设，取得明显成效。

完善城市住房制度体系。稳步推进房地产健康发展长效机制建设，坚持房子是用来住的、不是用来炒的定位，成立河南省房地产市场平稳健康发展工作领导小组，制定《关于落实房地产市场平稳健康发展城市主体责任制的通知》《关于建立房地产市场运行监测机制的通知》，压实"一城一策"城市主体责任，建立房地产市场监管机制，促进住房市场体系不断健全。加快完善存量房交易、住房租赁和住房保障制度。先后印发《河南省房屋租赁管理办法》（省政府令第167号）、《河南省人民政府关于完善住房供应体系加快发展住房租赁市场的若干意见》（豫政〔2016〕85号）、《关于加强住房租赁企业监管机制建设有关问题的通知》、《河南省住房和城乡建设厅关于房屋网签备案数据联网工作的通知》、《河南省集中开展住房租赁调查工作方案（试行）》等，制定《住房租赁合同示范文本》，持续完善相关制度。健全有关标准规范，聚焦商品房住宅建设验收、成品住宅建设规范、保障房建设、存量房交易、住房租赁市场发展等，加快建立完善相关标准。进一步完善公积金归集使用制度，将住房公积金制度延伸到灵活就业人员，提取适用范围扩大到支付房租等领域，因城依规适时调整住房公积金贷款额度。

持续深化相关领域改革。持续深化房地产开发、存量房交易、住房租赁市场和保障房建设领域改革，积极推进相关领域改革深化。完善"人地钱挂钩"政策，加大财政资金和建设用地等要素支持力度；制定《河南省居住证实施办法》，提高居住证在教育、住房等方面的"含金量"，让农业转移人口不仅能"留得下",更能"过得好";构建跨部门、跨领域的"一处失信、处处受限"联合惩戒机制,健全不动产登记和房地产领域信用记录;推进"交房即交证"改革。为适应郑州现代化都市圈建设、郑开同城化与黄河流域生态保护和高质量发展国家战略需要,推进公积金异地使用,签署《"1+8 郑州都市圈"住房公积金一体化协同发展合作协议》,开展郑开住房公积金同城化管理业务,达成沿黄 8 城(济南、太原、呼和浩特、郑州、西安、兰州、西宁、银川)黄河流域住房公积金高质量发展战略合作,截至 2022 年 9 月,郑州已受理"郑州都市圈"其他 8 地市缴存职工住房公积金贷款 53 笔 2648 万元。持续深化政务改革,实现人才安居住房申请多渠道、一站式办理,不动产登记等企业、群众眼中的"一件事""一次办",商品房预售许可等政务服务事项实现"全省通办",通过全国住房公积金综合服务平台等渠道实现更多公积金业务网上办、掌上办、指尖办。各地针对突出问题健全机制、完善服务,例如郑州市建立了全市住房租赁公益律师服务机制;商丘市通过流程再造实现商品房现房不出"房产证"就可申请住房公积金贷款;漯河市把"小房本"当作"大民生",连续出台 3 轮问题楼盘化解政策,已实现 6.2 万户居民可以办理不动产登记;驻马店市 2022 年 8 月开始推广"最简最优"工作模式;鹤壁市在全省率先实现不动产抵押注销登记"一次不用跑"。

(六)着力化解城市住房领域风险矛盾

近年来,在 2020 年暴发的新冠肺炎疫情、2021 年特大暴雨灾害及随后多轮疫情冲击下,加之国际复杂形势影响,河南不少城市群众家庭经济受到严重影响,一些企业开发经营活动出现困难,形成了"问题楼盘"、停工、停贷等典型住房领域风险矛盾,严重影响到行业发展、民生改善。在省委省政府坚强领导下,各地统筹疫情防控和经济社会发展,积极出台一系列政策,化解相关领域各类风险,坚守安全发展底线。

标本兼治,积极化解行业风险,引导行业高质量发展。2020 年,河南省住房和城乡建设厅组织分析疫情对住房城乡建设工作的影响,出台《关于做好住房城乡建设系统新型冠状病毒感染的肺炎疫情防控工作的通知》等政策措施，及时解决社会、企业关注的复工复产、工期顺延、施工费用增加计取等迫切问题。成立省问题楼盘处置化解工作、房地产市场平稳健康发展工作领导小组，落实城市主体责任，做好"一城一策"政策储备，出台当地促进房地产市场平稳健康发展意见，建立房地产市场平稳健康发展监测机制，因城实施差别化住房信贷政策，支持优质房企兼并收购重组困难房企或其优质项目，在风险可控前提下优化预售资金监管，精准实施金融支持房地产市场平稳健康发展，支持全省房地产企业纾困解难。积极引导房地产企业主动减负债、降杠杆、控成本，引导阶段性经营困难企业多方联动、寻求合作，鼓励企业转变发展方式，优结构、优服务，积极持续提升住房科技绿色含量、服务品质。各地积极成立专班、研究专案组，加快推进问题楼盘、停工项目风险化解。焦作市按照"保交楼、保民生、保稳定"工作要求，对恒大、中弘、亿祥等风险企业存在的问题进行认真排查，制订"一楼一策一专班一银行"实施方案，推动项目复工复产。郑州市印发《"大干30天，确保全市停工楼盘全面复工"保交楼专项行动实施方案》，截至2022年10月6日，已排查出的147个已售停工、半停工商品住宅项目中，有145个实现全面、实质性复工，未复工项目也已确定化解路径。

多策并举，加大住房领域政策支持力度，解企业、民生难题。落实国家和省市一揽子稳经济大盘政策中涉及房地产方面的政策，出台购房契税补贴等财政税收支持政策，支持房地产市场健康平稳发展，截至2022年9月，累计发放契税补贴1.15亿元、购房补贴1.89亿元。2021年特大暴雨灾害后，按照"排查鉴定不漏一户"的原则，对所有受灾或过水居民住房逐一开展安全性应急评估。有效增加需求，通过教育系统组织农村教师团购等多种形式，让广大农村教师以低于市场价的价格在当地县城购置一套商品住房，促进农村教师住房条件的整体改善，切实提升教师职业荣誉感和获得感，推动县域内教师的合理流动。出台相关政策，统筹房地产市场和住房保障：新乡于2022年9月19日出台政策，综合使用资金税费、金融、公共服务等方面的措施，支持符合条件新乡闲置商业用房、公寓等非住宅改建租赁住房，加快发展保障性租赁住房（长租房）；郑州以公开招投标的方式征集收购房源，将存量房转化为保障房，拓展保障性住房供给渠道。开展人才住房补贴，郑州、洛阳、许昌、驻马店、周口等地出台或升级高层次人才、青年人才住房补贴政策，真金白银支持人才安居、房地产市场平稳健康发展。推行房票政策，郑州、洛阳、南阳、驻马店等地推出房票交易政策，支持货币化安置，拓展安置渠道，完善征收补偿安置方式，满足人民群众对安置房屋的多样化需求。完善金融支持措施，对受疫情影响的个人住房与消费贷款等实施延期还本付息；引导金融机构落实好差别化住房信贷政策及首套商业性个人住房贷款利率下限政策调整要求，"一城一策"加大个人住房贷款投放力度，满足居民合理住房信贷需求；发挥贷款市场报价利率的引导作用，推动进一步降低企业和个人信贷成本。出台住房公积金阶段性支持政策，结合各地实际，支持困难企业、个人缓缴住房公积金，延缓公积金还本付息，提高住房公积金租房提取额度，支持缴存人按需提取。截至2022年7月底，全省累计缓缴企业324个，累计缓缴职工6万人，累计缓缴金额1.2亿元；截至2022年9月，累计为受疫情影响的10698名职工办理公积金延期还贷，涉及贷款余额22.2亿元。

三　准确把握河南完善城市住房体系面临的形势问题

"十四五"时期，河南省总体上仍处于城镇化快速发展的战略机遇期，同时也面临着城市化区域分化和住房群体差异更加明显、结构调整更加紧迫，以及国际政治格局、经济形势更加复杂的影响，必须准确把握住房发展面临形势，系统梳理住房发展潜在问题，才能精准施策，更好实现城市居民"住有所居""住有宜居"的美好生活追求。

（一）准确研判河南省城市住房发展形势

明确河南省城市发展仍然处于重要战略机遇期，同时也面临着区域发展分化、城镇化发展动力转换、城镇化格局重塑优化、城市发展模式转变等复杂形势。一方面，河南省总体上还处于快速城镇化阶段，预计在"十四五"

期间，全省新增城镇常住人口约为 800 万人，对城市发展还有较强劲的支撑能力，房地产市场还有明显的增长潜力，同时住房保障也面临较大的压力。另一方面，郑州、洛阳、焦作等城镇化水平较高区域，与传统农区等城镇化水平较低区域存在着明显的城市发展路径差异，以城市群为主体和现代化城市圈为核心的城镇化格局，推进中心城市"起高峰"、县域经济"成高原"的战略布局，使人口和城市发展要素进一步向优势区域、中心城市、县城集聚，城镇化发展动力转换和城市发展模式转变也迫切要求改变以往依赖土地财政、房地产带动的城市发展路径。

（二）正确把握好城市住房供需演化趋势

随着河南省城镇化率的持续提升，城市发展进入增量拓展为主转向存量更新为主的转换期，部分城市进入存量更新为主时期，加上国家人口政策变化、城市人口老龄化和家庭人口结构变化，城市住房需求结构和供应体系将发生明显变化。一方面，河南省城市居民刚性需求和改善性需求同步增加，老龄群体和青年群体住房保障需求也日益迫切，居住环境、住房结构群体分化趋势明显，住房消费动力在今后一段时间保持增强趋势不变但其提升仍然面临阶段性困难。另一方面，供应体系和供应方式多样化趋势日益增强，房地产开发市场作为增量房地产供应的主力军仍然有较大的增长空间，存量房交易在房地产交易中的比例持续增长，住房租赁市场机构化、规模化发展迅速，住房保障更趋完善，多元化、多渠道、租购并举的住房市场和住房保障体系发展趋势日益明显。

（三）深刻理解完善城市住房发展面临的深层次问题

城市住房发展面临的炒房热、高房价、挤压消费、困难群体安居困难等问题，是城市发展中普遍存在的问题，不仅曾经在发达经济体城市发展中普遍存在，也是发展中经济体目前普遍面临的现实问题，成为一种城市化进程中经济和市场规律性和社会性现象，同时也是城市发展目的和方式的深刻反映，遵循一定的经济学和社会学规律，必须深刻理解、准确把握。党的十八大以来，在准确把握"房住不炒"住房属性前提下，通过丰富调控手段、深化供给侧结构性改革、完善住房市场和住房保障体系，尽管在各种外部风险矛盾冲击下，河南省住房市场出现阶段性问题，但仍然保持着住房市场总体平稳健康发展的长期潜力、住房保障体系逐步完善的总体趋势，然而如何解决完善城市住房体系过程中市场扭曲、政府缺位错位、城市粗放发展等深层次问题导致的城市住房问题，仍然是河南省兼顾城市加快发展和转型发展中必须面临的问题。

（四）充分认识完善城市住房体系的可能风险

近年来，受国际政治环境、经济环境影响，新冠肺炎疫情、重大自然灾害等冲击，河南省住房市场和住房保障面临风险集中呈现，给完善河南省城市住房体系带来了极大挑战，问题楼盘、项目停工、购房者停供等房地产开发市场问题频现，二手房交易和住房租赁市场低迷，住房保障面临明显的财政压力，企业发展、居民住房消费信心低迷，对行业发展和民生改善产生不利影响。河南省在中央和有关部门支持下，指导各地坚持"房住不炒"住房属性，稳妥推进房地产市场平稳健康发展，加快完善住房保障体系，有关措施正在逐步显效，但相关成果还不牢固，一些领域还需要长期努力，亟待在充分认识和有效把握国际政治经济环境变化和各种突发事件形成的可能风险基础上，切实构筑起应对各种重大国际国内、经济社会领域的自然灾害、环境危害、安全事故等问题冲击的牢固防线，防止城市住房领域问题对国民经济、城市发展和民生保障产生不利影响，守牢不发生系统性风险的安全底线。

四　河南省完善城市住房体系的对策建议

党的十八大以来，城市住房发展领域的经验表明，完善城市住房体系，必须牢树"以人民为中心"的城市发展思想，坚持"房住不炒"住房属性，进一步统筹协调城市住房发展要素资源，处理好住房市场和住房保障、房产交易和住房租赁市场、房地产开发市场和存量房交易市场发展等关系，适应城市居民更加多样化、更高品质住房需求，实现"住有所居"保障有力、"住有宜居"发展更好。

（一）以正确的发展观引领城市住房领域改革发展

"城市是人民的，城市建设要贯彻以人民为中心的发展思想，让人民群众生活更幸福。"要牢树"以人民为中心"的城市发展思想，切实把加快完善城市住房体系作为践行"人民城市人民建、人民城市为人民"城市发展理念的具体体现，把努力实现城市人民"住有所居""住有宜居"安居梦作为城市住房发展的根本目标，牢牢把握"房子是用来住的、不是用来炒的"定位不动摇，把人民宜居安居放在首位，把最好的资源留给人民，稳妥实施房地产长效机制，完善存量房交易和住房租赁市场体系，强化住房保障体系，让针对城市居民多层次住房需求的市场供给更加丰富有效、困难群众基本住房需求保障更加有力。

（二）把握好城市住房发展规律

要在正确认识住房属性的基础上，充分把握好住房发展的经济规律、市场规律和阶段性特点。要在牢守"房住不炒"住房基本属性的基础上，充分认识到住房的经济属性，它是当前大多数家庭最主要的家庭资产，房地产市场，特别是住房市场大起大落，不仅影响到行业发展、国民经济安全，也直接地深刻影响着国民财富在群体之间的分配、城市居民切身利益。要充分把握好住房市场的经济规律和市场规律，处理好住房发展资源在房地产开发市场、存量房交易市场、住房租赁市场和住房保障体系间的科学配置和合理流动，提升政府在基本公共服务和住房保障领域的保障水平，更好地稳定城市住房市场预期、回应社会期盼。要充分认识到新时代社会主要矛盾阶段性特点的各种表现，把握好城市住房发展的区域差异、群体差异下城市住房供需演化规律及影响因素。

（三）处理好政府和市场关系

推动住房发展领域有效市场和有为政府更好结合，充分发挥"看不见的手"和"看得见的手"协同作用，最大限度凝聚各种有效资源，最高效推动要素资源配置，支持住房领域加快实现高质量发展。要尊重经济规律，让市场在资源配置中起决定作用，积极培育市场主体、丰富市场供给、规范市场行为，促进城市住房资源和城市住房发展要素有序流动，推动更多市场主体以不同方式积极参与保障房建设运营，城市更新，老旧小区、城中村、棚户区改造等住房保障工作，加快建设高质量住房市场体系。同时，也要充分认识到市场作用的局限性，充分发挥党和政府破解市场问题、解决社会矛盾的积极作用，在完善城市住房体系过程中不缺位、不错位、不越位，在完善依法治理体系、宏观经济治理体制，丰富政策储备、增强公共服务，加快住房市场体系建设、强化住房保障等方面积极发挥应有作用，推进住房市场平稳健康发展，稳地价、稳房价、稳预期，持续满足城市居民多层次、多样化住房需求，兜实兜牢城市居民基本住房需求安居保障底线，化解各种可能风险、守住发展安全底线。

（四）健全完善城市住房体系的发展机制

坚持统筹协调，转变城市发展方式，压实城市主体责任，建立完善城市住房制度，增进部门联动、政策协同，促进住房市场稳定健康发展、住房保障有力有效托底。积极转变城市发展方式，大力优化城市营商环境，增强产业支撑、消费带动，使城市经济增长、财政支撑过度依赖房地产、土地财政，依靠土地城镇化和产业的粗放型扩张模式，转向完善功能、合理布局、优化结构，依靠人才支撑、创新驱动的内涵式提升模式，切实解决住房发展面临的根本矛盾。要增进部门联动、政策协同，优化医疗、教育、体育设施，图书馆，公园等公共服务设施布局，让租房与购房居民享有相同的公共服务权利和机会，降低区域间公共服务供给水平差异，转变长期存在的租购不同权的政策差异与思想观念。提高省级政府和有关部门监督指导能力水平，深化住房市场和住房保障领域运行规律分析与风险矛盾研判，加快完善调控联动、监测预警、舆情引导、市场监管等机制。压实城市主体责任，坚持"房住不炒"，完善城市住房发展要素储备和政策储备，构建房地产市场调控长效机制，疏通土地供应、开发建设、新房和二手房等的循环链条，培育发展住房租赁市场，引导专业化、机构化租赁企业规范发展，盘活存量房源和闲置用房发展长期租赁住房，健全以公租房、保障性租赁住房和共有产权住房为主体的住房保障体系，加快建立多主体供给、多渠道保障、租购并举的住房制度，更好满足购房者的合理住房需求，满足新市民和住房困难群众的基本住房需要。改革完善住房公积金制度，健全缴存、使用、管理和运行机制，让住房公积金惠及更多居民群体和民生领域。

参考文献

李国庆、钟庭军：《中国住房制度的历史演进与社会效应》，《社会学研究》2022 年第 4 期。

张昕艺、夏菁、孙斌栋：《德国社会市场模式下"单一制"租赁住房发展的经验与启示——以柏林为例》，《国际城市规划》2020 年第 6 期。

吴宇哲、王薇：《城市住房体系可持续发展的分类引导政策建议》，《郑州大学学报》（哲学社会科学版）2018 年第 4 期。

姚金伟、韩海燕、柏笑寒：《自存与共存的平衡：对构建多层次住房体系的思考》，《财经问题研究》2018 年第 7 期。

李俊杰、张建坤：《新型城镇化背景下我国住房体系重构——社会型住房市场的构建》，《兰州学刊》2014 年第 11 期。

李秉勤：《城市变迁和建立灵活的大城市住房体系》，《国际经济评论》2007 年第 5 期。

许倩：《1.4 亿多群众圆了住上好房梦 住建部详解安居中国为什么能》，《中国房地产报》2022 年 9 月 19 日，第 1 版。

张达：《住建部：持续完善住房保障体系》，《证券时报》2022 年 9 月 15 日，第 A2 版。

国新办：《中共中央宣传部举行新时代住房和城乡建设事业高质量发展举措和成效新闻发布会》，国务院新闻办公室网站，2022 年 9 月 14 日，http：//www.scio.gov.cn/

xwfbh/xwbfbh/wqfbh/47673/49108/index. htm。

张中强：《2023 年 1 月 1 日起实施河南全面推行新建商品房"交房即交证"》，《资源导刊》2022 年第 8 期。

李远方：《切实增加供给 保障性租赁住房加快建设》，《中国商报》2021 年 9 月 7 日，第 2 版。

吴斯旻：《努力实现住有所居 中国建成世界最大住房保障体系》，《第一财经日报》2021 年 9 月 1 日，第 A1 版。

王蒙徽：《实施城市更新行动》，《城市道桥与防洪》2021 年第 2 期。

张焱：《住房承租权特别保护法律研究》，博士学位论文，西南政法大学，2019。

王先柱、王敏：《改革住房制度 让全体人民住有所居——住房增强居民幸福感的差异性研究》，《商业研究》2018 年第 8 期。

高鹏：《重磅！郑州拟进一步放宽中心城区落户条件》，大河网，2022 年 9 月 13 日，https：//news. dahe. cn/2022/09-13/1095853. html。

河南省人民政府：《河南省新型城镇化规划（2021—2035 年）》，河南省人民政府网站，2022 年 2 月 16 日，https：//www. henan. gov. cn/2022/02-16/2399795. html。

国家发展改革委：《"十四五"新型城镇化实施方案》，国家发展改革委网站，2022 年 6 月 21 日，https：//www. ndrc. gov. cn/xxgk/zcfb/tz/202207/_ t20220712_ 13303 63. html？code＝&state＝123。

国新办：《国新办举行推动住房和城乡建设高质量发展发布会》，国务院新闻办公室网站，2022 年 2 月 24 日，http：//www. scio. gov. cn/_ xwfbh/xwbfbh/wqfbh/47673/47917/index. htm。

B.6
河南实施城市更新行动研究

刘一丝*

摘　要： 加快转变城市发展方式，统筹城市规划建设管理，实施城市更新行动，推动城市空间结构优化和品质提升已成为当前和未来很长一段时间内河南城市发展所需遵循的重要准则。河南注重以制度引领城市更新，宜居、韧性、智慧的现代化城市建设效果显著，但同时也存在着新型城镇化率提升速度放缓，各地市城镇化发展不平衡，人居环境质量有待提升，城市安全运行和应急保障能力有限，城市智能化程度不高等问题。因此，要以宜居城市建设推动城市更新；提升城市韧性，建立风险防御治理体系；以高科技赋能城市更新，协同推进智慧城市建设。

关键词： 河南　城市更新　城市治理

城市更新是指通过再开发、整治改善以及保护等方式，对城市建筑等客观存在实体以及生态环境、文化环境、游憩环境等进行改造、延续与更新，以全新的城市功能空间替换功能性衰败的物质空间，使之重新发展和繁荣。党的十九届五中全会提出，要加快转变城市发展方式，统筹城市规划建设管理，实施城市更新行动，推动城市空间结构优化和品质提升。《"十四五"新型城镇化实施方案》也提出，要顺应城市发展新趋势，加快转变城市发展方式，建设宜居、韧性、创新、智慧、绿色、人文城市，有序推进城市更

---

　* 刘一丝，河南省社会科学院《中州学刊》杂志社研究实习员，研究方向为区域经济、城市发展。

新改造。随着我国城市化的不断演进，城市建设逐渐进入存量时代。如何盘活城市存量用地、提升城市核心竞争力、释放城市高质量发展空间，成为我国各省份共同面对的一大难题。推动城市更新，建设宜居韧性智慧现代化城市，逐渐成为河南城市高质量发展的重要抓手和路径选择。

一 河南实施城市更新行动进展

城市更新对于提高城市既有资源的利用率，优化城市生态环境，提升居民生活质量意义重大。近年来，河南采取了一系列举措推动城市更新，掀起一场政府牵头、全民参与的城市更新行动，城市更新效果显著。

（一）制度引领城市更新

河南注重以制度引领城市更新，不断优化城市更新规划审查机制，持续优化城市更新理念，通过规划协同和多规合一，积极推动省内各地区在城市更新的目标、理念、标准等方面相协调。2018年11月20日发布的《河南城市设计导则（试行）》为全省城市科学推进城市设计工作，完善城市功能，提升城市品质，塑造城市特色，规划建设现代化城市指出方向。2021年4月，河南省人民政府印发的《河南省国民经济和社会发展第十四个五年规划和二○三五年远景目标纲要》提出，要统筹城市规划、建设、管理，打造宜居韧性智慧城市，提高城市治理水平，提升城市功能品质，实施城市更新行动。2022年1月发布的《河南省"十四五"城市更新和城乡人居环境建设规划》提出，要推动城市更新，对城市中的旧住宅区、城中村、旧工业区、旧商业区等已经不适应现代化社会生活的区域进行更新改建，以完善城市功能。2022年2月发布的《河南省新型城镇化规划（2021—2035年）》提出，建设宜居韧性智慧现代化城市，实施城市更新行动。河南各地市积极响应号召，根据自身历史文化内涵和城市发展特点，出台了一系列城市更新方案。郑州市城乡建设局出台了《郑州市城市更新管理办法》，提出实施城市更新行动，完善城市功能、改善人居环境、传承历史文脉，促进绿色低碳，实现城市功能再完善、产业布局再优化，补短板、强弱项，切实改善人居环境和安全条件。洛阳市人民政府办公室印发了《洛阳市城市更新试点工作实施方案》，提出要开展"以文化复兴为导向，产业转型升级为重点"的城市更新综合性试点，针对不同文化价值和民生需求项目，提出相应的更新改造技术方法和实施路径，打造洛阳城市更新样板。以上城市更新规划和行动方案，为河南城市更新指明了方向，为有效实施城市更新行动提供了制度保障。

（二）宜居城市建设效果显著，系统谋划城市更新项目

经过多年发展，一些城市老城区的主体功能不断衰弱，宜居性不断下降，河南积极推动老旧小区、老旧工业片区等的规划与重建，完善城市基础设施与公共服务设施，优化生态环境，打造多个城市更新成功案例，推出多个城市更新项目。2021 年，河南实施百城提质项目 1.26 万个，完成投资 5258 亿元。河南积极推动宜居城市建设，主要采取了以下行动。一是提升城市存量空间品质，做好城市更新改造。河南分批次对城市基础设施、公共服务设施不全，失养失修失管的老旧小区、老旧厂区、老旧街区以及城中村进行改造。2021 年共改造城镇老旧小区 6065 个 71.5 万户。推动老旧工业区转型，河南根据各个老旧工业区的特色，提出更新与重建的具体路径。例如郑州的二砂文创园以及芝麻街·公园里，均是工业区改造的成功范例。二砂文创园原身是中国第二砂轮厂，是新中国"一五"期间兴建的重点工业项目之一。芝麻街·公园里是由郑州煤矿机械集团旧厂区改造而成。两园区均在保留原厂建筑风格与部分厂区物件的同时，合理布局文创产业区、商务办公区、艺术休闲区等，重塑产业动能，焕发城市生机。加大棚户区改造力度，2021 年全省新开工棚改安置房 12.35 万套，建成交付 19 万套，发放租赁补贴 2.45 万户。二是补齐城市基础设施与公共服务设施短板，提升城市运行保障能力。2021年新增停车位 16.9 万个、绿地面积 6106 万平方米、集中供热面积 5181 万平方米，新建改造热力站 567 座、供水污水等管网 5100 多千米。促进医疗、教育、文化等公共服务设施普惠发展。"十三五"时期，新建扩建医院 501 所，中小学、幼儿园 2798 所，文化项目 3163 个，公园 2200 多个，体育项目 2114

个。三是改善生态环境，建设低碳绿色城市。河南坚持生态优先、绿色发展的基本思路，积极推行生态治理和生态廊道建设提质行动，推动黄河流域生态保护与高质量发展。加快建设农田和城市生态系统，坚持生态保护修复，计划到 2025 年基本建成森林河南。四是打造城市更新成功案例，积极推出多个城市更新项目。2021 年，安阳古城风貌保护与城市更新改造项目正式通过国家开发银行项目授信批复，殷墟大遗址保护工程正式开启，授信额度 37.5 亿元，标志着安阳古城更新改造项目取得重大进展。开封市联合收割机厂老旧工业区城市更新项目（顺河回族区储能产业园项目）在国家开发银行河南分行成功获批 4.9 亿元贷款。南阳市陈棚区域城市更新项目，计划投资 40 亿元，项目建成后，陈棚区域将成为公共设施完善、居住环境优越、住房品质高端的城市更新标杆，切实提升群众的满足感、幸福感。

（三）韧性城市建设持续推进，安全设施不断完善

韧性城市的内涵涉及城市的各个层次、各个领域、各个方面，一般情况下，韧性城市是指遇到事故或灾害冲击时不仅不会受到致命破坏而瘫痪，而且能够迅速恢复的城市。近年来，河南积极建设城市安全系统，不断加强城市防灾减灾基础设施建设，增强自身应急救灾能力，提升城市防汛排涝能力，取得一系列成效。一是积极推进防灾减灾基础设施建设。河南政府及地区各级政府积极推出各类防灾减灾规划，统筹覆盖各类安全设施，全方位建设城市防灾减灾基地、城市紧急疏散通道、城市应急救急中心等，加大医院、商超、学校等重点场所的安全管理力度，完善救援设备、通信网络等的建设。二是着力提升城市应急救灾能力。河南不断完善城市安全指挥管理机制，做好多方面应急预案，加强应急救援专业队伍建设，增强应急物资保障能力，不断加大宣传教育力度，增强全民灾难避险意识与能力。三是紧抓城市防汛排涝工作。河南合理规划城市排涝通道，加快排水管网建设，推进城市积水点的综合治理。

（四）建设智慧城市，以数字化推动城市更新

新型城市基础设施建设引领河南城市更新，促进城市数字蝶变。一是新

型智慧城市基础设施建设不断完善。河南全面建设基于数字化、信息化、智能化的城市基础设施，打造河南智慧城市基础操作平台。加快布局5G互联网络，推动建成河南大数据集聚区、中国移动（河南）数据中心、中国联通中原数据基地、中国电信郑州高新数据中心等一批新型数据中心。推动城市交通枢纽地区的网络全覆盖，推动交通领域的智能化建设。深化工业互联网发展，推动工业企业智慧化改造。二是构建智慧监管与治理体系。河南积极建立城市智能治理体系，努力消除政府数据壁垒与信息"孤岛"，完善数据资源共享与开放体系。将大数据、物联网、云计算等新一代信息技术与城市更新深度融合，推动建成以数据驱动的城市综合运营管理指挥中心，构建"城市大脑"运营中心，支撑城市日常运行与管理，对城市进行智慧化治理、更新与监管。统筹推进智慧医疗、智慧教育、智慧应急灯应用体系建设，创新城市综合治理模式，提升城市治理精细化水平。三是各地市智慧城市建设初见成果。为推动城市更新，建设智慧城市，河南各地市纷纷推出智慧城市建设意见，并取得一系列成效。例如，濮阳制订了《濮阳市人民政府关于加快推进新型智慧城市建设的实施意见》、《濮阳市"十四五"数字经济和信息化发展规划》以及《濮阳市数字经济发展三年行动方案（2022—2024年）》，拟定了濮阳市智慧城市建设的总体框架设计、目标任务、建设标准和规范等，推动濮阳实现政务数据的互联互通，启动智慧交通、智慧医疗、智慧社区等一批民生项目。平顶山积极依靠数字化带动城市发展更新，智慧平顶山时空信息云平台研发了"一体三面"服务体系，大力推动项目成果在公众服务、政务服务、自然资源管理等方面的应用，让越来越多的市民感受到了智慧城市的便捷。

二 河南城市更新存在的问题

城市更新是一种对城镇化地区那些已经不适应现代城市生活的物质空间和人文生态做出的必要的、有计划的改造或重建活动，城市更新的基础是城镇化。近年来，河南城市更新事业整体向好发展，但受内外部环境影响，仍存在一些薄弱环节。

（一）新型城镇化率提升速度放缓，各地市城镇化发展不平衡现象突出

近几年，河南城镇化水平已得到广泛提升，河南城镇地域扩张速度放缓，导致新增城镇村级单位逐年减少，乡村富余劳动力转移进城增量逐年下降，受近几年新冠肺炎疫情的影响，城乡人口迁移流动减慢，其与城镇人口出生率降低等都造成了河南新型城镇化率提升速度放缓。到 2021 年末，河南常住人口城镇化率为 56.45%，与我国常住人口城镇化率（64.72%）相比，存在一些差距，且同比增幅与 2019 年达到的 1.77 个百分点相比，连续两年缩小。

河南内各地市受经济发展水平、人口规模、地域环境差异影响，城镇化发展不平衡现象较为突出。2021 年，在河南下辖的 18 个直辖行政区中，郑州、洛阳、鹤壁、新乡、焦作、三门峡、济源示范区等 7 个地区城镇化率高于全省平均水平，其中，郑州（79.1%）、洛阳（65.88%）、济源示范区（68.17%）高于全国平均水平。但周口城镇化率仅为 43.62%，低于郑州 35.48 个百分点，驻马店城镇化率为 45.17%，低于郑州 33.93 个百分点，省内各地市城镇化发展不平衡现象突出。

（二）人居环境质量有待提升

河南经过多年的老旧小区、老旧社区、老旧街区、老旧工厂等的整治工作，大部分片区已经被成功改造，剩余的大多为改造难度较大的区域。待改造区居民安置意愿较强烈，且多为零散地块或规划为公益设施区域，征收难度与成本不断提升，城市更新任务艰巨。截至 2021 年底，全省仍有 2000 年前建成、待改造老旧小区 1.23 万个，城区的棚户区近 36 万户。城市基础设施和公共服务设施建设与河南经济社会发展不相适应，建设水平与全国相比存在差距，缺乏统筹安排，建设不足与重复建设问题并存，部分区域基础设施配套、房屋质量、物业服务、便民服务等水平仍需提高。截至 2021 年底，河南建成区路网密度为 5.11 千米/千米^2（全国为 7.07 千米/千米^2）、城市

公共供水普及率为95.52%（全国为97.84%）、燃气普及率为96.83%（全国为97.87%），均低于全国平均水平。城市公共服务能力有待提升，优质公共服务资源总量不足、分布不均衡，排水管网混接、错接问题普遍存在，城市建设的品质对人民群众对美好生活的向往还没有完全适应，看病难、停车难、班额大等问题仍存在。

（三）城市安全运行和应急保障能力有限

河南经过多年发展，城镇化效果显著，城市集聚了大量的物质、能源、信息等要素，各类公共安全风险重叠，城市风险隐患进入凸显期，如高层住房火灾、化工污染或爆炸、传染病等，对城市居民的生命和财产安全构成巨大隐患。目前河南城市更新面临重应急而轻预防、重建设而轻规划、参与主体存在缺陷等现实问题。第一，重应急而轻预防。河南安全理念贯彻落实不到位，安全投入不足，习惯于灾后补救，而轻视对城市灾难类型、发生频率、根本原因、影响范围等进行前期的追踪、研判和预测。第二，重建设而轻规划。河南对交通、水利、高层商业住宅等能拉动地区生产总值增长、提升城市形象的基础设施投入不断增加，而对安全生产实时监测、家庭燃气自动监测等信息系统的建设未能跟上城市发展的步伐，为城市带来了后续运行中遭遇自然灾害和社会安全事故的重大隐患。第三，参与主体存在缺陷。当前，河南公共安全主要由应急管理部门负责，应急管理部门针对辖区内安全事故承担救援和预防责任。但是大多数自然灾害和生产性、社会性安全事故无法提前预测，仅靠政府部门来统筹和建设使城市韧性大打折扣，加之应急救援体制机制不完善，抢险救灾能力不足，韧性城市建设任重道远。

（四）城市智能化程度不高

与部分智慧城市发展水平较高的地区相比，河南新型数字化、智能化、信息化城市基础设施建设水平、城市管理水平、城市更新效率仍有待提升。近年来，河南信息化建设和数字经济发展虽然取得了一些成效，但整体水平有待提升，与经济总量匹配度不高，数字经济龙头企业数量少、信息化建设相对滞后，仍缺乏影响力强的创新平台和研发机构，云计算、人工智能、大数据等领域拥有核心技术的高端人才和团队数量较少，数据的开发利用、交易流通、权属界定等标准不完善，竞争压力较大。河南迫切需要推进智慧城市的升级与更新，推动建立"城市大脑"城市指挥决策中心，为城市提供智能化、数据化、精准化服务。

三　河南城市更新路径选择

河南城市更新不仅需要对城市物理结构进行搭建，还需要推动城市功能升级，建成宜居、韧性、智慧的现代化城市。

（一）以宜居城市建设推动城市更新

河南城市更新要坚持以人民为中心的理念，推动建设宜居城市，着力补齐城市基础设施以及公共服务设施短板。提升城市更新品质，优化城市资源配置，植入新兴业态，推动城市高品质发展。城市居住区更新要坚持因地制宜与分类推进，加强城市老旧小区动态管理，重点完善、改造小区配套与市政基础设施。加快推进城市老工业区转型升级，活化老厂房、老厂区、老校区，建设创新创业载体。推动存量空间实现创新转化，打造创新项目。以绿色低碳发展理念引领城市更新，坚持生态优先、绿色发展、分类施策、因地制宜的基本原则，做好城市更新的统一规划，推动生态绿色和谐、生产高效循环、生活幸福低碳的城市更新模式。依托河道、道路等线性绿地，有机串联城市综合公园、特色滨水空间以及郊野公园，布局城市游园绿地和口袋公园，形成布局合理、功能完善的城市绿地开放空间体系。

（二）提升城市韧性，建立风险防御治理体系

河南着力提升城市韧性，应从整体、全局、长远的角度统筹设计城市的风险防御体系，从顶层设计上指导与安全韧性城市相关的一系列规划的编制与实施。积极建设海绵城市、韧性城市，提高城市治理水平。应急管理部门

应扩大工作范围，将工作重点放在公共安全救援、防灾减灾、风险监测、灾后恢复等多个方面，完善综合应急管理部门与其他相关部门（政法、生态、卫生健康、市场监管、社区）的沟通协调机制，促进城市的安全监管形成一张联网，使各类风险时刻被监控、及时被化解，实现信息共享、灾害共援、责任共担，提高城市韧性。要增强社区居民和工业生产者的安全意识，构建多元化主体参与的社会协同治理模式。要增强居民的生活安全意识和工业生产者的生产安全意识与应急能力，社区、学校要对居民、学生进行定期的安全规范行为培训，行业和企业对一线工业生产者加强定期安全操作培训等，切实提高居民和生产人员对灾害的明辨力和应对力，提高社会认知成熟度，降低安全事故发生概率。城市安全风险预防、风险抵御和灾后恢复中要充分发挥公众参与作用，如积极扩充各专业各行业的志愿者队伍，增加技能培训，构建政府应急部门与社区、公益组织的沟通媒介，以人、企业、社区的安全管理作为"安全韧性"城市的组织结构，使之成为社会参与的重要补充及主要力量。要加大城市韧性基础设施投入。在城市规划布局中，要重点评估已有设施的脆弱性和稳定性，预留足够的空间建立备份的基础设施，特别是城市供水系统、配电系统，使城市受到灾害侵袭后仍能正常运行。城市基础设施投入还应注重技术性和社区性，即要增加信息系统在整个安全设施投入中的比重，增加社区设备投入在整个城市中的比重，提高城市公共安全保障的科学性、全面性和弹性。

（三）以高科技赋能城市更新，协同推进智慧城市建设

随着通信技术和人工智能技术的发展，智慧城市已经成为城市治理的重要工具，河南城市更新也离不开高科技赋能。要加快智慧城市信息系统的建设，依靠以互联网、大数据为核心技术的信息系统提高城市更新与城市治理效率。要夯实河南各地区数字经济发展基础，积极开展关键核心技术研发，构建城市内、城市间、区域间的协同创新体系，推进数字信息资源的共建共享，共同着手破解关键数字信息技术的"卡脖子"问题，牢牢把握发展数字经济的自主权。加快智能化信息基础设施建设，有序推进各地光纤扩容提

速、5G 网络的规模化应用和部署。加强新型基础设施建设，构建数据、算法、应用协同一体的全国大数据中心体系。充分发挥数字经济的空间溢出效应，促进城市内部以及城市与城市间的对话与合作交流，在推动数字经济发展的过程中加强不同发展水平城市间的合作与帮扶，借助知识与技术的溢出来实现协同发展。统筹推动郑州市智慧城市试点示范行动，鼓励并支持河南各地区结合本地实际情况，积极探索智慧城市发展的路径，适时形成、总结、推广一批可复制的示范经验做法和阶段性发展成果，从而形成"以点带面"的良好局面。积极探索城市数字化转型，打造"数字政府""数字社会"的智慧治理场景和便民生活场景，将数字需要融入政府日常治理和市民日常生活中，以需求为导向反向激发数字经济活力，从而提高智慧城市发展水平。加强产学研合作，政府、企业、本地高校进行定向、定量的人才培养，所得人才直接服务于本地的智慧城市建设，从而有效赋能当地智慧城市发展水平的提升。

参考文献

张书雨：《新型城镇化领域产城融合模式与城市更新模式比对研究》，《开发性金融研究》2022 年第 2 期。

吴丽琳：《河南：未来五年数字经济核心产业规模实现倍增》，《中国电子报》2022 年 3 月 1 日，第 4 版。

陈云：《城市更新的深刻内涵与实践路径——超大城市如何迈向理想之城》，《国家治理》2021 年第 43 期。

张仕云：《基于城市更新背景下的产业社区规划——以金华开发区秋滨老工业城及滨江区块城市设计为例》，《智能建筑与智慧城市》2022 年第 7 期。

B.7
河南传承城市历史文脉研究

金 东[*]

摘 要: 城市作为政治、经济、文化和社会生活的核心载体,是历史文化
遗产积累最多的地方。传承城市历史文脉对于丰富城市功能、彰
显城市特色、促进城市发展有着重要意义,城市在建设和管理各
环节都需要注重对历史文化的保护、传承与利用。河南历史文化
底蕴深厚,也是文物大省和考古大省,在保护和利用丰富的城市
历史文化遗产方面取得了很大成效。同时,省内不少城市在历史
文化遗产保护传承方面还存在明显的短板和不足。为了在城市发
展中留住历史记忆、延续城市文脉,需要积极探索城市历史文化
遗产保护传承的推进路径,在城市历史文化资源的系统性保护、
历史文化与城市规划和建设的充分衔接、城市文旅深度融合发展
等方面做出更多努力。

关键词: 历史文脉 文化遗产 城市 河南省

经过改革开放四十余年的快速发展,我国的城镇化建设取得了举世瞩目
的巨大成就,但在城市快速膨胀的同时,城市建筑和规模的更替速度超过了
社会文化可以承载的限度。长期以来,城市传统的消解常常被视为城镇化的
负面效应而备受指责。越来越多的学者注意到,正所谓"经济分强弱,文
化定输赢",随着新型城镇化建设的深入推进,城市之间的竞争越来越表现

---

* 金东,河南省社会科学院城市与生态文明研究所副研究员,博士,研究方向为城乡经济、经
济史。

为城市文化的竞争，不善于挖掘文化资源和历史积淀的城市，不是一个健康发展的城市。随着河南新型城镇化进程进入下半场，如何更好地坚持增量与存量并重，在城市发展中传承和弘扬厚重的历史文化，凸显城市文脉的历史遗存，实现历史与当代的文化互鉴，成为必须进行认真回答的时代课题。

一　传承城市历史文脉的缘起和意义

城市的历史文化凝结着古人先贤的智慧和汗水，是城市的"根"与"魂"之所在。突出城市文脉中历史性、文化性的一面，守护好城市的"根"与"魂"，有助于更好地维系城市精神、增加城市认同。

（一）传承城市历史文脉的时代背景

在古代中国，文脉一词多出现于文学理论之中，以文以载道、文道合一为指向，或者与堪舆风水相关，多指"文运昌隆"的山川形势和聚落格局，但并没有出现城市与文脉直接并用的情形。而从文脉所对应的英文单词"context"来理解，文脉是指相关联的各种元素之间的内在联系。城市文脉则是指城市与环境的关系，可以将其理解为城市与自然环境及社会文化环境之间各种内在联系的总和，既包括由较为直观的要素设计组成的显性物质空间，如历史街区、历史建筑、城市风貌等，也包括对城市发展有深刻影响的各种隐性形态的要素，如城市的制度、文化、历史、技术、习俗等。

中华民族有着悠久灿烂的历史文化，而城市则是历史文化遗产积累最多的地方。经过岁月的积淀和洗礼，许多城市化身为历史与文明的空间载体，不仅通过街道、楼院、道路、广场、桥梁等建筑以及整体性的城市景观，还通过民俗、饮食、传说等来呈现历史理念与文化价值。城市以其特有的结构布局、艺术形象、风格神韵散发出令人心神激荡、难以忘怀的美感。然而在当今中国的城市化进程中，伴随着现代化城市建设的往往是对古城、古建筑、传统街区一哄而起的大拆大建。随着时代的变迁，城市部分地区的确难以适应时代的需求，存在物质性老化磨损和社会功能衰退等问题，难免影响城市肌理和城市形象，对其进行适当改造和更新是必要的，但事实却往往是以经济发展和城市改造为名而矫枉过正。在大拆大建中建立起来的现代化新城，实际上是无情地斩断了城市的集体记忆，也剥夺了子孙后代本该得到的历史遗产。当"旧城"被"改造"得所剩无几之时，仿古建筑和洋建筑又开始盛行起来。大量带有欧美风格特点的城市景观形象非常强势地涌入，罗马柱、凯旋门等沐浴着欧风美雨的各式景观如雨后春笋般出现在国内的大小城市。而大量的拆旧建新、拆真建假也使得城市建设陷入千城一面的尴尬境地。这一情形正如著名学者吴良镛所担心的："我国当前的现实实在令人担忧，不论东方西方，南方北方，几乎都在完全抛弃传统，都在大建各式各样的高楼和标新立异的标志性建筑，很多著名的历史文化名城和风景名胜区，也日益受到了'格格不入'的高楼的威胁和破坏。"①

习近平总书记深刻指出："历史文化是城市的灵魂，要像爱惜自己的生命一样保护好城市历史文化遗产。"② 城市建设和管理的方方面面都必须注重对历史文化的保护、传承与利用。我国在 1984 年颁布的《城市规划条例》中就明确提出要切实保护文物古迹，保护和发扬民族风格和地方特色。20 世纪 90 年代中期以后，我国的城市保护观念有了很大的发展，一批自近代发展起来的大城市纷纷制定了相应的近代优秀历史建筑保护条例或办法，不少城市日益注重对建筑文化遗产的保护以及对历史街区和建筑开展适当的改造和更新。有关传承城市历史文脉的演进历程，依次是从以文物保护为中心内容的单一体系的形成阶段，进而到增添历史文化名城保护为重要内容的双层次保护体系的发展阶段，再过渡到将重心转向建设历史文化保护区的多层次保护体系的成熟阶段。时至今日，城市历史文脉传承已经被放在了更加重要的位置，国家"十四五"规划纲要就特别提出，要保护和延续城市文脉，杜绝大拆大建，让城市留下记忆、让居民记住乡愁。毋庸置疑，延续城市文脉和塑造城市文化形象将是未来一段时期推进新型城市建设的一项重要工作。

---

① 曾筱：《城市美学与环境景观设计》，新华出版社，2019，第 23 页。
② 《立足优势 深化改革 勇于开拓 在建设首善之区上不断取得新成绩》，《人民日报》2014 年 2 月 27 日，第 1 版。

（二）传承城市历史文脉的重要意义

1. 有助于丰富对城市功能价值的认知

从社会文化学的视角来看，城市是一种历史文化现象，每个时代都在城市建设中留下了痕迹。保护传承城市的历史文脉，就是保护城市发展的连续性。作为历史文脉的重要载体，城市各类历史文化遗产和现代化的高楼大厦一样，也是城市现代化的重要组成部分。保护城市历史文化遗产不是保护落后，留住"昨天的文明"，而恰恰是现代文明发达的体现。历史文化遗产还有其独特的美学情趣和文化内涵，是物化了的地方精神，体现着一座城市最宝贵的文化优势，也是构建城市良好人文环境、提高市民素质和城市文明水平的重要基础，维系着市民的核心情感和价值，对社会大众有潜移默化的教化作用。在对城市历史文脉的传承弘扬和推陈出新中，城市的共同信仰和象征得到不断塑造和强化。在这个意义上，城市历史文脉所体现的价值意蕴和现实风貌，毫无疑问使城市的功能更为丰富、城市的形象更加立体。

2. 有助于彰显城市卓尔不群的特质

如果将城市文化系统解构为精神文化、制度文化和物质文化三个层次，那么作为文脉的精神文化就是城市文化系统中的最高层次，也是城市文化中最具有代表性、最具有辨识度的深层内核。任何一座城市都有自己独特的成长演变历程，而各种历史建筑、历史景观则承载着城市的个性特征和集体记忆，每一片历史街区、每一幢历史建筑、每一户传统民居、每一处雕塑石刻，都凝聚着城市一代又一代人的生活气息和思想智慧，造就了城市鲜明的个性和文化。传承城市历史文脉，不仅是为了寄托人们对昔日的怀念和对往事的追溯，还是为了通过在物质形态空间建立起情感和文化的意义，强化城市的文化身份认同。

3. 有助于催生城市内涵式发展的动力

城市历史文脉不是一个封闭的世界，而是映照着人类与自然的过去和现在的一面镜子，它同时向历史和未来敞开。城市历史文脉绝不限于被凭吊、被回味，而是以更加积极主动的姿态去塑造城市的当下和未来。传承城市历史文脉也并不意味着要墨守成规、延续古制,而是要在发展现代城市和表达城市历史文脉之间找到契合点,让后者为前者助力。例如,人们在经历现代化过程的种种无奈后,又回过头来重新崇尚寻根访古,寻找心灵慰藉,文化旅游的主要内容就是寻觅历史文化遗产的发展踪迹,而城市的人文景观则能够极大地满足这种需求,使得文脉背后所蕴含的巨大经济价值得以变现。在更宽广的意义上,文脉传承和创新的过程,也是将城市历史文化符号转化为发展的凝聚力和感召力的过程,激励着广大民众更加热爱城市、热爱生活,为城市的繁荣发展不断输出正能量。

二 河南传承城市历史文脉的基础与实践

河南地处中原,因独特地理区位与特殊历史地位,一度出现上千年的繁荣昌盛,是华夏文化形成、融合、发展的核心区域和中华文明的重要发祥地。在中原大地生长起来的城市也有着非同一般的历史文化积淀。从本土资源中寻找文化亮点,着力规避盲目跟风、千城一面、缺乏特色等问题,让悠久的中原文明在现代城市建设中展现新的魅力,无疑有助于营造出高品位、有内涵的城市空间。

(一)河南城市历史文脉的厚重基底

河南位于我国第二阶梯向第三阶梯过渡的地带,暖温带和亚热带气候交错,咽喉九州,阃域中华,居天下之中,由于气候条件适宜、自然资源丰富、地理区位优越,非常适合人类的生存和繁衍,也因此而成为中华文明荟萃之地。这里不仅孕育了李家沟文化、裴李岗文化、仰韶文化、龙山文化等史前文化,而且在5000多年中华文明史中,长期是全国的政治、经济、文化中心,从先秦至唐宋,共有22个王朝、200多位帝王在此建都,是中国历史上可考建都最早、建都朝代最多、建都时间最长、建都城市最多的省份。例如,商朝曾多次迁移都城,从成汤建都西亳到盘庚迁都殷,中间曾五次迁都:仲丁由亳迁隞(今河南郑州),河亶甲迁相(今河南内黄),祖乙迁邢（今河南温县），南庚迁奄（今山东曲阜附近），盘庚迁殷（今河南安阳），基本上很少出河南境内。我国的八大古都中，有洛阳、开封、郑州、安阳等四个城市位于河南。相对而言，在五代以前，洛阳的地位最为重要。"若问古今兴废事，请君只看洛阳城"，有"十三朝古都"之称的洛阳，作为政治中心的历史前后有 1000 多年。东汉、魏、西晋、北魏皆建都于此，隋、唐两代的东都也在这里，隋炀帝、唐高宗、武则天、唐中宗、唐玄宗、唐昭宗、唐哀帝等都曾长期都居洛阳，武则天时改称洛阳为神都，洛阳成为隋唐控制东方的中枢。继洛阳之后，到了五代至北宋时期，随着黄河下游地区社会经济的恢复发展和逐渐繁荣，开封又成为全国的政治、交通、经济及文化的中心，五代的梁、晋、汉、周及北宋等王朝的首都都设在开封。

"一部河南史，半部中国史。"河南是华夏文化集大成之地，因此也成为考古大省、文物大省，文化遗存无论是就总体而言，还是就某个单一种类而言，在规模、数量和品种上都处于优势地位，因此有着"地下文物全国第一，地上文物全国第二"的美誉，更有"中国历史天然博物馆"之称。截至 2019 年 8 月，河南已经成功申报龙门石窟、安阳殷墟等 5 项 24 处世界文化遗产，非遗生态保护区 1 个、非遗生产性保护示范基地 5 个。截至 2021 年 3 月，河南全省有不可移动文物 65519 处，全国重点文物保护单位 420 处，省级文物保护单位 1170 处；国家文物局公布和立项的国家考古遗址公园 13 处；国家级历史文化名城 8 个、名镇 10 个、名村 2 个，省级历史文化名城 15 个、名镇 51 个、名村 46 个；中国传统村落 123 处，省级传统村落 811 处；列入联合国教科文组织人类非遗代表作名录项目 3 个，列入国家级非遗名录项目 113 个，列入省级非遗名录项目 728 个；有国家级非遗代表性传承人 127 名，省级代表性传承人 832 名；国家级文化生态保护实验区 2 个，河南省文化生态保护实验区 8 个，河南省非物质文化遗产研究基地 33 个，河南省非物质文化遗产社会传承基地 25 个。[①] 为了让文化遗产"活"起来，河南在传承利用文化遗产方面进行了积极探索。将城市规划与文物保

---

① 数据来源：河南省人民政府网站，https：//www. henan. gov. cn/2011/03-04/260811. html。

护利用有机结合，建成了隋唐洛阳城、殷墟、郑韩故城等一批考古遗址公园和大遗址保护展示园区，它们成了"城市语言"和"城市符号"，吸引着中外游客。此外，新中国成立以来，特别是改革开放以来，河南经济社会发生的翻天覆地的变化，也在一定程度上丰富着城市的历史文脉。例如，省会郑州被称为"火车拉来的城市"，火车文化已经深入郑州城市文化的最深处，而以商战为代表的商业活动的影响也增添了城市历史文脉的内容。再如因石油而兴的濮阳、因钢铁而兴的济源、因煤炭而兴的鹤壁、因大坝而兴的三门峡等，现代产业的发展在这些城市身上也深深地烙下了烙印。

（二）河南传承城市历史文脉的积极探索

为了让宝贵的城市历史文化遗产得到有效保护和充分利用，让城市在文化保护传承中更有人文气息、更有精神气质，河南省及省内各城市着眼于保存城市记忆、保护历史的延续性和保留文明发展的脉络，积极在保护城市文化遗产、挖掘城市文化内涵上下功夫，文化遗产保护持续加强，文化服务体系日益完善，文旅融合发展不断深化。

从各地的实践看，不管是地级市、县级市还是其他各类城镇，传承历史文脉都是推动城市健康发展的题中应有之义，其中，以郑州、洛阳、开封、安阳、南阳等为代表的历史文化名城更是在文物保护利用和文化遗产保护传承方面走在了前列。

以郑州为例，该市以国家实施黄河流域生态保护和高质量发展战略为契机，确立了"华夏之根、黄河之魂、天地之中、文明之源"黄河历史文化主地标城市战略地位，积极推进实施黄河文化遗产廊道、黄帝故里、商代王城、河洛汇流、大河村国家考古遗址公园、登封"天地之中"历史建筑群、荥阳故城文化遗产保护利用和大运河文化带等项目，谋划打造沿黄文化带、环嵩山文化带和中心城区文化板块，并领先推行"生态保遗"新模式，筹建、新建一批遗址生态公园，以充分彰显郑州在展示中华文明起源和发展主线中的特色优势。洛阳基于丰厚的历史文化遗产，坚持保护固态、传承活态、发展业态，积极探索城市文物保护利用和惠及民生相结合的特色之路。

作为国家"一五"期间重点建设的工业城市，洛阳"撇开老城建新城"的建设模式受到广泛称赞。如今，洛阳在城市规划建设中将遗址保护放在首位，坚持"不考古不动土、不考古不出让、不考古不开建"，将遗址保护同旧城改造和城市更新有机融合起来，在应天门遗址博物馆、定鼎门遗址博物馆等场馆内，古代的柱坑和城门遗址都被完好地保存下来，成功地让深埋于地下的遗址再次焕发光彩。洛阳还统筹推进隋唐洛阳城、隋唐大运河、东周王城、汉魏洛阳故城、韩都宜阳故城、邙山陵墓群等大遗址的保护和利用，统筹兼顾遗址遗迹本体与周边环境、文化生态的整体性保护，致力于推动文化遗产保护由注重文物本体保护向文物本体与周边环境整体保护并重转变，以留住"老城老街老巷子、老墙老院老房子、老门老户老名字、老号老店老铺子"的老城记忆，营造出"记住历史、留住乡愁"的文化氛围。开封对城市的文化发展做出了明确定位，目标清晰地将宋文化作为现代城市发展的主题文化，提出把开封建成一座"宋韵彰显、亲切温润、外在古典、内在时尚"的魅力之城，突出宋文化品牌，努力与西安汉唐文化、北京明清文化形成三足鼎立之势。围绕宋文化这一定位，开封专门成立了宋文化研究院、文化产业专家指导委员会，对国际开封战略、文化开封战略、旅游开封战略和名城开封战略四个层面的问题作了深入研讨，在落实好开封市文化产业发展规划的基础上，重新编制了《文化旅游产业项目提升规划》，将宋都古城文化产业园区这一国家级示范园区规划为"一城两环八区十点"的重大产业布局，着力打造好宋文化品牌、特色文化品牌和节会品牌。开封在城市建设理念上，运用"文化+城建"的设计理念，通过新宋风与城市建设的融合发展，采用宋式建筑符号，将传统元素与现代品质有机结合，在城市建设中处处体现开封独特的文化符号，保护和传承开封城市历史发展格局。

三 河南传承城市历史文脉面临的挑战

在传承历史文脉中提高城市规划建设和治理水平，需要付出长期不懈的努力。虽然"老家"河南拥有丰富的历史文化遗产，但这同时也意味着河南保护、传承、弘扬中华优秀历史文化的责任更加重大，任务更加繁重。省内不少城市是文化资源大市，但未必是文化产业强市，在延续历史文脉、提高城市品质方面还存在着明显的短板和不足。

（一）城市历史文化遗产保护压力较大

城市历史文化遗产保护理念有待进一步明确和深化，遗产保护和城市开发建设的矛盾在一定范围依然存在，遗产保护投入有限、力量不足，影响了河南历史文化遗产的系统性、整体性保护。一方面是文化遗产保护理念不够科学。将文化遗产保护与城市发展相结合的自觉性不够，存在"死保死守，保而不用"的现象。现有博物馆策展布展能力较弱，不少珍贵文物没有得到有效展示。一些非物质文化遗产项目没有得到及时的整理和保护，开发利用深度不够。传统戏剧剧本创作和演出与新时期的需求不相符。另一方面则是文化遗产保护力量仍显薄弱。与丰富的文化遗产资源相比，保护资金缺口较大，文化遗产保护经费投入与实际需要相比有较大差距。基层文化遗产保护事业管理和专业技术人员欠缺现象明显，文物保护管理机构工作人员不足。从事文化遗产保护的人员福利待遇相对较差，社会地位较低，人才流失现象严重，从而带来人才队伍失衡、人员短缺，甚至是断代的问题。有的非物质文化遗产项目后继乏人，面临着人走艺绝的危险，急需建立专门的非物质文化遗产保护队伍，对具有历史文化价值或人文、科学价值的非物质文化遗产进行保护。

（二）城市开发建设与历史文脉传承衔接不够

河南城市文化遗产类型多样，不同时期和不同形态的遗产资源叠加交错，碎片化、抢救性保护现象比较突出，遗产保护和开发建设的矛盾在一定范围依然存在，因基本建设而破坏文物遗迹、影响历史风貌的情况以及田野文物被盗案件时有发生，不同程度地存在着"重申报轻保护，重开发轻管理，重眼前轻长远"的问题。河南不少城市还存在规划建设的空间感和特色感不足的问题，一些城市在发展建设中盲目求大求新求洋，过于追求国际化、现代化而失去了自身特色，城市建设空间缺乏设计美感和文化内涵，一些历史建筑、历史街区在大拆大建中逐渐消失，取而代之的是跟风色彩浓厚的低端仿古建筑的出现，例如各地纷纷建设的民俗文化街，本意是打造具有自身文化特色的城市品牌，但在设计建设上盲目跟风甚至不伦不类，管理上粗放混乱，并没有完全起到应有的效果。此外，城市历史文化遗产的保护是展示的前提和基础，而利用现代化的展示技术能够更好地保护文化遗产，两者是相辅相成的。展示文化遗产就是通过各种方式和渠道让公众看懂文物、走进历史、融入文化，进而更好地延续和传承历史文化。现阶段，河南多数城市文化遗产仍停留在资源型或者文物型阶段，缺少更加有效的展示技术和途径。即便是博物馆和考古遗址公园等传统的展示模式，由于大多数属于社会公益事业项目，产生经济效益能力较弱，运营成本高且普遍存在开放运营效果不佳的情况，每年需要大量资金投入，地方财政负担较重，其展示水平也有待提高，难以发挥规模效应。

（三）城市历史文化遗产家底有待摸清

虽然河南各城市的历史文化遗产资源丰富多样，但由于文化保护"四有"（有保护范围、有保护标志、有记录档案、有保管机构）工作尚不完善，仍有不少地方尤其是县城、乡镇一级地区的文化遗产保护存在明显短板，文物保护基础较为薄弱，现如今大量的文化遗产资源深埋地下，对文化遗产的保护性开发力度明显不够，古建筑维修保护覆盖率不高，对于文物类别的认定尤其是濒危文物的认定水平不够，多数文物保护单位没有编制完成相关规划，还未形成相对完整清晰的文化遗产保护体系。1995～2020 年，河南文物业藏品数量相比山东、陕西、四川等省而言增长缓慢，2020 年河南文物业藏品数量为 211.99 万件（套），在沿黄九省（自治区）中处于第四位，不及排名第一的山东数量的 1/2。文物保护仅仅停留在文物工作者层面，文化遗产的富集性与文化家底的不清晰形成强烈反差。

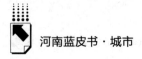

（四）城市文化品牌效应不强

文化是城市的灵魂，是城市间的本质区别所在。要想突出城市个性，避免"千城一面"，就有必要在打造文化品牌上下功夫。文化也只有成为品牌，才能产生竞争力、形成影响力。近年来，省内一些城市积极打造文化名片，逐步加大对文化资源的整合与挖掘力度，但历史文化资源挖掘不深、文化产品研发能力整体不足的问题依然突出，产品同质化严重，鲜有在全省、全国拿得出手的文化品牌。文化旅游产业链条纵向延伸不充分，文化创意、高科技元素在融合中的应用较少。缺乏上规模、上档次的大型文化旅游产业集团，缺乏具有竞争力及市场影响力的融合精品产品。特色旅游产品和服务供给不足，文旅服务综合配套能力不强，文旅国际知名度和吸引力有待提高。文化资源缺乏明确的串联主线，习惯于多点发力，找不准发展定位和主攻方向。文化产业发展方式整体上较为粗放，附加值偏低。这也直接影响到城市文化产业的整体发展能级。

四 新时代河南传承城市历史文脉的推进策略

"十四五"时期，河南提出将聚焦城市历史文脉传承，深入挖掘城市优秀传统文化资源，推进文化遗产活化利用，提高老家河南、天下黄河、华夏古都、中国功夫等特色文化品牌的知名度和认可度，打造更多的高品质特色空间、风貌街区、特色建筑。传承城市历史文脉是一项系统性工程，要留住历史记忆、彰显地域特色，就需要在坚持以人为核心的前提下，立足现实基础，着眼长远发展，注重城市空间与文化符号的有机融合，积极探求城市历史文脉传承的实现路径。

（一）完善城市历史文化资源保护体系

进一步加强文物资源、古籍、非物质文化遗产等资源的普查，全面、系统地梳理和记录全域文化遗产资源，摸清资源的种类、数量、规模、结构、分布及开发利用等情况，构建层级分明、结构合理的文化遗产名录体系。加强城市全域文化遗产动态预警监测，逐级开展文化遗产等级申报、认定以及保护范围、建设控制地带的划定，推动城市历史文化景观申报世界文化遗产、全球重要农业文化遗产、世界灌溉工程遗产等高等级文化遗产类别，在文化遗产保护领域积极争取更多话语权。加快完善遗址遗迹遗存保护开发补助政策和补偿制度，创新文化遗产保护利用模式，分级分类开展文化遗产保护。健全完善大遗址保护补偿制度，聚焦史前文明遗址、古代都城遗址、帝王陵寝等一批文物价值高、代表性强、影响力大的遗址，系统开展考古研究和发掘，建设大遗址保护片区。聚焦治水兴水、农业起源及发展脉络、红色文化、工业文化等，加快资源普查，遗产修复、展示与申报，提高与水利文化、农耕文化、红色文化等相关的重要文化遗产的保护展示水平。加快开展非物质文化遗产的整体性保护，加强非遗代表性传承人认定和培养，完善非遗口述史和非遗四级名录，建设非遗代表性项目保护利用设施，打造集传承、体验、教育、培训、旅游等功能于一体的传承体验设施体系，提高非遗影响力、可见度和知名度。

（二）推进城市历史文脉的活化利用

深入挖掘城市的文化底蕴和时代内涵，并进行现代阐释，从中提炼出既体现历史传统，又适应时代要求的价值理念与人文精神。坚持抢救性保护和预防性保护并举，统筹兼顾遗址遗迹的本体与周边环境、文化生态的保护，推进文化修复和城市有机更新，对历史文化街区、名镇、名村和传统村落民居开展区域性整体保护利用，重点保护好洛阳、郑州、开封、濮阳、商丘等国家历史文化名城的空间格局，营造"记住历史、留住乡愁"的文化氛围。聚焦仰韶村遗址、大河村遗址、二里头遗址、偃师商城遗址、汉魏洛阳故城、隋唐洛阳城遗址、北宋东京城遗址、殷墟、邙山陵墓群等大遗址的整体保护和利用，[①] 建设一批集研究、保护、展示、宣传功能于一体的考古遗址

---

① 《扛稳保护传承弘扬黄河文化的历史责任——推动黄河文化和新时代发扬光大理论研讨会综述》，《河南日报》2020 年 8 月 14 日，第 8 版。

公园，探索打造三门峡—洛阳—郑州—开封—安阳世界级大遗址公园走廊，清晰展示中华文明从起源到国家形成再到"大一统"国家观念形成发展的历史脉络。鼓励郑州打造"百家博物馆"、洛阳打造"东方博物馆之都"，构建黄河文化主题博物馆群，着力构建门类齐全、主体多元、形式多样的城市博物馆体系。鼓励郑州、洛阳、开封、安阳等城市依托自然标识、水利工程、重要文化遗址遗迹等具有开发价值的文化资源建设核心文化街区，打造历史文化主地标城市，同时推动文化地标和旅游、文化创意、网络技术等融合发展，让地标"活起来""亮起来""火起来"。探索城市文化场馆与企业合作等市场化合作模式，在文化产品开发、运营管理和营销宣传等方面开展深入合作，利用餐饮、酒店、民宿等形式进行活化改造，通过"传统新造"推动历史文化更加融入城市社会生活的方方面面。

（三）推动城市历史文脉的智慧转型

借助大数据、5G、云计算等现代化信息技术，加快推进文化遗产资源的数字化、可视化进程，通过多维立体展示、实景虚拟展示、交互体验展示等，有序推动智慧博物馆建设和文物数字化展示，生动演绎城市历史文化。依托城市公共文化场所和通过"互联网+科技+非遗"手段与各类赛事、展览、节庆平台，开展各类非物质文化遗产的传承展示，提高非物质文化遗产的可见度、辨识度和非遗文化的品牌影响力。深入挖掘中华元典文化、城市名人文化、功夫文化、诗词文化等优秀传统文化资源的内涵与源流，加强文艺作品的创作与开发，重点培育和孵化豫剧、太极拳、少林功夫、钧瓷、汝瓷、唐三彩等代表性资源相关项目，将城市历史文化基因通过好的叙事作品凝练并外化为城市文化IP，着力打造出识别度高、引爆性强、综合带动力大、市场潜力大的城市文化IP产品矩阵。

（四）促进城市文旅深度融合发展

加快整合城市内部和城市之间的文化旅游资源，发挥地理空间相互衔接、资源优势融合互补的优势，以中原优秀传统文化为纽带，以重大水利工程、风景名胜区、山水生态、考古遗址公园、精品博物馆、重点文物保护单位等各类自然遗产和文化遗产为依托，以文旅小镇、主题公园、大型演艺活动为主要载体，打造国内外知名的城市文化旅游系列板块。充分发挥市场机制作用，以活化利用城市历史文化 IP 为重点，实施"文化旅游+"产业融合提升战略，推动文化旅游与农业、工业、生态、科技、会展、养老等融合创新，大力发展数字驱动型新文旅经济，加快推进核心景区提质升级和深度开发，培育发展文化旅游新业态新模式，提高产业关联度和附加值，延伸文化旅游产业链条。[①] 比如在"文化旅游+工业"方面，可以鼓励重点企业建设企业展示馆、工厂车间观光廊道等旅游功能设施，同时充分改造利用工业园区、工业历史文化遗产保护区、老厂房、废弃矿山，开展工业遗产旅游，建设主题突出、产业丰富、产品众多的文化创意产业园区。实施"老家河南"文化旅游品牌提升工程，积极融入"中华母亲河"文化旅游品牌，进一步提升《禅宗少林·音乐大典》《大宋·东京梦华》《功夫诗·九卷》《武则天》《水秀》等演艺作品质量，打造以中国（郑州）国际旅游城市市长论坛、黄帝故里拜祖大典、中国开封菊花文化节、中国洛阳牡丹文化节等为代表的旅游节会品牌，形成包括洛阳牡丹、唐三彩、黄河鲤鱼、开封菊花、汴绣、黄河澄泥砚等的"老家河南"特色文化旅游产品体系，打造文化旅游品牌集群，提升河南城市文化旅游在全国乃至全球市场品牌中的竞争力。值得一提的是，还要加快完善城市文化旅游基础设施，提高文化旅游服务能力和便利化水平，提升文化旅游服务功能和品质。

参考文献

易雪琴：《洛阳文化保护传承弘扬研究——副中心城市建设背景下》，《河南科技大学学报》（社会科学版）2020 年第 5 期。

---

① 易雪琴：《洛阳文化保护传承弘扬研究——副中心城市建设背景下》，《河南科技大学学报》（社会科学版）2020 年第 5 期。

周武忠、蒋晖：《基于历史文脉的城市更新设计略论》，《中国名城》2020年第1期。

李敬：《新型城镇化进程中文脉传承问题研究》，《学习论坛》2018年第1期。

张敬燕：《城镇化进程中河南历史文化资源的保护研究》，《中共郑州市委党校学报》2014年第2期。

田珂：《河南省地域文脉传承与城市特色构建研究》，《河南农业》2017年第15期。

韧性城市篇
Resilient City

B.8
河南加强城市"里子工程"建设研究

左　雯*

摘　要： 城市管网是城市的"里子工程",更是城市的生命线和血管。河南省加快补齐短板,大力推进城市地下管网建设,统筹老旧管网改造和新管道建设,全面提高防御灾害和抵御风险能力。但是缺乏地下管网综合规划、管理权限多头交叉、管网建设标准较低、改造提升难度较大等问题依然存在。在此基础上,提出绘制城市地下管网一张图、实施老旧管网微改造、下好统筹管理一盘棋、编织智慧管理一张网等对策建议。

关键词： 里子工程　地下管网　城市　河南

《河南省新型城镇化规划（2021—2035年）》和2022年河南省政府工作报

* 左雯,河南省社会科学院城市与生态文明研究所副研究员,研究方向为城市经济。

告均提出要加强城市"里子工程"建设。河南省城镇化进入中后期发展阶段，在过去城镇化高速发展的时期重点解决的是"有没有"的问题，而进入城镇化高质量发展时期更加注重"好不好""优不优"的问题。随着城市的快速扩张和人口加速集聚，一些地下基础设施受到当时设计局限和年久失修等因素的影响，已经远远不能满足当前城市发展的需求，爆管、城市内涝等事件频发。在城镇化推进的新阶段，应更注重补短板、惠民生的"里子工程"，对城市"里子工程"进行全面体检，提高建设标准，筑牢民生安全屏障，真正惠民利民。

一 河南城市"里子工程"建设的现状

（一）排水防涝体系建设情况

2022年3月，河南省人民政府办公厅印发了《河南省城市防洪排涝能力提升方案》（豫政办〔2022〕22号），提出"到'十四五'末，基本形成'源头减排、管网排放、蓄排并举、超标应急'的城市排水防涝工程体系"。重点实施城市排涝行泄通道畅通工程、排水管网系统提升工程、雨水泵站提升行动、重要基础设施改造提升工程、城市建（构）筑物地下空间排水防涝提升工程、雨水源头减排和雨水调蓄工程六大工程，同时提高防洪排涝标准，推进城市排水防涝应急能力建设。

经历了郑州"7·20"特大暴雨灾害后，各地吸取教训，结合灾后重建对城市防洪排涝基础设施进行全面检查和系统性、重构性改造提升。一是开展城市洪涝灾害和市政基础设施隐患、排水防涝薄弱环节和重要设施设备运行情况全面排查与风险评估，完成了排水管网清淤疏浚和普查检测、城市内涝风险评估、城市内涝风险图绘制等。二是对各市的防洪排涝标准做了调整。河南的防洪排涝标准普遍不高，未来极端天气频现可能成为常态，因此，2022年，河南完善提升了不同等级城市的防洪排涝标准（见表1）。三是以六大工程为重点推进城市排水防涝能力建设。保障城市排涝行泄通道畅通，畅通城市排水系统与外部河湖联系，实现城区水系、排水管网与周边河湖、水库等"联排联调"，城市雨水可以排出城去。推进排水管网和泵站能力提升建设，新建、改建一批排水管网，推进老城区雨污分流改造，2022年汛期前省辖市基本消除城市排水管网空白区，加快泵站和设备改造更新速度，2022年汛期前城区低处、易受淹失效的泵站完成迁移改造。开展排水设施和易涝点整治，推进雨水连管和雨水口更新改造，2022年汛期前各市基本完成城市雨水口、检查井等微排水设施专项整治，现有主要易涝点和易涝区整治、河渠卡口治理完成，补齐了挡水闸和泵站有顶托倒灌风险的短板。加强雨水源头减排，落实"渗、滞、蓄、净、用、排"等措施，统筹海绵城市建设。整治提升城市建（构）筑物地下空间重要设施，对城市住宅小区、公共建筑、公共停车场、城市桥梁隧道等地下空间设施进行迁移改造、防涝加固，落实防淹、防断电措施，2022年汛期前已经完成地下空间配电等重要设施设备迁移或防涝加固、出入口等改造防护，对长于500米隧道改造增设了竖向逃生通道。加强重要基础设施安全保障，因地制宜改造基础设施，城市供水、供气、污水处理、通信设施，变配电站等重要生命线工程安全保障得以增强。四是加强城市排水防涝应急能力建设。2022年河南建立了点位、街道、区、市四级城市防洪（排水）防涝应急处置责任体系、值守制度和责任架构，应急装备和物资装配充足，特别加强大型泵车等抽排设备的配备，开展应急抽排和抢险演练，建立超标暴雨应急预案。五是建立排水管网地理信息系统（GIS），计划2023年汛期前完成城市防汛智慧指挥系统建设，提高全省城市排水防涝智慧化水平。2022年底前，计划完成142处市政基础设施隐患治理、395处排水防涝隐患治理。

表1　2022年完善提升后河南省不同等级城市防洪排涝标准

	郑州市	洛阳市	南阳市	其他省辖市、济源示范区	有条件的县（市）	其他县（市）
城市防洪标准	城市防洪工程等别Ⅰ等			城市防洪工程等别Ⅱ等	城市防洪工程等别Ⅲ等	
城市内涝防治设计重现期	特大城市上限	大城市上限		中等城市和小城市上限		—
新建改造雨水管渠	超大城市标准	特大城市	大城市标准		中等城市和小城市标准	

资料来源：《河南省城市防洪排涝能力提升方案》。

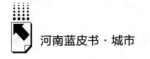

（二）其他城市管网建设情况

1. 燃气管网建设现状

为了加强管道燃气建设运营安全管理，2022 年，河南省人民政府办公厅印发《关于进一步规范全省管道燃气经营加强安全管理的意见》，提出 2025 年基本形成"一城一企、一县一网、城乡一体"的管道燃气建设经营格局。

老化管道更新改造加快推进，17 个省辖市和济源示范区均已编制完成"十四五"燃气管道老化更新改造规划和 2022 年实施方案，各地在统筹考虑燃气管道老化更新改造总体工程规模的基础上，分解了年度任务，确定了改造时序，系统地对老化燃气管道和设施进行分级分类改造治理，计划 2022 年完成 943 公里改造任务。2022 年 8 月，郑州市区共有城镇燃气管道 8110 公里，30 年以上管道有 384 公里，计划老旧管网两年内更新改造完成，2022 年计划改造 150 公里，郑州市绘制了城市综合隐患管线现状分布图，将待改造的燃气、热力、供水、排水管线四图合一，统筹实施改造。在安全防范方面，截至 2022 年 8 月 10 日，全省共排查出 1.71 万个管道燃气供用气场所安全隐患，1.70 万个已经整改完成。

整体来看，河南燃气设施建设成效显著。2020 年，河南城市燃气供气管道长度达到了 30252.61 公里，其中人工煤气供气管道长度 241.56 公里，天然气供气管道长度 29996.85 公里，液化石油气供气管道长度 14.20 公里，与 2012 年相比城市燃气供气管道长度增长了 79.5%，2012 年到 2020 年，城市燃气供气管道长度年均增长 7.6%（见图 1）。

2. 城市供水管网建设情况

近年来，河南积极推进老旧供水管网的更新改造和提质扩容。2020 年，河南省城市供水管道长度达到 29138.19 公里，比 2012 年全省城市供水管道长度增加了 9850.23 公里，增长了 51.1%。2012~2020 年，全省城市供水管道长度年均增长 5.3%，其中 2017 年和 2019 年增长幅度最大（见图 2）。2020 年至 2022 年 7 月，全省新建供水管网约 2500 公里，改造提升老旧管网

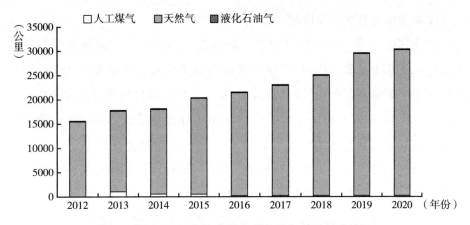

图1 2012~2020年河南城市燃气供气管道长度情况

资料来源：2012~2020年《中国城市建设统计年鉴》。

1100公里，年供水能力增长到302亿立方米，南水北调供水范围进一步扩大，累计供水157.89亿立方米。2022年，郑州市启动了老旧供水管网三年改造行动，计划三年内改造完成全市264公里老旧供水管网，截至2022年6月底，采用原位固化法、热塑成型法等国内最新的老旧供水管网改造方法改造老旧供水管网8.4公里，计划2022年底前完成80公里老旧供水管网改造。

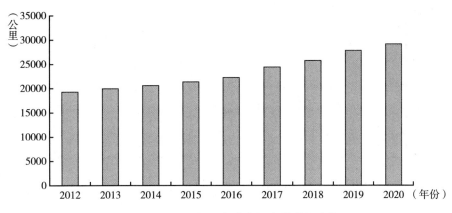

图2 2012~2020年河南城市供水管道长度情况

资料来源：2012~2020年《中国城市建设统计年鉴》。

3. 城市供热管网建设情况

河南积极推进老旧供热管网的更新改造。2020年，河南城市供热管道长度达到12911公里，比2012年全省城市供热管道长度增加了8575公里，增长了197.8%（见图3）。2012~2020年，全省城市供热管道长度年均增长14.6%，其中2017年增长幅度最大，与2016年相比增长了83.2%，更多的居民享受到了温暖过冬的幸福。2022年郑州市政府办公厅印发了《郑州市城镇燃气老旧管网改造提升工作实施方案》《郑州市老旧供热管网改造提升工作专案》，计划年内改造老旧供热管网125项，总长度41.15公里，其中48项28.56公里为老旧一次网，77项12.59公里为老旧一次支网。郑州热力集团加快新建供热管网建设，对供热区域内运行时间在20年以上或材质落后、管道老化锈蚀严重、存在安全隐患的老旧供热管网全部进行更新改造，计划新建供热管网60公里，同时持续推进老旧供热管网改造，2019~2021年累计完成老旧供热管网改造120.99公里（包括一次网和一次支网），涉及536条路段，最大限度地消除管网安全隐患，供热管网的安全性大大提高。濮阳市持续推进供热管网改造，2017年至2022年9月，新建高温水管网138.06公里，改造二次管网58.4公里。

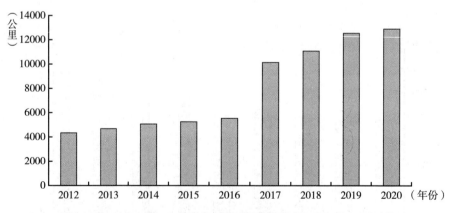

图3　2012~2020年河南城市供热管道长度情况

资料来源：2012~2020年《中国城市建设统计年鉴》。

（三）综合管廊建设情况

2015 年，河南在郑州经济技术开发区建成第一条地下综合管廊示范段。2016 年 4 月，河南省人民政府办公厅出台了《关于推进全省城市地下综合管廊建设的实施意见》（豫政办〔2016〕39 号），同月，河南郑州成功入选全国地下综合管廊第二批试点城市。2021 年，河南省计划开建地下综合管廊 100 公里，各城市新区、园区和开发区的新建道路要按照各自不同的功能要求，建设适合该地区需求的城市地下综合管廊系统。

二 河南城市"里子工程"建设存在的问题

（一）缺乏地下管网综合规划

过去在城市建设规划方面多注重城市体系、市政道路、园林绿地和环境保护等地上内容的建设规划，对地下管网的规划重视不够。郑州"7·20"特大暴雨灾害以来，河南省积极补齐地下基础设施短板，先后完成了排水防涝、燃气等专项改造提升规划，但地下管网综合规划方案仍是空白，没有将排水防涝、供水、供暖、燃气等地下管网设施绘在一张图上。由于缺乏整体地下管网规划，一方面，城区街道路面经常重复性开挖，比如修完供水修排水，不仅影响居民出行，也造成经济损失；另一方面，随着城市的快速扩张，地下管网密度越来越大，整体规划的缺乏将造成管网无序建设和重复建设，不仅效能不高，还埋下安全隐患。

（二）管理权限多头交叉

由于地下管线种类繁多，涉及的部门和公司较多，且产权分属不同的部门和公司，所以在管线建设中出现多重标准，设计和布局也存在交叉打架。在管线管理中，部门之间权责界限不明晰，存在多头管理和管理缺位，部门间统筹协调难度较大，缺乏专门的协调机制，影响了地下管线的建设和管理。

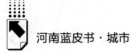

如排水防涝体系建设中排水管道建设、河道管理、气象预警分属不同部门管辖，各部门之间统筹协调有一定难度。

（三）管网建设标准较低

改革开放 40 多年来，城镇化高速推进，城市规模急速扩张，城市基础设施建设一直滞后于城市发展。一是当时城市老旧管网的设计标准较低，部分管网长期超负荷运行；二是管网设施老旧，缺乏有效的管理和维护，部分地下管网出现不同程度老化和损坏，如供水管道中灰铸铁管占比较大，供水管道腐蚀造成大量水质恶化和管网泄漏问题，河南城市公共供水管网漏损率达到 10.8%。

（四）改造提升难度较大

由于老旧管网多位于城市老城区，而老城区道路狭窄、房屋密集、管道直径较小，不易开挖，改造施工难度较大。此外，地下管网建设需要大量的资金，但是从资金供给上看，河南省财政资金有限，目前的融资方式尚不完善，需要建立一套新的融资体系保障地下管网等基础设施建设的资金需求。

三 河南省加强"里子工程"建议的对策建议

（一）绘制城市地下管网一张图

科学规划城市地下管网，一是彻底摸排城市地下管网分布情况，对地下管网进行风险评估，划分管网等级和风险等级。二是编制地下管网综合规划，防止"多张图"现象出现。在完善排水防涝、供水、供电、燃气等专项规划的基础上，加快编制地下管网综合规划，统筹解决供排水、污水收集、安全运行、管线统一布局等问题。三是前瞻 30 年布局，仅仅是"适度超前"的地下管网规划不能满足城市地下工程建设需求，要考虑长远发展，提高规划标准，充分考虑城市发展容量，争取规划一步到位，一次投资管长远。

（二）实施老旧管网微改造

传统城市地下管网改造通常会开挖需改造地下管网的路段，施工路段交通、居民生活环境会受到不同程度的影响，而且施工周期较长，效率较低。近年来，许多地市引入新技术进行老旧管网改造，用"微创手术"实现改造提升。在管网修复时，可以利用管道机器人对现有管网进行系统诊断、分析和检查，通过视频检查管道内部损坏情况，再根据"病害等级"制订修复方案，如果采用非开挖整段修复，对管道进行预处理后，在原管道内直接拉入新管道进行更换改造。如紫外光固化修复技术应用，可以实现整段管道非开挖修复，新管道使用寿命可以高达50年，同时施工时间缩短到原来的1/7，不仅能够减少对居民影响，还可以节约更多改造资金。

（三）下好统筹管理一盘棋

打破地下管线多头铺设、各自管理的机制，打破行业阻隔、消除部门障碍，建立统一、便于整体推进的地下管网联动工作机制。组建河南省地下管网综合管理机构，由住建厅、财政厅、交通运输厅、供水集团、燃气集团、热电集团等组成，协调负责城区地下管线规划、建设、管理和维护等各项工作，厘清部门间的权属责任，形成"政府领导、部门联动"的管理机制。

（四）编织智慧管理一张网

加快推进地下管线三维系统建设，精准定位管线的点位、坐标、地面高程等信息，绘制各类地下管线三维地图。加快建立地下管线综合管理信息系统，采集水、电、气、热管线和综合管廊等城市生命线的设施和实时运行状态信息。搭建城市安全运行监测平台，及时感知城市系统风险，对风险进行早期预测预警和高效处置，为城市安全运行提供主动式保障。逐步对城市重点类型管道、井盖加装传感系统，探索AI+机器人技术在管道维修探测中的应用，实时监测管理管道系统、有毒有害气体、井盖异位等，有效提升城市安全风险防控能力和水平。

参考文献

陈敬、李玉、翟光银：《城市地下管线信息化档案利用的探索》《未来城市设计与运营》2022 年第 8 期。

万冬桂：《城市地下管网建设和管理浅析》，《未来城市设计与运营》2022 年第 6 期。

方剑强：《城市地下市政基础设施普查的实施模式》，《中国测绘》2022 年第 2 期。

濮寒梅：《困局与破局：从"六个维度"消除城市地下管线安全隐患 确保城市"生命线"良性运行》，《未来城市设计与运营》2022 年第 6 期。

程卫民、吴佩琦：《探索城市地下管线精细化管理新体系——以北京城市副中心为例》，《城市管理与科技》2022 年第 1 期。

李华跃、周玉豪：《面向高质量发展的城市地下空间规划研究》，《广西城镇建设》2021 年第 8 期。

河南健全城市应急管理体系研究

王彦利*

摘　要： 城市应急管理体系是城市管理不可或缺的组成部分，在保障人身财产安全、维护社会稳定方面具有至关重要的作用。河南不断改革现有应急管理体制，提高灾害防御能力和紧急救援能力，初步形成了下上联动、协同治理的应急管理工作机制，但和先进省份相比、和人民群众的期盼以及国家治理体系和治理能力现代化的要求相较还存在很大差距，要增强风险意识、优化应急协同联动机制、加强基层社区应急管理建设、重视信息化在应急管理中的支撑作用、壮大应急救援队伍、鼓励社会力量协同共治，不断健全应急管理体系、提升应急管理能力，确保人民生命和财产安全。

关键词： 应急管理　突发事件　河南　城市

应急管理是国家治理体系和治理能力的重要组成部分，承担防范化解重大安全风险、及时应对处置各类灾害事故的重要职责，担负保护人民群众生命财产安全和维护社会稳定的重要使命。《"十四五"国家应急体系规划》指出，到2025年，应急管理体系和能力现代化建设要取得重大进展，形成统一指挥、专常兼备、反应灵敏、上下联动的中国特色应急管理体制，建成统一领导、权责一致、权威高效的国家应急能力体系。《河南省"十四五"

---

* 王彦利，河南省社会科学院改革开放与国际经济研究所，经济师，研究方向为国际贸易、国资国企改革。

应急管理体系和本质安全能力建设规划》提出，到 2035 年，基本实现应急管理体系和能力现代化。应急管理针对的突发事件，除了自然灾害、重大事故还包括公共卫生及社会安全事件，城市是经济、政治、文化的中心，是人口、交通的聚集地，突发事件一旦在此发生，往往破坏力更大、危害性更强。健全城市应急管理体系是提升城市应急管理能力的基础，是抵御城市风险、维护城市安全的重要保障，也是一个城市软实力的重要体现。2021 年的"7·20"特大暴雨灾害，给我们敲响了警钟，暴露出河南城市应急管理体系的问题和不足，客观上限制了高质量建设现代化河南、高水平实现现代化河南的步伐。

一 城市应急管理体系的现状分析

城市应急管理体系是城市管理不可或缺的组成部分，在保障人身财产安全、维护社会稳定方面具有至关重要的作用。进入新时代，河南的发展也驶入快车道，发展带来的各种不确定风险挑战越来越多，自然灾害、事故灾害等易发频发且呈越发复杂的态势，河南不断改革现有应急管理体制、提高灾害防御能力和紧急救援能力、锻造过硬专业应急队伍、强化社区联动等，初步形成了上下联动、协同治理的应急管理工作机制。

（一）深化改革，应急管理机构更加完善

优化应急力量和资源配置，把散落在各部门的消防、防汛抗旱、森林防火等职责整合，成立省、市、县三级应急管理机构，综合管理能力和协调能力进一步提升。组建"1+11"省级应急管理指挥体系，即 1 个总体指挥部和防汛抗旱、安全生产、消防安全、交通运输、公共卫生、食品药品、森林防火、抗震救灾、生态环境、社会安全、地质灾害 11 个专项指挥部；市县根据实际情况，成立 1+N 应急管理指挥体系，实现各类事故应急救援的统一指挥协调；健全乡镇（街道）"1+4"和村（社区）"1+3"体系建设，成立应急委，设立应急办和安全劝导站，建立应急救援队、安全劝导员和灾害

信息员队伍，因地制宜建设应急物资储备库并配齐应急救援物资，初步形成了上下联动、协同治理的应急管理工作机制。

（二）顶层设计，应急管理体制不断优化

制定《河南省"十四五"应急管理体系和本质安全能力建设规划》《中共河南省委办公厅、河南省人民政府办公厅关于加强基层应急管理体系和能力建设的意见》《河南省应急管理体系和能力建设三年提升计划（2020—2022）》《河南省人民政府关于改革完善应急管理体系的通知》等文件，加强应急管理标准体系、组织体系、责任体系、预案体系和服务体系建设，健全事故灾害预防控制标准、突发事件分级分类标准等，完善自然灾害三级响应标准，"十三五"时期，制修订防汛、抗旱、生产安全事故、突发地质灾害、森林火灾等各类各级应急预案 2310 个，健全预案、会商、联动、评估等机制，确保应急响应规范有序，科学推进应急管理体系和能力现代化。

（三）协同治理，应急管理能力不断提升

加强应急管理和应急救援人员配置，做好资金、装备和物资保障工作，激发应急队伍活力和战斗力。整合应急救援资源，优化区域救援布局，形成以综合性消防救援队伍为主力、专业救援队伍为协同、军队和武警部队为突击、应急志愿者等社会力量为辅助的队伍体系。研发应急指挥平台和应急资源数据库，逐步完善全省监管平台应急预案数据库、专家数据库、应急救援队伍数据库、企业数据库等，为救援指挥协调提供信息和技术支撑。创新形式、丰富手段，开展各种形式的宣传教育及应急演练活动。加强社区联动，鼓励社会力量积极参与应急救援与管理，打通服务的"最后一公里"。

二 城市应急管理的严峻形势

当前经济的高速发展、社会结构的多元分化、利益的重大调整、思想观念的深刻变化都给应急管理工作带来了困难，突发事件扩散性强、涉及范围广、发展迅速，应急管理工作面临形势严峻复杂。

一是风险隐患仍然突出。河南作为人口大省、农产品主产区、综合交通枢纽，基层基础依然相对薄弱，随着全球极端天气的频繁出现，自然灾害、事故、公共卫生事件等突发事件不时发生、造成损失严重，灾害事故发生的隐蔽性、复杂性、耦合性进一步增强；新领域、新问题、新风险不断涌现，城市发展面临着严重的不确定性和突发风险；安全生产基础依然薄弱，煤矿等重点行业专项治理有待加强，安监任务十分繁重，城市应急管理工作面临形势复杂严峻。

二是防控难度不断加大。随着工业化、城镇化持续推进，河南城市发展迅猛，交通越发便利，人口集聚、交通集中，再加上产业链、供应链更加复杂，城市空间的负荷越来越重，带来的就是城市的脆弱性和各种突发事件的复杂性，给应急管理工作带来了不小的困难。另外，新材料、新工艺甚至新能源、新业态的出现，也会引发新的问题，这是以往传统的应急管理工作中所不曾预见的新问题、新情况、新隐患，次生、衍生灾害带来的连锁反应加大了应急管理的难度，"想不到"的越来越多，"管得好"成为越来越难实现的目标。

三　城市应急管理体系存在的突出问题

自组建河南省应急管理厅及市县应急管理部门以来，河南城市应急管理取得了积极成效。但和先进省份相比，和人民群众的期盼与国家治理体系和治理能力现代化的要求相较还存在很大差距，其中的问题需要认真研究解决。

（一）风险防范意识不强，应急管理意识淡薄

一是各级政府管理部门对危机管理的认识还比较浅薄。以"一案三制"为基础的应急管理体系往往更注重事后的危机和事故处理，常常忽视事前的预防、预警。在《河南郑州"7·20"特大暴雨灾害调查报告》中，调查组总结出的第一条教训就是"一些领导干部特别是主要负责人缺乏风险意识和底线思维"，这里的缺乏风险意识，更多的是对极端自然灾害的认识不

足，失去了对潜在风险的警惕性，反映到应急管理上就是快速反应能力差、预警措施不当或延后、应急准备不足。"7·20"特大暴雨灾害中，荥阳王宗店村干部在收到"立即转移"的预警信息时仍存侥幸心理，未及时转移，造成死亡失踪 23 人的悲剧。当前正处世界百年未有之大变局，各种不稳定不确定因素日益增多，极端自然天气频发突破人类的既有经验和认知，经济社会发展带来的各种问题使得大城市往往成为危机发生的中心，城市应急管理绝不容忽视。

二是公民对突发事件认识程度较低，没有相关危机意识和应急技能。这一点在"7·20"特大暴雨灾害中表现得尤为突出，5 次暴雨红色预警并没有引起北方城市广大群众的足够重视，即使在 7 月 20 日下午 4 点 30 分 I 级应急响应启动、公交车已经停运、路上积水已经到胸口的前提下，一些群众仍选择乘坐地铁回家，这场暴雨中，除了地铁、隧道有人员伤亡外，还有水中触电、被水卷走的案例，不能不引起我们的深刻反思。突发事件特别是自然灾害发生时，公民的危机意识淡薄，缺乏自救、互救、逃生的技能，一定程度上加重了事件造成的影响。

（二）体制改革不到位，协同高效的应急管理体系尚未建立

一是机构改革不彻底。2018 年，河南建立了应急管理厅，各市、县也相继建立了应急管理部门，负责统一组织、统一指挥、统一协调自然灾害类突发事件的紧急救援工作，统筹综合防灾减灾救灾工作，各主管部门承担相关行业的灾害监测、预警、防治及保障工作；在安全生产监督、燃气安全监督及救灾物资储备方面应急管理部门和其他各职能部门分工负责。实际操作中，这种改革大多还是物理上的整合，只是将分散的职责相加，一些市县甚至存在机构重叠、职能重复、工作重合等现象，没有发挥"统"与"分"的整体合力，导致的结果就是看似大家都在管却都管理不到位，事故发生后往往出现扯皮、推诿等现象，延误预警及救援；各部门间的应急协调机制还不完善，有一个环节麻痹大意，就会出现响应不良的连锁反应，导致次生灾害的发生。

二是基层应急管理机构建设不平衡。虽然河南在积极推进乡镇（街道）

和村（社区）的应急管理机构建设，但是在人员编制的设定上，各地存在较大差异，借调、派遣人员还不同程度存在，人、财、物没有全部充实到位，基层消防与应急互不相容，基层应急管理力量薄弱，不能有效发挥应有作用，客观影响基层应急管理工作的开展。

三是应急救援基础薄弱。应急预案操作性、针对性不强；应急救援队伍力量不足，应急管理专业人才培养滞后；应急演练缺乏针对性强、特殊专用的先进救援适用装备，应急科研支撑能力不足，应急救援能力有待提高，应急产业发展缓慢。

四是应急协同联动机制不健全。突发事件的处置应对需要各个部门的配合和协调，河南省市县三级应急管理体系比较完备，乡镇（街道）、村（社区）的还处于起步阶段；同时在应急管理部门统一组织、协调下的各专职部门间的分工还不十分明确，地区间、部门间、条块间、军地间密切合作的机制亟待加强；社会组织、企业、社区、媒体和志愿者等社会力量参与不足，配套不完善，客观影响实际应急救援效果。

（三）应急科技水平相对滞后，应急管理信息化建设有待加强

信息系统是应急管理体系的决策基础，科技水平、信息化程度的高低客观上影响着应急管理的水平。当前，对突发事件的预警和监测还不能满足城市应急管理发展的需要，预案的编制还不够科学，应急演练的针对性、可操作性、实效性有待增强，应急处置能力和水平还有待进一步提高。信息化水平总体较低，各级应急管理机构之间信息不畅通、配套措施不完善的情况仍存在，缺乏统一的应急管理信息化平台。突发事件发生后，在物资调配上甚至出现重复配置、资源浪费的情况，需求和供应明显不匹配；在社会力量参与救援时，出现应急信息不对称、保障体系不健全、应急救援队伍排队的现象，应急管理信息化保障尚不完善。

（四）应急预案编制不科学，应急演练流于形式

一些应急预案编制不科学、措施不妥当，一些预案针对性不强、操作性

欠佳，导致突发事件来临时慌乱不知所措。如 2021 年的《郑州市城市防汛应急预案》并未明确地铁集团防汛工作职责，导致地铁集团没有及时有效地疏散乘客，造成严重事故。如果不经过演练，再好的预案也是一张白纸。实际工作中，有的灾害应急预案宣传不深入；有的单位应急预案一发布就束之高阁，根本没有组织演练；有的即使组织演练，也是应时景、走过场。

四　健全城市应急管理体系的对策建议

河南正处于战略叠加机遇期、风险挑战凸显期、调整转型窗口期、蓄势跃升突破期四期叠加的关键时期，自然灾害种类多、分布广、频次高，各类存量、增量风险交织。要增强风险意识、优化应急协同联动机制、加强基层社区应急管理建设、壮大应急救援队伍、鼓励社会力量协同共治、重视信息化在应急管理中的支撑作用，不断健全应急管理体系、提升应急管理能力，确保人民生命和财产安全。

（一）坚持底线思维，增强风险意识

安全无小事，应急重在预防。各级政府特别是其主要负责人要坚持底线思维、坚持生命至上，始终把人民群众的生命安全放在应急管理的第一位，未雨绸缪，精心准备，时刻警惕随时可能到来的自然灾害及其他突发事件。应急管理重在防，不在救，要从源头防范风险、降低突发事件发生率，正确处理好"防"与"救"的关系问题，把工作做在前，绷紧安全这根弦，把危机消灭在萌芽状态。完善各级各类应急预案，并随着经济社会的发展根据既往经验和前沿研究成果及时调整完善，确保预案具有可操作性和实践性。增强规划、法规等应急管理相关政策法律文件的前瞻性和实用性，将突发事件可能带来的危害降到最低，跳出灾后重建的怪圈。

（二）开展宣传培训，提高公众自救互助能力

开展应急管理和防灾减灾知识宣传教育，广泛利用新媒体发布典型案例

经验、应急管理知识，使广大群众增强风险防范意识，在可能遇到的突发事件面前沉着冷静、正确处理；建立应急培训长效机制，除了个人志愿者和团体志愿救援队等的常态化应急培训外，要注重培训的普适性和广泛性，突发事件特别是自然灾害，往往影响的是全社会广大人民群众的生命财产安全，要加大社区、校园的培训力度；要有组织有规划地开展应急演练，增强人们的实践能力。2008 年汶川地震后的相关培训和演练是最好的教材，以至于人们面对后来发生的各种地震灾害都能尽可能地将损失降到最低。

（三）加强基层社区应急管理建设，提升基层应急管理能力

社会治理的"最后一公里"在基层，基层最熟悉当地情况，突发事件发生后，基层如果能第一时间将隐患消灭在萌芽状态，就不会造成重大的灾难。基层应急管理是整个应急管理体系的基础，要把基层一线作为应急管理、风险防范的主战场，着力提升基层应急管理基础能力，推广河南基层应急管理体制改革的"兰考经验"，从网格化管理入手，完善基层社区应急管理组织体系，健全功能区、乡镇（街道）、村（社区）级应急管理体系，加强应急管理的人员配置、物资供应、设备补给、资金保障等。推动基层社区制定关于加强应急管理建设的实施意见，做到基层应急管理有法可依、依法管理，为基层应急管理能力建设提供强有力的政策支持。

建议国家层面出台相关规定，统一规范乡镇（街道）一级应急管理机构的设置、综合执法的改革和人员的配备及经费的保障，确保应急管理体系下沉基层，将治理资源合理配置到最接近需要的地方，消除基层权力小、任务重、资源少的客观限制，同时在与上级应急管理部门的对接和权责划分上，要有科学、合理、有操作性和针对性的规定，避免加重基层负担，方便基层应急管理工作的开展和对接。

（四）夯实大数据基础，全面推进应急管理信息化建设

大力提升应急管理信息化水平，完善省市县综合应急指挥调度平台和省级应急管理大数据平台，建立"横向到边，纵向到底"的覆盖全省、融合

贯通的应急指挥通信网络，提升风险研判、监测预警、应急处置、应急救援、物资调度能力。接入应急管理部应急资源管理平台，实现部省市县四级应急信息上下互通、与主要兄弟部门左右联通，数据实时共享，以信息化推进应急管理现代化。

开展监测预警网络建设，提高风险感知灵敏度，提升应急监测预警能力。2022年，河南汲取郑州"7·20"特大暴雨灾害教训，印发了新版防汛应急预案，预警与应急响应衔接，目的是早介入、早行动、早预防。针对安全生产、食品药品、卫生健康、自然灾害等各领域特征实时监测、动态分析，提升多灾种和灾害链综合监测、风险早期识别和预报预警能力，打造风险监测的"千里眼"和"顺风耳"。

强化应急管理装备技术支撑，优化整合各类科技资源，推进应急管理科技自主创新，加强科学研究和技术开发，依靠先进的预测、预警、预防和应急处置技术及设备，提高应急管理的科学化、专业化、智能化、精细化水平。抓紧补充配备省市县乡四级执法装备、救援装备、通信装备和其他应急专用装备，推进应急管理装备能力现代化，全面提升应急系统的战斗力。

（五）壮大应急救援队伍，鼓励社会力量参与应急管理工作

强化应急救援队伍建设。应急救援队伍建设是提升应急管理能力的根本保障，要补短板、强弱项，提高应对各类灾害事故的能力。依托高校、科研院所创设应急管理相关学科，科学培养应急救援专业人才。按照就近调配、快速行动、有序救援的原则建设区域应急救援中心，提升联合救援能力。推广开封、商丘、信阳等地经验，组建应急救援和执法队伍，加强应急救援队伍专业化建设，在政策、装备和资金上加以支持，开展技能提升、综合演练和比武练兵等活动，切实提升应急救援战斗力。完善应急救援力量快速输送机制，建立健全跨区域协调联动机制。

鼓励社会力量协同共治。应急管理是一项公共性很强的社会管理活动，要调动社会各方面的积极性，鼓励企业、个人和非政府组织等积极参与，形成政府、企业单位、事业单位及志愿者相结合的团体合力，有效应对随时可

能发生的突发事件。目前我国的民间救援组织已渐成规模，而且具备了专业的应急救援知识和能力，在应急救援中发挥着不可或缺的作用，但是一些现实性因素仍客观影响着我国志愿者应急救援队伍发展和壮大：一方面是费用问题，救援队活动成本除了民间捐助和企业赞助外，多由队员自费承担；另一方面是法律地位问题以及救援中的衔接问题，如哪里需要、如何召集应急救援队伍，需要进一步加以立法解决。要逐步强化社会组织的规范化和法治化运行机制，完善相关资金、物资配套，组织开展与专职应急救援队伍的同期演练、日常训练等，着力提升社会组织的应急管理能力和水平。充分发挥专家在突发事件中的信息研判、决策咨询、专业救援、应急抢险、事件评估等作用。发挥媒体舆论"安全阀"作用，引导其主动、公正、科学、依法监督。学习德国等国家的经验，依托广大志愿者辅助应急救援工作，以法律的形式明确规定志愿者参与应急救援活动的相关政策，包括补偿其因耽误正常工作受到的损失等，鼓励志愿者积极投身应急救援志愿活动。

参考文献

河南省人民政府：《河南省人民政府关于印发河南省"十四五"应急管理体系和本质安全能力建设规划的通知》（豫政〔2021〕66号），2022年2月23日。

张忠利、刘春兰：《中国城市应急管理体系的现状及完善》，《北京理工大学学报》（社会科学版）2008年第4期。

国务院：《国务院关于印发"十四五"国家应急体系规划的通知》（国发〔2021〕36号），2022年2月14日。

国务院灾害调查组：《河南郑州"7·20"特大暴雨灾害调查报告》，2022年1月21日。

孙必胜、雷博文：《协同治理视角下城市社区危机应急管理能力提升研究——基于上海、江苏、河南三省市的调查》，《大学》2020年第46期。

左学金、晋胜国主编《城市公共安全与应急管理研究》，上海社会科学院出版社，2009。

邵莲芬、李纪周：《河南省灾害应急科学管理体系研究》，《河南科技》2010年第1期。

胡信布、贺明月：《"五化"驱动的新时代应急管理体系研究》，《城市与减灾》2022 年第 3 期。

苏国锋：《做好"防"和"救"应急管理体系和能力现代化的关键命题》，《人民论坛》2020 年第 17 期。

杜兴军：《我国城市社区应急管理能力提升策略探究》，《城市与减灾》2022 年第 3 期。

B.10
河南推进城市"双修"研究

李建华*

摘　要： 城市"双修"是针对城市快速发展中生态环境、用地结构、建
　　　　　设风貌、人地和谐等方面而开展的多层次、多视角的修复与修补
　　　　　活动。本报告以阐释城市"双修"的内涵与特点为切入点，通
　　　　　过总结河南城市"双修"工作进展与存在的不足和问题，从生
　　　　　态修复、城市修补、机制创新、公众参与等方面提出河南持续推
　　　　　进城市"双修"的对策建议。

关键词： 生态修复　城市修补　河南

为了实现新时代下城市生态文明的发展建设目标，《中共中央国务院关
于进一步加强城市规划建设管理工作的若干意见》提出，要有序实施城市
修补和有机更新，着力于解决城市快速发展所带来的老城区环境品质下降、
空间秩序混乱、历史文化遗产损毁等"城市病"问题。此后，住房城乡建
设部大力开展城市"双修"工作，制定并实施城市"双修"工作方案，有
计划有步骤地全面推进被破坏的山体、河流、湿地、植被的修复和城市空间
的修复织补工作。城市"双修"从生态修复和城市修补两个方面强调未来
城市生态和城市功能建设的重要性，为新时代下城市发展和城市更新提供了
方向。河南省新型城镇化经过近些年的快速发展，城市建设取得巨大成就，
但不可避免也出现了水土流失、水体和土壤污染、空气污染、公共活动空间

* 李建华，河南省社会科学院城市与生态文明研究所助理研究员，研究方向为城市管理、城市
经济。

狭小、城市景观风貌混乱、城市面貌趋同等"城市病",仍需持续加强和推进城市"双修"工作,促进自然生态基底修复和城市功能与城市空间的修补。

一 城市品质视角下城市"双修"的内涵与特点

城市是一个既有人工环境又有自然环境的多元复合系统,在这个复合系统里,城市的发展是否以人为核心、城市是否高质量发展是衡量一个城市品质的重要因素。目前,城镇化进入转型发展期,城市由"粗放扩张"转向"内涵发展",从量的扩张转向品质的提升。基于此,住房城乡建设部在 2015 年开展城市"双修"工作,重点是要针对以往城市发展中存在的城市生态破坏、用地结构失衡、城市风貌单一等"城市病",探索转型时期城市可持续发展的更新方式。城市"双修"指的是生态修复和城市修补,生态修复重在修复被破坏的山、水、林等自然环境要素,提高城市环境质量;城市修补重在修复更新城市设施、塑造城市特色风貌。城市"双修"是综合而多维的城市更新理念,需要"两手抓"。一手抓生态修复,借助矿山治理、土地整治等生态治理措施,将受污染、被破坏的资源和环境恢复为自然状态,改善提升人居环境;一手抓城市修补,通过织补更新城市交通、卫生、健身、休闲等城市功能要素,使城市空间格局进一步优化、城市功能更完善、城市文化内涵更丰富,城市的便捷性、包容性和宜居性得到进一步提升。城市"双修"的对象既包括物质空间环境,又包括生态系统、人地关系、社会文化等内容,具有很强的针对性和可实施性,对治好"城市病"、提升城市品质具有重要作用。

城市"双修"经过近几年的实践发展,出现了新的变化,呈现一些新的特点。其一是由点状修复向面状全域化修复转变。现在的生态修复和城市修补强调顺应城市自然基底和禀赋特性,一方面,在严格遵从城市红线、绿线、蓝线等控制线的限制的基础上,修复城市的山脉、水脉、绿脉等生态要素，全面修补破碎化的自然景观生态格局；另一方面，统筹城市的生产空间、生活空间、生态空间，修补完善城市功能，增强城市内部布局的合理性，提升城市的包容性；同时，加强城乡以及区域生态系统的连接，维护自然山水格局的完整性，形成城乡一体、区域一体的全域化生态系统。其二是由注重人工雕琢式"双修"向敬畏城市本底持续化"双修"转变。以往的城市建设和管理者偏爱巧夺天工式的城市空间和景观风貌更新，兴建"假山假水假生态"，城市建筑更新贪大媚洋，城市风貌与天际线遭受破坏，给城市生态和景观风貌带来了严重的负面影响。这些现象的出现都是由于缺乏对自然的基本敬畏，破坏了生态系统的完整性。现在的城市"双修"则是强调敬畏自然，以城市发展演变的客观规律为基础，采用科学的规划设计手段和综合化的技术措施，通过局部性渐进式的对与自然、文化一脉相承的物质空间环境的更新，促进人地关系和谐。其三是由"大拆大建"式重新修建向"持续渐进微创"式精修细补转变。在以往的城镇化推进过程中，许多城市都经历过一轮或多轮的大范围推倒重建式更新，导致城市特色缺失、城市宜居性差等"城市病"。因此，以往粗放低效的更新模式被小范围渐进式更新所替代，城市"双修"也更注重高品质化的内容更新，结合城市地方文化特色和自然要素禀赋开展精致化城市设计，根据更新对象的特性而精准地选择适宜的修复、修补措施。

二　河南城市"双修"工作进展

（一）开展全域生态修复，提升生态系统质量和稳定性

《河南省"十四五"生态环境保护和生态经济发展规划》提出要加强生态系统保护修复和生物多样性保护，大规模开展山水林田湖草沙一体化保护和修复工作，畅通生态网络。2022年7月，河南启动实施河南秦岭东段洛河流域山水林田湖草沙一体化保护和修复工程，此修复工程共涉及三门峡市、洛阳市、郑州市的6.8万公顷土地，修复内容主要包括水土流失治理、

林地提质改造、湿地修复等。这个项目的实施，可以实现黄河中游河南段左右岸同治，一方面有利于维护秦岭东段生物多样性，另一方面有利于防止入黄支流流域水土流失以及水生态功能退化，提升生态系统质量和稳定性，守护黄河中游生态屏障的最后一道关口。三门峡市也实施了百里黄河湿地修复工程、千里城市绿廊建设工程、万亩矿山修复工程等山水林田湖草综合治理工程，规划建设沿黄湿地公园群，继续保护治理 18 条入黄一级支流，确保黄河水清岸绿。焦作市实施的南太行山水林田湖草生态修复工程，35 个子项目已完工，新增林地 2395.68 公顷，新增草地 582.39 公顷，恢复新增湿地 220.5 公顷，生态、社会、经济效益显著。

（二）开展城市水体修复，增水量保水质恢复城市水体生态

长期以来，城市水体受城镇生活污染源以及两岸的工农业污染源影响，控源截污保质扩容任务艰巨，很多城市内的水体面临季节性断流和流域生态退化问题。鹤壁为再现古老淇水壮美景色，对淇河进行了系统治理，为美丽淇河减负扩容保质。鹤壁重点围绕水体扩容保质采取了以下方面的措施：一方面，关闭搬迁沿岸"五小"企业及养殖户，推进农村"厕所革命"，加强农村污水、垃圾等面源污染治理，实施禁渔制度，强化污染减排；另一方面，修建恢复河道生态湿地，建设生态缓冲带和隔离带，构建淇河生态保护圈。到 2022 年，淇河水质已能常年保持Ⅱ类以上，年均流量达到 16.96 米^3/秒，年均天然径流量 5.35 亿立方米，基本实现了有河有水、淇水长流，淇河被生态环境部评选为美丽河湖提名案例，是河南唯一上榜案例。

（三）开展老旧小区改造，城市更新提质工程成效显著

近年来，河南坚持把城镇老旧小区改造作为惠民生、补短板、扩内需的重要举措，大力度进行供排水、养老、托育、便民服务等配套基础设施更新改造。仅 2021 年全省就完成了 71.53 万户老旧小区的改造工作，加装电梯472 部，改造供排水管网 360 公里、供电线路 92 公里、供气管网 83 公里，

671个小区加装了暖气，456万平方米的建筑进行了节能改造，文化休闲设施改造增加了1166个，安防设施及系统增加了5900套，改造了1.39万平方米物业管理用房，75.67万平方米的违法建设得到彻底清除，许多群众"急难愁盼"的问题得到根本解决，居民生活环境和生活品质得到极大改善或提升，人民群众生活得更方便、更舒适、更美好。

（四）加快各类城市公园绿地建设，大幅增加城市绿量

根据城市居民出行"300米见绿，500米见园"的要求，河南对城市边角地、弃置地、墙角进行绿化，结合老城区改造，建设小、微绿地，积极拓展绿化空间，新建成了一大批城市公园、街头游园和城市绿道。公园绿地覆盖率不断提高，城市居民享有绿化面积逐步增加，2012~2021年，河南城市绿化覆盖面积由6.38万公顷增加到11.86万公顷，增加5.49万公顷，增长86.0%，年均增长7.1%；城市绿地面积增加了4.30万公顷，年均增长6.1%；城市公园绿地面积增加1.75万公顷，年均增长8.2%。这为广大市民营造了绿色优美宜居的生活环境。

（五）开展历史街区修补改造，延续城市文脉

历史街区是一座城市的文脉所在，在对城市居民的居住环境进行改善的同时，也下力气去保护那些能体现城市历史特色和地理标识的传统街区。开封市对双龙巷历史文化街区、复兴坊历史文化风貌街区进行了复兴修补和提升。双龙巷历史文化街区改造项目结合城市"双修"和棚户区改造等惠民工程，恢复原有街区的空间格局和街巷肌理，使街区名宅荟萃的风貌得到重现；对街巷格局保存相对完整、传统院落和历史建筑遗存较为丰富的复兴坊街区进行整体的保护利用，拆除违章建筑，改造街巷道路和地下管网，修复建筑外立面，有效保护了街区的市井格局、历史建筑和传统院落。2018~2021年河南省先后共确定了2批25个省级历史文化街区，为城市居民提供更多文娱休闲生活空间，丰富大众的精神生活。

三 河南城市"双修"存在的不足与问题

自 2015 年全国大规模开展城市"双修"以来，河南省许多城市也先后进行了一些实践探索并取得了很大成效。但因为对城市"双修"的理论认识还不够深入，实际工作中在模式、做法等方面也还存在一些问题，在一定程度上影响了城市"双修"工作向更高层次的推进。

（一）城市"双修"公众参与度低

当前的城市"双修"工作很多是采取自上而下的决策和推进模式，城市空间环境直接使用者的需求没有得到足够的重视和体现，缺乏公众的关注和支持，导致有一些城市"双修"项目实施缓慢。所以，在今后的城市"双修"项目实施上需要转变方式方法，由自上而下、政府主导的模式转为自下而上、公众参与的推进方式，循序渐进、科学引导，将"双修"理念融入城市规划、建设和管理的各个环节，增强决策的科学性、合理性，提高公众的参与度，将城市"双修"项目真正做成惠民工程，实现"城市让生活更美好"的愿望。

（二）城市"双修"空间范围急需扩展

以前实施的城市"双修"行动，大多数项目其修复修补的范围主要集中在城市，对生态系统稳定性起关键作用的乡村以及农田林地、山川水系以及小城镇等区域，却很少被考虑进去。在当前新型城镇化和乡村振兴背景下，小城镇、乡村将成为不可小视的城乡建设领域。再加上高铁时代的到来，城市群、都市圈等组团式发展模式正在成为未来城镇化发展的主要方向。今后的城市"双修"也急需打破空间界限甚至时间局限，以时空动态发展视角来审视和推进城市"双修"工作，推动城市"双修"向"全域双修""全时双修"拓展。

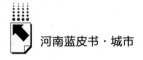

（三）城市"双修"重建设轻管理

在城市"双修"实践中，也存在重建设轻管理现象。政府有关部门过于关注城市形象的树立，城市"双修"项目实施完成后，短暂的光鲜亮丽之后，由于对建设成果疏于维护，一些设施就出现被闲置荒废弃用现象，这影响了城市"双修"工程项目的持续性。另外城市"双修"也存在随意性，制订通过后的城市"双修"方案没经过论证公示就轻易更改，城市绿地等公共空间被侵占、压缩，影响城市环境质量。对城市天际线、城市家具等缺乏精细化管理和维护，降低了城市空间的品质等。由此可见，城市"双修"建设成果的维护管理与实施过程同样重要，重建设轻管理只能导致"双修"的美好愿景无法兑现，实效也难以巩固和长久。

四　持续推进城市"双修"的对策建议

（一）以全域化的视角推进生态系统保护和修复

以河南全域山水环境为背景，突破城乡界限，放眼全省区域空间，以生态系统保护和修复为重点，加强农林绿网、山形水系、道路城郭等要素的关联，打通生态堵点，连接绿网断点，形成多层次的全域化绿色网络，构建基础牢固的城市生态安全格局。持续推进山水林田湖草沙重大工程建设，推行森林河流湖泊草地休养生息，恢复提升生态系统服务功能。以黄河中下游右岸、重要河流源头区、革命老区和脱贫地区等为重点，科学推进流域水土流失综合整治和历史遗留矿山生态修复。在水土流失严重区域实施清洁小流域建设，加强坡耕地、侵蚀沟及崩岗综合整治。推进城市绿地"联网"工程，构建系统化、网格化、生态化、连通城乡的城市绿化体系。加快城郊森林公园、郊野公园、环城防护林带和人工湿地建设，构建城市生态防护圈和城市通风廊道。实施城市山体河湖等自然风貌保护，系统开展城市河湖、湿地、岸线和受损山体、废弃工矿用地的治理和修复工作，高标准推进城市水网、蓝道和河湖岸线生态缓冲带建设，恢复河湖渠水系连通性和流动性。

（二）以精雕细琢的方式推进城市修补

加快城市基础设施和公共服务设施的优化升级。改造和增建城市公共停车场，鼓励开放企事业单位内部停车场所，加强地下停车空间利用。合理增设地上停车位，强化车辆停放引导，有效解决车辆乱停乱放难题。加密景观休闲区、商业区、景观带等游憩区域的休闲座椅与雕塑小品等景观和公厕等卫生基础设施，吸引城市居民来此驻足休憩，享受城市生活之美。利用街角、小区空地等小微公共空间，建设口袋公园，设置健身器材、休息座椅、亭子、园林小品等设施，打造集运动休闲、文化娱乐、互动交流等多功能于一体的游憩公共空间，拓展城市休闲空间。加强邻里中心的建设，重点加强居家养老服务、托幼、文化和体育场所的建设。推进老旧社区微更新，避免大规模的拆除重建，尽量顺应社区原有的肌理，采用适当的规模、合理的尺度，在原有社区基础上保护修缮历史文脉载体与生活文化设施，保留街区、社区原居民的生活方式，让老街区焕发新活力。加强城市文脉传承保护，全面推进历史建筑保护利用，在街区更新中统筹兼顾历史街区更新与居住品质提升，通过"补织"更新，保留建筑自身历史积淀与文化色彩，塑造历史街区特色风貌，让城市留住记忆。

（三）以更大的魄力进一步强化机制创新

强化组织保障。将工作纳入省、市、区、县党委、政府重要议事日程，成立高规格的工作领导小组，建立权威、高效的工作机制，构建上下联动、部门协作、多方参与的工作格局。强化资金保障。积极拓宽融资渠道，因地制宜采取 PPP（政府和社会资本合作）和 EPC（设计—采购—施工）等模式与政策性银行贷款、以奖代补、政府购买服务等方式，通过交叉作业、滚动运作，提高资金使用效率，缓解政府财政一次性投入压力。强化城市管理。以城市"双修"工作为契机，加大市容环境整治力度，重点整顿交通秩序、噪声等方面问题。在背街小巷整治管理中体现"精治"，在街区、社区自我服务、自我管理中体现"共治"，在拆违控违依法治理中体现"法治"。强化科学决策。建立健全城市科学发展决策体系，发挥城市智库超前谋划、咨询、研究作用，在城市"双修"规划设计、项目评估等环节，邀请高水平、高层次专家团队参与，推进城市"双修"项目高起点、高定位、高标准建设。

（四）以开放自信的心态引导公众参与

城市"双修"涉及社会公众的切身利益，因此，城市"双修"工作推进的顺利与否在很大程度上取决于政府和公众的共识程度和合作能力。要想真正获得和维护公众对城市"双修"工作的支持，就需要政府以开放、真诚和自信的心态与公众进行交流、沟通。为人民创造美好的生活，就需要站在人民的角度考虑他们需要什么样的空间、什么样的设施、什么样的环境。只有公众参与，才能真正创造出令他们满意的城市工作居住生活空间。在城市"双修"项目工程实施中，应鼓励组织社区居民、社会组织等多方力量，通过方案征集、意见征求等形式共同参与设计，参与项目施工建设环节，参与共同建设与过程监督，共同推动城市"双修"工作迎来一个新的局面。

参考文献

张帅兵、范少言、周丹、王泽、刘喆：《城市品质导向下西安"城市双修"实施路径研究》，《新西部》2019 年第 14 期。

雷维群、徐姗、周勇、韦波、朱里莹：《"城市双修"的理论阐释与实践探索》，《城市发展研究》2018 年第 11 期。

陈太政、李政旸：《我国"城市双修"的发展与实践述论》，《中国名城》2019 年第 1 期。

卓鹏妍、张超杰、孙凌晨：《城市双修背景下社区更新策略》，《建材与装饰》2020 年第 14 期。

创新城市篇

Innovative City

B.11

河南优化城市产业创新布局研究

赵中华*

摘　要： 产业发展推动城市成为经济社会资源配置的中心。面对新发展形
势，城市想要进一步巩固和提升自身竞争力和影响力，就必须紧
扣时代使命任务，加强城市产业创新。过去十年，河南各城市的
产业创新取得了瞩目成绩，在创新力量和创新投入等方面有明显
进步，创新的成效也得到显著提高。面对新发展阶段、新发展要
求和新发展任务，河南不同城市还需正视短板弱项，紧紧锚定
"两个确保"，通过强化企业创新主体地位、强化创新多元投入
机制、强化创新人才引育和强化"五链"交互耦合等措施，加
速产业创新发展，夯实城市竞争力和综合实力，加快推进城市高
质量发展。

关键词： 城市　产业创新　河南

———————————

* 赵中华，河南省社会科学院城市与生态文明研究所助理研究员，博士，研究方向为城市经
济、产业经济。

当今世界，城市已经发展成为经济社会资源配置的中心，乃至在全球经济、科技和文化等方面均具有极强的话语权和影响力。而赋予城市这种话语权和影响力的，正是城市的产业。产业发展使得城市可以集中一个国家和地区的生产链、创新链与价值链的高端和核心环节，从而主导人才、技术、资金和信息等关键要素流动，进而塑造了城市地位。当今世界正面临百年未有之大变局，世界、国家和区域经济都面临深刻变化，城市产业发展也面临新阶段、新趋势、新矛盾和新任务。未来，城市想要进一步巩固和提升自身竞争力和影响力，就必须紧扣时代使命任务，以创新为突破口和着力点，推动城市产业不断巩固和强化发展动能。当前河南正通过锚定"两个确保"、实施"十大战略"进行"弯道超车""换道领跑"，这就更要求河南各地通过产业创新加速城市发展，夯实城市竞争力和综合实力，加快推进高质量发展。

一　加快产业创新是城市高质量发展的必然选择

当前，我国已经进入新的发展阶段，正积极构建新发展格局、推动高质量发展，加速开启全面建设社会主义现代化国家新征程，城市在其中扮演着更为重要的角色。城市产业从结构、动能等诸多方面直接影响着城市发展，城市的高质量发展必然以产业的高质量发展为基础和前提，而产业高质量发展的关键便是产业创新。

（一）加快产业创新是城市破解发展矛盾的有效方案

过去二十年，中国经历了世界范围内规模最大的城镇化进程，也是全球范围内速度最快的城镇化进程。城镇化的快速推进、城市的迅速崛起，也加速了城市经济社会矛盾的演化，城市发展问题已从早期的城市规模小、就业不足、基础设施落后、服务功能不全演变为质量不佳、结构不优、效率不高等问题，发展矛盾已由"有没有"转变为"好不好"。城市发展的不平衡不充分极大地阻碍了城市人民生活的获得感和幸福感的提升。具体而言，河南各城市均面临综合承载能力不强、智慧精细管理水平不高、安全韧性建设不足、资源利用效率有待提升、绿色低碳发展水平亟待提高等问题。这些问题的解决虽不易，但绝非不可能。产业的创新发展必然再次为城市矛盾破解带来有效方案。不难预见的是，基于现代信息技术、5G 技术和大数据技术，创新开发系统集成的城市智慧化管理体系，创造性地建设城市智能发展中枢，将极大地提升城市智慧化发展水平和精细化管理能力；而资源循环利用技术的开发和应用、高效生产和生活工具及产品的出现也必将推动城市效率达到新的高度；等等。

（二）加快产业创新是城市实现动能转换的重要举措

过去一段时间，包括河南省在内的全国范围内的地区都经历了一段高速增长的黄金发展期。然而，随着后发优势的消减、人口红利的消退以及国际经济发展环境的变化等，过去的发展速度、发展模式已无法持续。当前，我国经济已由高速增长阶段转向高质量发展阶段，河南也正处在转变发展方式、优化经济结构的攻关期，河南各个城市都面临转换增长动力的问题。2019 年，我国政府工作报告便旗帜鲜明地提出"坚持创新引领发展，培育壮大新动能"，产业创新被寄予厚望。正如习近平总书记所强调的，"创新是第一动力，中国如果不走创新驱动发展道路，新旧动能不能顺利转换，就不能真正强大起来"。世界发展经验表明，科技创新、产业创新是决定经济发展质量效益的关键，世界各个国家经济获得稳定发展，均是以科学的进步和新技术的出现为前提。科技创新对经济发展的推动作用十分强大，中国自身经济发展奇迹更是直接表明了新产业、新技术、新业态、新模式的不断涌现对经济社会发展的影响。如果说抓住经济社会发展创新力，就抓住了新时代社会主义现代化建设的"牛鼻子"，那么抓住产业创新，就抓住了城市高质量发展的"牛鼻子"。

（三）加快产业创新是城市提升吸引力竞争力的重要途径

随着我国经济社会发展进入新阶段，城市发展也迎来了新形势。在过去一段时间，随着我国城镇化的快速推进，大量人口从农村涌入城市，给城市发展带来了源源不断的人力资源，推动大中小城市均以较高的速度实现人口增长、规模扩张。目前我国城镇化水平已经达到一定高度，人口流动的主旋律已经不再是人口单向从农村流动到城市，而是呈现出更强的复杂性和多向性。人口开始从城市流动到城市，甚至从城市流动到农村。这对城市发展极为不利。河南一些城市甚至已经出现了人口流失的现象。而决定人口流向的核心因素，便是城市的吸引力和竞争力。产业创新是城市吸引力的源泉，正是产业不断推陈出新才激发了城市的活力，才让城市在物质产品迭代速度不断加快的当今世界脱颖而出。更为重要的是，只有产业创新才能不断推动产业发展，为更多的人提供发展平台、机会，以及生存所必需的就业岗位。不仅如此，产业创新还是城市竞争力的构成要素。当今世界，竞争的关键是创新。只有通过产业创新实现在生产链、创新链与价值链中占据有利位置，才能在全国乃至全球经济资源配置中产生足够的影响力，才能在竞争中立于不败之地。

（四）加快产业创新是城市提升发展可持续性的关键一招

在过去一段时间内，由于对经济增速的重视，我国大多数城市呈现粗放式发展状态，河南一些城市也是如此，尤其是资源型城市。这种发展方式带来的是城市建设过程中的短视、资源开发利用的浪费和功能结构布局的不合理等诸多问题，导致城市发展后劲缺乏、绿色发展水平不够、资源利用效率不高和城市韧性不足。然而，这些问题均可以通过产业创新一一化解。产业创新推动科技进步，推动产业转型升级，实现高端化发展，可以有力解决产能落后的问题，有效补足城市发展的动能。产业创新推动绿色技术发展，有效降低碳排放，实施碳捕捉、循环利用及封存，推动生产、生活节能减排，是城市实现绿色发展的重要途径。产业创新可以降低城市对煤炭、石油等传统化石能源的依赖，推动更多地使用风光水等可再生绿色能源。通过产业创新，科学推进荒漠化、石漠化、水土流失综合治理，合理推进城市空间开发利用，实施更高效集约节约利用水资源、能源。简言之，加快产业创新可以是城市提升发展可持续性的关键一招。

二 河南城市产业创新发展成就与经验

创新是产业发展的内核驱动力。过去十年，河南不同城市产业创新的基础不一，且所经历发展历程、侧重点和面临的环境均有所不同，但河南城市产业创新总体发生了巨大变化，可圈可点，在研发力量、研发投入、创新形式和创新成效等多个方面出现明显的进步，取得了令人瞩目的成绩。可以说，产业创新在中原大地勾勒出一条漂亮的上升曲线。

（一）产业研发力量不断增强

河南是我国的农业大省，在 21 世纪之初，河南产业研发力量十分薄弱，不论是产业研发机构数量，还是产业科研人员数量，均与其经济大省、人口大省的地位不相匹配。过去十年，河南各城市不断努力，加紧追赶，产业研发力量不断增强，呈现出喜人的发展势头。在 2012~2021 年的十年里，河南高新技术企业从不足 800 家增长到 8387 家，增幅超过 1000%。更值得一提的是，科技型中小企业从 2012 年的 300 多家已经发展到 15145 家，增长到了原来的惊人的 50 倍左右，这个企业数量使河南一举夺得了中西部地区各省份首位。[①] 在 2020 年时，河南各城市总体上仅有 982 个企事业单位开展研发活动，到 2021 年这一数量已经增长到了 6500 家左右。从各个城市具体情况来看，河南绝大多数的城市仅在 2016~2020 年的五年内就实现研发相关企业数量的大幅增长，其中有 8 个城市实现了增幅超过 100%，商丘市的增幅更是超过了 400%（见表 1）。此外，不仅仅是研发相关企业数量的增加，河南各个城市研发相关人员数量也是大幅增加。在过去十年中，河南各个城市通过为研发相关人员提供多重福利待遇吸引人才，效果十分显著。截止到 2020 年底，郑州市、开封市、商丘市、信阳市和驻马店市五个城市研发相关人员数量相较于 2012 年底

---

① 数据来源：《河南省科技概况》，河南省人民政府网，http://www.henan.gov.cn/2011/03-04/633887.html，最后访问日期：2022 年 10 月 11 日。

增长明显。产业通过研发实现创新，而实施研发的主体必然是企业，开展研发的必然是研发相关人员，河南各个城市高新技术、科技型企业数量的增加，以及研发相关人员数量的增加，极大地增强了这些城市产业的研发力量，这些也体现着在过去一段时间内河南各城市在推动产业创新方面的努力。

表1　河南各个城市研发相关企业数量

单位：个，%

城市	研发相关企业数量			2012~2020年研发相关企业数量的增幅
	2012年	2016年	2020年	
郑州市	1871	2541	4979	166.11
开封市	292	642	1370	369.18
洛阳市	717	1417	2353	228.17
平顶山市	288	583	1207	319.10
安阳市	197	667	1016	415.74
鹤壁市	91	332	509	459.34
新乡市	237	802	1936	716.88
焦作市	375	949	1164	210.40
濮阳市	125	560	824	559.20
许昌市	257	943	1951	659.14
漯河市	69	465	700	914.49
三门峡市	450	557	569	26.44
南阳市	617	1228	1957	217.18
商丘市	93	416	2089	2146.24
信阳市	391	574	1724	340.92
周口市	145	593	1845	1172.41
驻马店市	336	656	1625	383.63
济源市/济源示范区	65	185	324	398.46

资料来源：历年《河南统计年鉴》。

（二）产业研发投入不断增加

产业的创新具有风险高、周期长、投入大的特点，开展产业创新离不开大量资金的投入。党的十八大以来，河南全省上下坚持把创新摆在发展的逻辑起点和现代化建设的核心位置，各个城市除了花大力气在培育创新型企业、吸引高端科研人才上面，还千方百计克服困难，努力提升社会研发投入，为产业创新注入强劲的资金动力。数据显示，在2012~2021年的十年间，河南省全社会研发投入实现了历史性突破，从300余亿元增长至逾千亿元，增长超过2倍，且2019~2021年年均增量均在百亿元以上。其中，全省财政科技经费支出从69.6亿元增长至351.2亿元，增长超过300%。从研发经费投向看，产业研发是主要方向，接近900亿元。这部分研发经费也是增长最快的部分，2021年增速为13.2%。[①] 从不同城市来看，2021年，全省研发投入过百亿的城市有两个，分别是郑州市和洛阳市，其中郑州市研发投入达到了310.44亿，洛阳市则接近154亿。2021年，全省有三个城市研发投入强度超过全国平均水平，分别是洛阳市（2.83%）、郑州市（2.45%）和新乡市（2.45%），[②] 全国平均水平为2.44%。从2012~2020年的研发投入增长来看，有10个城市的增幅超过200%，数量超过了全部省辖市的一半，其中驻马店市的研发投入增幅最大，达到了679.2%（见表2）。值得一提的是，洛阳市作为当前河南经济副中心城市之一，研发投入强度连续多年保持全省第一，是河南最重视产业创新的城市之一。研发投入的增长，也从一个侧面说明河南各个城市对产业创新的重视，从政府到企业，全省上下就产业创新形成了空前的共识，那就是"产业不创新，发展没出路"。

表2　河南各个城市研发投入情况

单位：亿元，%

城市	研发投入			2012~2020年研发投入的增幅	2021年研发投入强度
	2012年	2016年	2021年		
郑州市	80.72	141.95	310.44	284.59	2.45
开封市	13.59	19.04	26.1	92.05	1.02
洛阳市	49.38	67.31	153.91	211.68	2.83
平顶山市	18.51	25.31	48.37	161.32	1.80

① 数据来源：《河南统计年鉴2013》和《2021年河南省国民经济和社会发展统计公报》。

② 数据来源：河南各城市2021年国民经济和社会发展统计公报。

续表

城市	研发投入			2012~2020 年研发投入的增幅	2021 年研发投入强度
	2012 年	2016 年	2021 年		
安阳市	12.51	17.48	36.93	195.20	1.52
鹤壁市	1.26	3.72	11.68	826.98	1.10
新乡市	30.78	42.46	79.17	157.21	2.45
焦作市	16.63	30.88	34.01	104.51	1.59
濮阳市	7.7	13.57	19.57	154.16	1.10
许昌市	25.1	41.47	59.8	138.25	1.64
漯河市	4.95	8.84	22.21	348.69	1.29
三门峡市	5.65	8.32	31.36	455.04	1.98
南阳市	18.8	29.42	67.83	260.80	1.56
商丘市	6.84	11.37	31.59	361.84	1.02
信阳市	3.52	7.06	23.47	566.76	0.77
周口市	3.87	7.81	14.85	283.72	0.42
驻马店市	3.99	7.99	31.09	679.20	1.04
济源市/济源示范区	6.97	10.19	15.47	121.95	2.03

资料来源：2013 年、2016 年、2021 年《河南统计年鉴》和河南各城市 2021 年国民经济和社会发展统计公报。

（三）产业创新形式不断丰富

根据当前产业创新理论，产业创新应该包括产品创新和过程创新，产品创新旨在寻找生产某种新产品的技术，而过程创新则是寻找提升生产某种产品效率的方法的过程，前者强调商品本身的变化，后者则强调产品生产技术的重大变革，比如采用新工艺、新设备和新管理办法。两种创新同等重要，都是产业创新的重要方式。在过去相当长的一段时间内，河南城市创新更多的是关注过程创新，但是这种创新对提升产业核心竞争力的作用效果相对较弱。党的十八大以来，河南各个城市将创新提高到前所未有的高度，对创新的重视深入到创新的各个环节和各类形式，由此推动城市产业创新形式不断丰富，企业在产品创新和过程创新方面不断尝试，如推动新产品研发、加速新场景应用、实施工艺创新和营销创新等，均实现了良好的效果，甚至有相当一部分企业同时开展这些不同方面的创新。

（四）产业创新成效不断提升

由于党的十八大以来，河南上下对产业创新高度重视，在研发投入、过程管理等方面真抓实干，奋勇争先，河南产业创新成效不断攀向高峰。根据《2021 年河南省国民经济和社会发展统计公报》数据，2021 年全年河南专利授权量达到 158038 件，其中，有效发明专利 55749 件；省会郑州的全年专利授权量为 62853 件，增长 25.1%。不仅如此，2021 年全年，河南省各城市技术合同总成交额超过 600 亿元，较上年增长接近 60%。其中，郑州市技术合同成交额最高，为 306.5 亿元，洛阳居第二位，为 84.5 亿元，第三位是新乡市，为 36.14 亿元。[①] 企业开展创新活动能否实现实际的创新，是检验产业创新成效的一个关键指标。对河南城市产业创新而言，实现创新的企业长期占据开展创新活动企业的绝大多数，这意味着河南绝大多数城市的产业创新是能够在实践中实现的，实现创新的企业在开展创新活动企业中的比例在 2020 年再次达到新高，为 97.5%。同时，产业创新不能仅仅停留于研发，更重要的是将技术的进步应用于生产和生活实践，产生市场效应。事实上，河南产业创新成效在市场反应上也有较为明显的反映。新产品销售收入往往直接体现着产业创新的质量和效果，近些年，河南各个城市产业创新产品推向市场，受到市场的追捧，新产品销售收入快速提升，仅仅截至2020 年末，河南省新产品销售收入便已经达到了 7907 亿元。

三 河南城市产业创新面临的新形势

当今世界，百年未有之大变局加速演进，新一轮科技革命和产业变革深入发展，正在重构全球创新版图，重塑全球经济结构。综观国内，"两个大

---

① 数据来源：河南各城市 2021 年国民经济和社会发展统计公报。

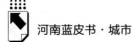

局"交互激荡相互影响，双循环相互促进的新发展格局正在形成，区域竞争态势加剧，从新发展格局、科技创新到未来产业、空间格局发展等，各地机遇性、竞争性、重塑性变革正在加速推进。新发展格局下，区域竞争百舸争流，万马奔腾。

（一）国际形势

放眼全球，不论是国际政治格局还是国际经济体系，都在发生深刻变化和调整。当前，世界经济版图发生的深刻变化前所未有，发达经济体和发展中经济体相对影响力正在发生动态变化，它们在国际产业分工体系中的相对地位和角色正在被重塑。传统发达国家经济增长乏力，新兴经济体和发展中国家成为全球经济发展引擎，在世界经济中占据越来越大的份额。国际体系与世界力量对比的"东升西降""新升老降"的趋势愈发明显。新一轮科技革命和产业变革深入发展，以新一代信息技术为引领，生物技术、新能源技术、新材料技术等多领域技术相互渗透、交叉融合，重大颠覆性创新不时出现。以人工智能、量子信息以及生命科学等为代表的前沿技术呈现多点突破态势，正在形成多种技术群相互支撑、齐头并进的链式变革。全球科技创新版图正在加速重构，以美国为代表的发达国家目前在科技创新上仍处于领先地位，但一些亚洲国家与美国的差距渐渐缩小，世界科技创新中心由欧美向亚太地区转移的趋势分明。

（二）国内形势

当前，中国正在被"两个大局"的交互激荡所影响。中华民族的伟大复兴是国内经济社会持续发展的必然结果，百年未有之大变局是影响伟大复兴的外在因素，"中华民族伟大复兴战略全局"与"世界百年未有之大变局"相互交织、相互激荡、相互影响。面对"两个大局"，中国积极应对，双循环相互促进的新发展格局正在形成。加快形成以国内大循环为主体、国内国际双循环相互促进的新发展格局，是根据我国发展阶段、环境、条件变化做出的战略决策，是事关全局的系统性深层次变革，当前一系列促进经济循环畅通的举措接连落地，各地也在纷纷立足国内大市场积极参与国际市场竞争。"一带一路"倡议持续深入推进，以更高质量推动"一带一路"建设，促进合作共赢，一辆辆中欧班列深度连接中国与"一带一路"沿线国家。不仅如此，我国还在加速培育建设国际消费中心城市，以消费需求为导向，加紧构建高标准现代商贸流通体系，充分挖掘和释放消费潜力。同时，为促进国内经济体系更好地接洽国际，我国自贸试验区、内陆开放型经济试验区、重点开发开放试验区和海南自由贸易港建设如火如荼。

（三）区域形势

当前阶段，我国区域发展态势深刻变化。地区间差距呈现扩大态势，其中，南北经济分化和"南升北降"的态势趋于明显，省域经济发展日益分化，是近年来地区差异扩大的重要形式。国内产业要素日益向增长极集聚，城市群和大都市圈的地位愈发重要，正在成为优质生产要素的汇聚平台和高质量发展的动力源。京津冀、长三角、粤港澳大湾区、成渝"四极"支撑了中国经济增长的"半壁江山"。此外，高速铁路网的建设大大增强了城市群的网络效应，优化了生产要素的流动、集聚和扩散方式，提高了空间资源配置效率。同时，我国区域发展优势正在快速转换，原有的优势可能被替代，原有的劣势也可能转换为优势。各地纷纷把科技自立自强作为跨越式发展的战略支撑，面对不创新就倒退的竞争性态势，各地不断强化创新在现代化建设全局中的核心地位，加速前瞻性谋划布局未来产业，未来产业已经成为"十四五"时期各地抢占发展制高点的重要领域。

（四）科技创新趋势

新一轮科技革命和产业变革正在与我国经济的高质量发展形成新的历史性交汇，需求引领更加明显，对创新驱动的需求更为迫切，科学交叉融合发展不断深入，同时世界范围内的竞争也更加激烈，创新格局正在发生深刻变化。当前，科技创新更加注重原始创新。因为原始创新通过其突破性、超前性和被承认的滞后性带来强"连锁效应"，是新技术和新发明的先导，推动创新者成为未来产业的控制者。同时，科技创新更加注重企业主体，企业作为一种高效的生产组织方式，通过降低市场交易成本和行政管理成本，成为市场经济的主体，同时也是科技创新的主力军，越来越多的企业成为技术创新的决策、投入、组织和转化的主体。科技创新还更加注重深度融合，当前的科学技术正加速突破地域、组织、技术的界限，以开放推动引领创新成为当前的大趋势，人工智能、云计算、大数据等新技术领域均是基础科技与社会变革深入交融的代表。

四 河南城市推动产业创新的弱项与短板

创新没有完成时，只有进行时，产业创新尤其如此。尽管在 2012~2021 年，河南各个城市在推动产业创新方面取得了有目共睹的成绩，纵向比较来看，不论是创新投入、创新过程还是创新成效，都有明显的改善或提升，然而与我国相对发达地区城市横向比较之后，会发现河南的城市创新还有较多的短板和弱项。

首先，相对于全国平均水平，河南城市创业创新投入仍然不足。2021 年，尽管河南省总体研发投入强度相较去年提升了 0.09 个百分点，但依然只有 1.73%，而全国的平均水平是 2.44%，差距还是十分明显的。[①] 河南甚至还有 5 个城市的研发投入强度远低于 1% 或仅略高于 1%（低于 1.10%），这意味着河南一部分城市对产业创新投入的重视程度还亟待提升。

其次，河南城市产业创新缺乏足够的人才支撑。人才是创新的第一要素，是推动产业创新不断取得成绩的中坚力量。然而，除了少数城市的研发人员数量不断提升以外，从 2016 年以来，河南一些城市的研发人员数量却呈现出萎缩的趋势，诸如许昌、焦作、三门峡和南阳等城市的研发人员数量都不同程度地出现了减少的情况。例如，2016 年，许昌研发人员总数为 12985 人，

---

① 数据来源：《2021 年河南省国民经济和社会发展统计公报》。

可到了 2020 年，这一数字就已经降低到了 9675 人。① 这对河南城市产业创新而言，是一个十分不利的信号。人才的流失将使得产业创新更加举步维艰，在竞争激烈的当今社会，这对河南城市提升产业影响力、竞争力十分不利。

再次，河南城市创新能力差距越发明显。目前在产业创新方面，郑州市、洛阳市和新乡市走在全省前列，不论是研发投入、产出还是创新过程，这些城市均与其他城市明显拉开了差距，同时，周口市、信阳市、商丘市、濮阳市和开封市等城市在产业创新方面能力还亟待提升，这些城市突出表现为创新力量薄弱、创新投入不足，这些差距从党的十八大以来并未逐步缩小或收窄，而是从整体上呈现逐步拉大的态势。这对未来提升城市产业链位置、强化产品竞争而言较为不利，是未来亟待解决的问题。

最后，河南城市产业创新的环境还需要进一步优化。省内一些城市对产业创新的认识还有待提高，科学技术是第一生产力的理念需要进一步树立，真正把产业创新摆在城市现代化建设的核心位置。体制机制活力不足的问题也相对突出，河南北部城市，如安阳市、濮阳市，东南部城市商丘市、开封市和周口市，政府鼓励企业创新的机制未能跟上产业发展的需要，政府、企业、高校之间在产业创新上的合作有待加强，形式较为单一，合作各方的风险分担和利益分配机制也尚不健全。作为吸引外部创新力量的关键，相当一部分城市的营商环境也有待改善。

五　系统布局河南加快推进城市产业创新的对策建议

（一）强化企业创新主体地位

企业作为一种高效的生产组织方式，也是科技创新的主力军。企业直面市场需求，这也使得其在推动科技创新过程中最能有效捕捉市场需求和未来的发展趋势。全球 500 强企业贡献着全世界 70% 以上的新技术与新工艺的发

---

① 数据来源：《河南统计年鉴—2017》和《河南统计年鉴—2021》。

明创造。美国和德国的科技研发经费超过 60% 来自企业，日本甚至超过了 70%。河南各城市推进产业创新，首先要将企业研发作为重点，围绕企业的产品创新、模式创新和技术工艺升级进步等进行深耕。一方面，要进一步引聚创新型企业落户，围绕城市核心优势产业、主导产业和未来产业，大力引进在生产链、创新链中占据关键位置、具备自主核心技术的创新型公司落户，郑州、洛阳、南阳等中心城市重点引聚、培育一批大型链长式科技公司或总部落户和成长，焦作、新乡、许昌、平顶山等郑州都市圈中城市应围绕郑州重点产业，以延链补链为主攻方向，大力引聚高精尖中小企业；三门峡、漯河、鹤壁等创新实力相对较弱城市，则需结合自身优势禀赋，不断补全、完善创新企业梯队。另一方面，要加强关键技术的研发攻关，各个城市要推动企业围绕先进制造、新材料、新一代信息技术、生物医药、现代农业、绿色能源等领域突破一批关键核心技术和"卡脖子"技术，郑州、洛阳等实力较强的城市，重点推动企业开展源创性创新，推动新乡、焦作和许昌等城市企业重点开展模式创新、技术升级和工艺革新等。

（二）强化创新多元投入机制

科技创新具有投资大、周期长、风险高的特点。也正因如此，相当一些企业在创新方面的投入上力不从心、捉襟见肘、意愿不强，而且即便是大型科技企业，也希望能够通过引入外部合适的资金力量分散风险，提高资金运转能力。简而言之，足够的资金投入是城市产业创新的关键基础。河南多数城市产业财力相对较弱，当前亟须建立能够有效整合各方力量的多元资金投入机制，强化研发创新的资金支持。一是要建立政府投入稳定增长机制，科技创新方面的政府财政资金投入能够有效引导企业、社会资本资金的追随，产生较强的带动效应，各个城市应重点围绕产业未来发展方向、"卡脖子"技术和国产替代等方向，汇集财政资金进行集中资助，实施企业揭榜挂帅制度和奖励制度，推动企业积极开展创新活动。二是促进企业自身提高研发投入，从河南各城市的研发投入情况来看，除洛阳、郑州、新乡和济源示范区等城市以外，河南大多数城市企业研发投入不足，信阳、周口、驻马店、开封等城市尤其需要进一步提高企业研发投入的动力。三是强化金融体系对产业创新的支持，引导、鼓励金融机构聚焦城市产业发展布局、科技前沿和产业发展方向及规律，加强对科技创新的金融支持，重点围绕科技创新的整个周期和不同产业特征，开展有针对性的金融支持模式创新。四是引导社会资本对科技创新的投入和支持，包括推动企业通过利用我国多层级资本市场、发行企业债券等等方式，有效吸收和利用社会资本。

（三）强化创新人才引进培育

创新的关键是人才，人才是科技创新的第一动力。习近平总书记曾强调"国家科技创新力的根本源泉在于人"[①]，对城市产业创新而言尤为如此。随着我国城镇化的推进、城市发展环境的演变，人才在不同城市之间的流动也呈现明显变化，高端人才越发向一线城市聚集。对河南城市而言，当前一个突出问题便是人才尤其是科技高端人才的缺乏。一方面，在吸引外部人才上还有较长的路要走；另一方面，在现有人才的培育和留用上也有提升的空间。这不是河南某一个城市面临的问题，而是河南城市普遍面临的问题。未来河南城市可通过以下方式强化产业创新人才的引育：一是加大高技能人才的培养力度，不断健全高技能人才培养体系，不断创新高技能人才培养模式，加强急需紧缺高技能人才培养，充分发挥职业学校培养高技能人才的基础性作用；二是不断完善科技人才的适用制度，健全科技人才岗位适用机制，确保"岗适其人，人尽其才"，同时还要不断完善技能要素参与分配的制度、科技人才稳才留才引才的机制；三是建立科技人才多元评价机制，帮助科技人才拓宽人才职业发展通道，健全职业标准体系和人才评价制度，结合不同城市发展实际，积极推行职业技能等级认定制度。

（四）强化创新"五链"交互耦合

随着新一轮科技革命和产业变革的深入推进，产业竞争已经不再是某个

---

① 习近平：《在科学家座谈会上的讲话》，《人民日报》2020年9月12日，第2版。

环节的竞争，而是产业链条和产业生态体系的竞争。河南各个城市想要推动产业创新更好发展，就要加快推进产业链、创新链、供应链、要素链、政策链深度耦合，加快产业基础高级化、产业链现代化。一是以创新驱动产业链生态体系建设。各个城市要以"补链、强链、延链"为重点，引导创新资源向产业链上下游集聚，通过建设新型研发机构、高水平研究院等创新载体，开展核心技术攻关。二是以完备的供应链强化产业链高效循环。突出各个城市领军企业的带动作用，提升中小企业配套供应能力，围绕产业链精准招商、精准布局，推动供应链集群化发展，力争实现"本地生产、本地配套"。三是推动要素链与产业链、创新链的深度融合。不论是产业发展还是创新研发，都离不开人才、资金，乃至土地等关键要素的有效支持，各个城市应该加快构建适应不同阶段企业需求的要素供给体系，促进投融资机构、人才供给机构、政府审批服务与产业发展高效对接，支持具有较强创新能力的企业发展壮大。

（五）强化一流营商环境营造

营商环境与产业创新息息相关，它不但直接影响和决定本地企业运行和创新的效率，还决定着一个城市对外部创新要素吸引力。河南各城市一是要以企业体验提升为优化营商环境的根本标准。一方面要更加深刻地理解企业在全生命周期中遇到哪些来自发展环境方面的痛点、难点和堵点，聚焦企业遇到的实际问题，找到发展环境中的具体根源，进而对症下药，实施优化改革。另一方面，在考察优化营商环境的结果时，要充分考虑企业的反馈，避免"闭门造车"式的评价，要让企业感受到效率的提升和便捷度的提高。二是要以提升政府效率为优化营商环境的主攻方向。一方面要大力推进简政放权，进一步缩减合并重复材料提交、重复证照办理和重复手续审批等行政环节，将非必要行政审批优化为政府备案或登记，稳妥推进简政放权，赋予基层管理者更大的权限；另一方面，要着力推进税费改革，根据情况适当调整税费缴纳比例，加快减轻企业负担，进一步规范企业税费管理，彻底清查违规收费等问题。三是以健全法制体系为优化营商环境的关键法宝，结合社会发展阶段和经济发展规律，制定出台有利于企业发展、激发市场活力的地方性法律法规，确保相关条例规章制度有效执行，为优化营商环境提供扎实的司法保障。

参考文献

刘卿、刘畅：《深刻理解"两个大局"的理论逻辑与外交指导意义》，《国际问题研究》2021 年第 5 期。

张冉燃：《握紧创新通行证》，《瞭望》2021 年第 10 期。

卢子宸、高汉：《"一带一路"科技创新合作促进城市产业升级——基于 PSM-DID 方法的实证研究》，《科技管理研究》2020 年第 5 期。

赵文涛、盛斌：《全球价值链与城市产业结构升级：影响与机制》，《国际贸易问题》2022 年第 2 期。

蔡云楠、黄世鑫、倪红：《创新驱动下城市创新产业单元空间特征及规划策略》，《城市发展研究》2021 年第 1 期。

史进程、王随园：《珠三角城市群"科-产-教"创新融合实证研究——基于灰色关联分析法》，《科技管理研究》2022 年第 9 期。

B.12
河南建设城市创新平台载体研究

文 瑞*

摘　要： 创新是支撑城市发展的新动能，创新平台载体是推动城市现代化
建设的重要支撑力量。河南省第十一次党代会提出，要把创新摆
在发展的逻辑起点、现代化建设的核心位置。总体来看，河南城
市创新平台载体发展近年来实现了量质同升，区域创新合作逐步
加强，但高能级创新平台建设滞后、科技创新投入不足、高端创
新人才团队匮乏等问题依然存在。未来，要加快集聚高端科技创
新资源，优化城市创新平台载体布局，革新创新平台载体管理模
式，以城市全域创新理念为引领，优化城市创新环境，为打造一
流创新生态、建设创新型城市构筑坚实的平台载体支撑。

关键词： 创新平台　创新载体　区域合作

创新是五大发展理念之首，是引领发展的第一动力。创新平台载体是
集聚创新要素、开展创新活动、推动技术进步、支撑产业发展的引擎，是
建设创新型城市的重要支撑力量，具有加速技术更新、实现成果转化、推
动产业升级等重要功能。建好用好创新平台载体，有利于激发我国欠发达
地区、欠发达城市全社会创新潜能和创业活力，有利于培育和催生经济社
会发展的新动能，对于河南各城市实现后发赶超和现代化建设具有重要
意义。

---

* 文瑞，区域经济评论杂志社助理研究员，主要研究方向为区域经济。

一 河南建设城市创新平台载体的现状特征

随着城镇化进程的不断加快，河南各城市对于创新平台载体的建设愈加重视，集聚创新资源、人才，打造创新型城市成为发展的重要目标。区域创新合作不断加强，全社会创新发展的氛围愈发浓厚。

（一）创新平台载体建设获得空前重视

党的十八大以来，河南省围绕创新发展的理念、目标、战略、任务等，进行了体系化、高密度、渐次推进的战略部署，通过发挥政府"指挥棒"作用，一体化设计科技创新政策、法规、规划和改革举措，绘就了建设国家创新高地的"规划图""路线图""施工图"，创新发展的新理念在全社会获得空前重视。一是高位谋划顶层设计。省第十一次党代会提出，要着力建设国家创新高地，打造一流创新生态。围绕这一目标，河南省坚持把创新摆在发展的逻辑起点、现代化建设的核心位置，实施了以创新驱动、科教兴省、人才强省战略为首的"十大战略"，着力推进高能级创新平台建设，提升科技创新体系化能力，全力建设国家创新高地。2022年2月23日，《河南省"十四五"科技创新和一流创新生态建设规划》对外发布，提出建设一流创新平台和高水平建设创新载体两大目标任务，成为河南省建设国家创新高地的行动指南。二是顶格配置全力推进。2021年9月22日，河南省科技创新委员会成立，省委书记楼阳生、省长王凯担任双主任，建立了党政"一把手"顶格配置抓创新的工作机制。重建重振省科学院，嵩山、神农种业、龙门、黄河、中原关键金属、龙湖现代免疫等6家省实验室均由省委书记、省长为其揭牌和聘任相关专业领域的院士担任实验室主任，这种前瞻30年的战略眼光和超常规创新举措，充分体现河南省委、省政府集聚高端创新要素、打造国家创新高地的战略决心和坚定行动。

（二）城市创新平台载体量质齐升

城市创新平台载体是城市创新生态的重要支撑。进入新发展阶段，河南城市创新平台载体在数量规模和质量能级上均有较大提升。一是多层级创新平台载体体系初步构建。从 2011 年建设第一家棉花生物学国家重点实验室实现零的突破，到国家技术转移郑州中心、国家超级计算郑州中心、国家农机装备创新中心、国家生物育种产业创新中心、郑州国家新一代人工智能创新发展试验区等"国字号"平台载体先后落户，① 截至 2022 年 9 月，河南省已经布局建设 16 家国家重点实验室、10 家国家工程技术研究中心、50 家国家工程研究中心、21 家省中试基地、25 家省产业研究院。此外，河南省还标准化地推广"智慧岛"双创载体，省级以上各类孵化载体由 2012 年的 36 家增长至 2021 年的 414 家，增长 10 倍以上，2021 年，国家级高新区达到 8 家，总量位居全国第六，初步形成了包含国家重点实验室、省实验室、省重点实验室以及技术创新中心、产业创新中心、制造业创新中心、中试基地、产业研究院、新型研发机构等的多元化、多层级创新平台载体体系。二是高能级创新平台建设迈出新步伐。河南省主动对接、深度嵌入国家战略科技力量体系，围绕自身重大战略需求，通过省市联动，积极打造高能级创新平台。嵩山实验室、黄河实验室、神农种业实验室、龙门实验室、中原关键金属实验室、龙湖现代免疫实验室等相继挂牌运营。同时，省会郑州大力引进大院名所、充分挖掘本地创新资源建设新型研发机构，努力补齐高端创新资源不足的短板，打造创新发展的新动能。截至 2021 年，郑州成功引进北京理工大学、中科院声学所、中国机械科学研究总院、中电网络通信集团、哈尔滨工业大学等大院名所 14 家，其在郑州备案新型研发机构 58 家，其中省级新型研发机构 47 家，占全省的 37%；中科院计算技术研究所大数据研究院、郑州计量先进技术研究院、郑州轻院产业技术研究院有限公司等 7 家单位获批河南省重大新型研发机构，约占全省的 44%。2021 年新增市级新型研发机构 10 家，总量增至 50 家；新增市级研发平台 133 个，总量达到 3813 个。

（三）区域合作共建创新平台载体逐步加强

随着基础理论研究创新、原始型创新难度的不断增大，区域合作共建创

---

① 柯杨、尹江勇、师喆、黄婷：《无限风光在顶峰》，《河南日报》2022 年 9 月 27 日，第 1 版。

新平台载体成为河南创新型城市建设的新趋势。一是积极对接融入京津冀、粤港澳大湾区等创新策源地。河南各城市牢固树立"抱团"发展理念，深化与周边省份、先进省份区域创新合作，共建科技创新示范带。例如，省内创新主体联合清华大学、上海交通大学、中国科学院等省外高校院所开展项目联合研发，中原鲲鹏生态创新中心、上汽新能源汽车基地、阿里巴巴和海康威视等创新型企业区域总部先后落地河南，中原科技城扩展至郑东新区全域范围，构建形成了全域创新的系统氛围。郑州、洛阳依托郑洛西高质量发展合作带战略部署，积极联动西安，串联起合作带沿线的自创区、高新区、开发区、科技园区以及科研院所等创新平台载体，合作共建 G30 科技创新走廊和郑洛西高质量发展的创新网络。二是省辖市之间的创新合作越发深入广泛。郑州、洛阳、新乡依托郑洛新国家自主创新示范区深入合作，推进实现产业链、供应链、创新链"三链协同"，2022 年，自创区集聚了全省 60%的国家级创新平台、61%的高新技术企业、50%的创新型龙头企业、2/3 的科技型中小企业和 80%以上的国家重点实验室，成为引领全省创新发展的核心增长极。同时，郑开科创走廊、中原科技城、郑许创新创业走廊、郑许创新圈、郑洛平"新三角"区域创新高地建设都在稳步推进中，各地市积极融入省会郑州创新生态布局，十分注重自身优势与省域创新资源的衔接和配合。

（四）区域创新平台载体建设亮点纷呈

一是各地市创新驱动发展意识和目标愈发明确。自 2022 年《河南省"十四五"科技创新和一流创新生态建设规划》对外发布以来，相继有洛阳、南阳、开封、信阳等 10 个地市相应出台了各自市级的"十四五"科技创新和一流创新生态建设专项规划，同时，其他地市对于科技创新均有相关部署谋划，且在"十四五"规划中对于创新平台建设、创新驱动发展进行详细的规划部署，各地市纷纷提出建设创新型城市目标，河南全域创新发展的氛围越发浓厚。二是各地市特色创新平台载体资源优势突出。2021 年，区域副中心城市洛阳拥有省级高新区 4 家、省级农业科技园区 6 家，研发投入强度"十三五"期间增长到 2.82%，2021 年达到 2.83%，2017～2020 年连续 4 年位居全省第一，到 2021 年，联手中科院、清华大学等建成 16 家新型研发机构。2020 年，洛阳在国家创新型城市创新能力排名跃升至全国第 37 位，在中西部地区非省会城市中位居第一。平顶山探索实施的建立"高校院所+技术平台+产业基地"一体式创新链条、围绕特色产业建设炼焦煤资源开发及综合利用国家重点实验室等做法，被国家发改委等部门在全国范围内表彰推广。平顶山 3 个项目进入省一流课题备选项目，占全省总数的近 1/3。濮阳成立了濮阳市科学技术研究院，成为河南省 18 个省辖市中第一家综合性科学技术研究院；2021 年濮阳两家产业研究院纳入河南省科学院重建重振计划，濮阳入选全国首批"科创中国"创新枢纽城市试点市。三门峡与郑州大学共建的中原关键金属实验室实体化运行，成为目前全省除郑州、洛阳以外第 3 个拥有省实验室的省辖市。2022 年河南周口国家农业高新技术产业示范区揭牌，标志着周口成为河南省唯一拥有国家级农业高新技术产业示范区的城市。

二 河南建设城市创新平台载体的现实问题

整体来看，河南城市创新平台载体建设处于快速发展阶段，但也要清醒地认识到，科技创新整体实力不强、创新要素集聚能力薄弱是省辖市显著特征和共性问题，同时，还存在科技创新投入不足，原始创新能力依然薄弱，高层次创新平台、重大科技基础设施较少，创新主体实力不强，高端创新人才团队匮乏，科技成果转化和产业化水平不高，全社会推动科技创新的合力尚未完全形成等突出问题。

（一）高能级创新平台建设滞后

河南省作为典型的内陆城市，在创新发展领域的原始积累比较有限，创新基础、创新环境和创新条件都十分薄弱和落后。以省会郑州为例，2021 年，该市双一流高校仅有 1 所，国家重点实验室仅 6 个，同为国家中心城市的武汉、西安则分别有国家重点实验室 29、23 个；高层次人才中，郑州

2021 年在校研究生数量为 5.76 万人，武汉则高达 18.27 万人，郑州市研究生数量在本专科以上在校生总数中占比仅为 4.33%，远远低于武汉的 14.18%、西安的 16.80%、成都的 10.98%、重庆的 8.85%。2021 年湖北高新技术企业总数达 14560 家，河南仅为 8387 家，数量上呈现出绝对差距。国家实验室尚未布局，国家级重大创新平台、国家大科学装置、世界一流学科、重大前沿课题研究、重大原创性成果等五个领域亟待实现"从 0 到 1"的重大突破，整体呈现出国家级高端创新平台数量少、研发能力弱、自主创新和原始型创新能力不足、颠覆型创新极度缺乏等特征，创新资源数量和集聚能力都较低，高能级创新平台建设十分滞后。

（二）全社会研发投入强度较低

2021 年，全国研发投入强度达 2.44%，而河南仅为 1.73%，同年北京、上海、广东、浙江、山东则分别达到 6.53%、4.21%、3.22%、2.9% 和 2.34%，河南总体研发投入强度低于全国平均水平，和沿海发达省市的差距则更大。在《中国区域创新能力评价报告 2021》对各省份创新能力的综合排名中，河南居第 14 位。创新资源最为集中的省会郑州，在 2021 年中国科技创新百强市排名中仅列全国第 13 位，① 同时，河南省城市研发活动主要集中在优势企业和大型企业，非企业研发投入占比明显偏低。较低的研发投入强度使得创新平台和载体运营资金不足，可持续发展能力受限，直接影响了河南城市创新能力的提升。同时，多数城市创新平台载体是由政府搭台、政府唱戏，市场主体作用发挥较为欠缺，经费来源较为单一，严重影响了创新平台载体规模的发展壮大和支撑作用的有效发挥。

（三）创新平台载体区域差距较大

一是省会城市郑州与其他国家中心城市相比，创新资源和创新能力都存

---

① 张占仓：《河南经济创新驱动高质量发展的战略走势与推进举措》，《区域经济评论》2022 年第 4 期。

在较大差距。与国家中心城市第一梯队的北京、上海、天津、广州相比，郑州的创新发展存在代际差距。与第二梯队的武汉、西安、重庆、成都相比，郑州在一流高校数量、高新技术企业数量、院士人员数量、万人发明专利拥有量等方面均较为落后。由表1可知，截至2021年，在"双一流"高校和学科数量方面，武汉、西安分别拥有7所高校、32个学科，7所高校、18个学科，郑州仅有1所高校、3个学科入选"双一流"。大科学装置方面，2022年，郑州刚刚实现零的突破，武汉从2007年开始布局，现已建成2个大科学装置，郑州大科学装置建设和中部地区合肥已建、在建、预研共11个大科学装置相比更是相差甚远。二是河南18个省辖市之间创新资源分布不均衡。整体来看，河南省优势创新资源和高能级创新平台载体基本都分布于省会郑州，洛阳工业基础十分优秀因此也集聚了部分的高端创新资源，其他省辖市的创新平台载体均呈现出零星分布的低密度状态，省辖市之间创新资源分布极不均衡。同时，郑州市对于创新资源的虹吸效应十分明显，调研中发现，一些初步意向布局在各地市的大项目、大平台，受各种因素影响，很多最终选择了省会郑州，这种单向吸引一定程度上也限制了省辖市创新平台载体的做大做强和集聚发展。

表1 2021年部分国家中心城市科技创新指标对比

单位：%，个

城市	研发投入强度	"双一流"高校、学科数量	大科学装置数量	国家实验室数量	国家重点实验室
郑州	2.31	1所高校、3个学科	1	0	6
武汉	3.46	7所高校、32个学科	2	1	29
西安	5.18	7所高校、18个学科	0	0	23

资料来源：各城市"十四五"规划等资料。

（四）创新平台载体动能未能有效发挥

从创新平台的作用机制来看，实践中还存在创新机制不活，创新平台鼓励创新、促进创新的效能未能得到有效发挥等诸多问题。内陆城市经常缺乏激励创新、包容试错的创新创业环境土壤的问题在河南各城市发展中十分明显。不愿创新、不敢创新、安于现状的发展理念亟待破除，创新创业公共服务体系亟待健全，促进科研创新成果转化的有效体制机制亟待建立，创新平台服务经济社会的体制亟待完善。同时，创新平台、创新载体之间的联动发展十分有限，城市间创新合作机制形式大于内容，竞争意识强于合作意愿，概念口号响于具体措施，平台不落地、载体无支撑、合作无抓手等现象较为普遍。

（五）高层次创新型人才支撑不足

高层次人才是创新平台载体的灵魂和核心。实践中，河南城市创新平台载体尤其是高能级创新载体在紧缺型专业人才、领军人才引进方面面临全国城市"抢人大战"中的激烈竞争，特别是一些原始型创新领域的高级管理人才、专业技术人才、青年人才等，在面临多重选择时普遍倾向于北京、上海、深圳等创新环境更好、创新制度更完善的一线城市，河南各地市引才难、留才更难的现实困境长期以来没有得到真正破解。多数研发机构尤其是高能级创新平台和新型研发机构，普遍面临科研人才匮乏和难以招聘到高层次人才的困境。另外，从已有创新平台实际运营效果来看，虽然新型研发机构数量不断增加，但其中较大比例还停留在挂牌阶段，能够持续性开展长期的全方位、链条式创新服务的数量仍然较少，高层次人才结构不优、人才使用效益偏低等已经成为河南城市创新平台能级提升的瓶颈。

三　河南建设城市创新平台载体的对策研究

河南城市创新平台载体建设要围绕河南重大战略需求，主动对接、深度嵌入国家战略科技力量体系，在高能级创新平台、重大科技基础设施建设等领域实现突破，着力优化城市创新平台载体布局，推进管理模式创新，全力构建河南全域创新的城市环境。

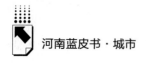

（一）积极布局高端科技创新资源

河南各城市要紧密围绕国家科技自立自强战略实施，主动对接国家科技战略布局，在省会城市、副中心城市加快推进国家重点实验室建设，其他省辖市要重点推进省级实验室的均衡布局，力争在种业、信息技术等领域创建国家实验室或分支平台。加强重大平台支持力度，协调政府各级部门全力支持嵩山、神农种业、黄河等省实验室建设，加快建设步伐，加大资金支持力度，积极打造国家实验室预备军，尽早完成国家实验室在河南的布局。充分发挥国家超级计算郑州中心作用，加快推进"中原之光""空间信息泛在牵引网络工程"等大科学装置建设，依托郑州航空港打造具有重大影响力的区域天地互联枢纽节点，积极布局航空航天领域，有效实现河南产业发展的动能转换和换道领跑。主动加强与科技部、省科技厅衔接合作，积极争取上级政策和资源，争创国家隧道掘进装备技术创新中心，全面提升原始型创新能力，全力打造内陆地区创新策源高地。坚持引进与共建并举，加强与京津冀、长三角、粤港澳大湾区等国内发达地区的科技战略合作，打造中原—长三角科技走廊，主动融入国家"一带一路"科技创新行动，推进建设"创新丝绸之路"。

（二）优化城市创新平台载体布局

优化创新平台载体空间布局，有效整合创新平台载体资源，针对定位不清、多头管理、交叉重复的平台载体设置和管理，深化管理模式改革，建立退出机制，切实提升城市创新平台载体的整体效能。积极构建以郑州为引领、省辖市多点支撑的科技创新网络，提升城市科技创新水平，探索具有河南范式的城市创新平台载体建设路径，大幅提升郑州国家中心城市参与全球竞争和集聚高端资源能力，高质量建设"一区一岛一城一带一廊"（郑洛新国家自主创新示范区、"智慧岛"、中原科技城、中原科技带、沿黄科创走廊），聚焦高精尖产业、企业、行业，打造支撑全省、服务全国的创新策源地。加快推进洛阳、南阳副中心城市和国家创新型城市建设步伐，增强创新资源集聚承载能力。以省辖市"智慧岛"建设全覆盖为切入点，以规上工业企业研发全覆盖为支撑，以提升创新平台载体实际运营绩效为目标，建设创新型城市、创新型县（市）、创新街区、创新社区。完善区域科技创新体系，形成横向错位发展、纵向分工协作的科技创新空间发展新态势。

（三）推进平台载体管理模式创新

按照政府主导、市场化运作的方式建设产学研用协同创新平台，支持高校开展跨学校、跨学科、跨领域、跨国界的产学研协同创新，与企业、科研机构联合建设创新中心和创新平台，加快科技成果转化。推动建立更多的新型研发机构，构建形成拥有现代化管理制度、市场化运行机制、多元化投资主体、灵活用人机制的，更加符合科技创新的时代要求，更加适应科技成果转移转化的市场环境的新型研发机构和平台载体，有效促进科技创新和经济社会发展的深度融合。以省级以上高新区为重点，协同各类开发区，开展自主创新示范区政策复制推广，充分释放改革创新红利，提升区域创新整体水平。完善科技创新平台评价考核体系，探索实施生产总值核算、税收分成制度、经济指标合并统计等区域联动管理模式，进一步突破行政区划对创新发展的限制。

（四）建设协同创新产业体系

建立科技创新共享合作机制，构建大院大所合作对接机制，推进高校、科研院所、科技园区、高新技术企业、高新园区之间的横向和纵向等多层次合作交流，促进城市之间合作共建科技创新服务平台、科技成果转化平台和科技研发生产基地。以省会高层级创新载体例如中原科技城为纽带，一端链接京津冀、粤港澳大湾区、长三角人才、技术等高端创新要素，另一端链接河南各地市产业发展需求，形成空间载体格局合理、创新要素配置高效、产业上下游共生的协同创新机制。构建区域创新联合体，通过创新联合体的协同创新，解决产业链和创新链发展的痛点和难点问题，推动"创新链+产业链""科技链+产业链"的融合发展，支撑构建现代产业体系和区域创新体系。发挥省际、市际联席会议沟通机制作用，开展重大项目、重大课题、重大技术瓶颈联合攻关，共同构建未来城市创新示范区和创新网络。

（五）优化提升城市全域创新环境

要在全省全社会加快形成鼓励创新、包容开放的全域创新环境。建立创新容错机制，鼓励科研人员大胆探索，勇于创新，明确科研人员创新探索中出现失误偏差，未能实现预期目标，但符合国家和本省战略，没有违反法律、法规规定的情况下的责任免除规定。简化复杂的科研报销、考核规定，将科研人员从繁杂的行政管理工作中解放出来，真正专心于科研本职工作。同时，提高科研人员脑力劳动绩效占比，提升科研人员工资待遇，就引进人才的配偶就业、子女入学制定优先保障政策，提供优质高效的科研服务和配套环境。加快形成国际化、自由化、法治化营商环境，制定实施优化营商环境行动方案和"降成本优环境"专项行动计划，对标营商环境评价指标体系，开展营商环境评价试点，倒逼城市营商环境持续改善。着力打造审批最少、流程最优、体制最顺、机制最活、效率最高、服务最好的营商环境知名品牌。鼓励各地、各部门主动融入城市创新环境营造、营商环境优化的大格局，形成主动创新、敢于创新的浓厚氛围，推动河南城市整体创新能力进一步提升。

参考文献

河南省人民政府：《河南省人民政府关于印发河南省"十四五"深化区域合作融入对接国家重大战略规划的通知》，2022年2月16日，https：//www. henan. gov. cn/2022/02-16/2399839. html.

中共河南省委、河南省人民政府：《关于加快构建一流创新生态建设国家创新高地的意见》，《河南日报》2022年1月16日，第4版。

王胜昔、崔志坚、丁艳：《河南：擦亮创新发展新名片》，《光明日报》2022年9月26日，第1版。

胡艳、张安伟：《新发展格局下大科学装置共建共享路径研究》，《区域经济评论》2022年第2期。

楼阳生：《传承弘扬伟大建党精神　在建设现代化新征程上阔步前进》，《学习时报》2021年7月12日，第1版。

河南营造城市一流创新生态研究

彭俊杰 *

摘　要： 我国城镇化进入新的发展阶段，正在由数量型城镇化向质量型城
镇化转型。营造城市一流创新生态，推动城市创新链、产业链、
供应链、要素链、制度链共生耦合，增强城市科技硬实力、经济
创新力，是支撑城镇化高质量发展的重要引擎，也是实施创新驱
动、科教兴省、人才强省战略的应有之义。本报告在分析河南营
造城市一流创新生态面临的国际国内环境的基础上，系统研究河
南营造城市一流创新生态的基础优势、问题挑战，并提出河南营
造一流城市创新生态的对策建议。

关键词： 城市　一流创新生态　河南

城市创新是城镇化高质量发展的动力源和推进器。河南省第十一次党代
会提出，打造一流创新生态，着力建设国家创新高地。打造城市一流创新生
态，推动城市创新链、产业链、供应链、要素链、制度链共生耦合，增强城
市科技硬实力、经济创新力，是支撑城镇化高质量发展的重要引擎，也是实
施创新驱动、科教兴省、人才强省战略的应有之义。本报告在分析河南营造
城市一流创新生态面临的国际国内环境的基础上，系统研究河南营造城市一
流创新生态的基础优势、面临的突出问题，并提出河南打造一流的城市创新
生态的对策建议，对于充分释放城市创新的拉动效应，提高全省城镇化质

---

* 彭俊杰，河南省社会科学院城市与生态文明研究所副研究员，主要研究方向为区域经济、城
市发展。

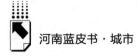
量、充实城镇化底蕴，确保高质量建设现代化河南、高水平实现现代化河南具有重要的理论和现实意义。

一　河南营造城市一流创新生态的环境分析

（一）全球新一轮变革塑造新版图

当前，我们迎来了世界新一轮科技革命和产业变革同我国转变发展方式的历史性交汇期，全球创新版图重构与全球经济结构重塑，为营造城市一流创新生态带来千载难逢的历史机遇。首先，以数字化、智能化、网络化为特征的新技术革命加速推进，制造业服务化、专业化、产业链分工精细化等趋势特征日益凸显，个性化定制和大规模定制逐步占据主流，这种新变化促进全球产业布局和创新竞争格局的深度调整与变革，为河南企业更深入、更广泛地嵌入全球生产网络，加速推动科技创新提供了更多机会。其次，新一代信息技术、高端装备制造、医疗健康、新能源新材料、生物科技等新兴技术体系尚不完善、技术壁垒尚未形成、产业格局尚未固化，需求变化存在较大不确定性，为郑洛新国家自主创新示范区等战略平台集聚高端要素、实现科技创新弯道超车带来全新的机会窗口，尤其为塑造新技术、新模式、新业态和新产业带来强大机遇。最后，制造业数字化、智能化、绿色化将加速传统产业转型升级，为包括河南企业在内的诸多企业利用新科技改造传统产业，实现清洁绿色生产，大幅提高生产效率，提升产品品质和附加值，降低资源消耗和生产成本提供了新方向，也为郑洛新国家自主创新示范区等战略平台精准定位、有效支撑产业转型升级提供了新机遇。

（二）"三步走"战略明确新要求

《国家创新驱动发展战略纲要》明确提出到2050年建成世界科技创新强国的"三步走"战略目标，这就要求我们在现阶段要以补短板强弱项、夯实科技创新基础支撑、营造良好创新环境、提升创新体系整体效能、实现重大领域跨越式发展为重点。在 2020～2035 年，自主创新能力进入世界前列，发展驱动力实现根本转换，科技与经济深度融合、相互促进，产业创新能力显著增强，使创新成为经济社会发展的重要驱动力；2035～2050 年，以实现全面领先发展为重点，建成世界级科学中心和创新策源地。这为河南对标国际一流，营造良好城市创新生态提供了重要方向。对标国家创新驱动"三步走"战略的目标要求和重点任务清单，有助于河南主动融入国家科技创新大盘子，进一步明确城市创新生态营造的目标和方向，深化体制机制改革创新，营造良好的制度环境和政策环境，推动其在促进全省科技创新发展进步上发挥应有的积极作用。

（三）河南高质量发展带来新机遇

当前，中国特色社会主义进入新时代，我国经济发展由高速增长阶段向中低速的高质量发展阶段转变，速度不再是经济发展的首要因素，经济发展更加看重绿色可持续等高质量发展因素，而创新不仅是思维、观念的转变，更是科技、管理制度等多重因素的创新，是河南推进高质量发展的内在要求。在高质量发展下，过去长期依赖资源、环境等地理资源禀赋以及人口规模优势等的粗放式增长，长期处于行业供应链的上游或者中游、产业链的低端或者中低端的产业，已经难以适应时代发展的需要，这其中就需要科技创新、管理创新、体制机制创新等全方位的创新，尤其是建立在自主知识产权基础上的科技创新，它是为产业赋能、提升发展水平的关键。党的十八大以来，以习近平同志为核心的党中央高度重视创新在国家现代化治理体系中的地位与作用，推进高质量发展要比任何时候都需要创新这个领头羊的动力支撑，创新更是当前中国全面建设社会主义现代化国家新征程上重要的支点。

二 河南营造城市一流创新生态的基础优势

（一）平台体系日益完善

河南已经形成工程技术研究中心、重点实验室、产业技术创新平台、国际联合实验室和科技金融服务平台相互支撑、相互促进、相对完善的科技创新平台体系。2021 年，工程技术研究中心建设成效显著，省级工程技术研究中心达到 2882 个，是 2012 年（570 个）的 5.06 倍；重点实验室建设成效显著，省级重点实验室达到 242 个，是 2012 年（89 个）的 2.72 倍；国家重点实验室 16 个（见表 1）；企业技术创新中心建设成效显著，共有省级以上企业技术中心 1315 家，比 2012 年（835 家）增加 480 家，其中国家级 99 家，比 2016 年（59 家）增加 40 家；省级以上工程实验室（工程研究中心）1082 个，是 2012 年（191 个）的 5.66 倍，其中国家级 49 个，比 2012 年（22 个）增加 27 个。科技金融服务平台建设成效显著。截至 2021 年 5 月，已经整合设立中原科创基金、自创区成果转化引导基金、自创区双创基金等 3 支科创类政府投资基金，已累计决策投资 40 余家科技企业。

表 1　河南省国家重点实验室名单

序号	实验室名称	依托单位	项目主管部门	批准文号和批准时间	所属领域
1	盾构及掘进技术国家重点实验室	中铁隧道局集团有限公司	国务院国资委	国科发基〔2010〕718 号, 2010 年 12 月 17 日	制造
2	先进耐火材料国家重点实验室	中钢集团洛阳耐火材料研究院有限公司	河南省科技厅	国科发基〔2010〕718 号, 2010 年 12 月 17 日	材料
3	新型钎焊材料与技术国家重点实验室	郑州机械研究所有限公司	河南省科技厅	国科发基〔2010〕718 号, 2010 年 12 月 17 日	材料
4	浮法玻璃新技术国家重点实验室	蚌埠玻璃工业设计研究院、中国洛阳浮法玻璃集团有限责任公司	安徽省科技厅、河南省科技厅	国科发基〔2010〕718 号, 2010 年 12 月 17 日	材料
5	矿山重型装备国家重点实验室	中信重工机械股份有限公司	河南省科技厅	国科发基〔2010〕718 号, 2010 年 12 月 17 日	制造

续表

序号	实验室名称	依托单位	项目主管部门	批准文号和批准时间	所属领域
6	棉花生物学国家重点实验室	中国农业科学院棉花研究所、河南大学	农业农村部、河南省科技厅	国科发基〔2011〕517号，2011年10月13日	生物
7	车用生物燃料技术国家重点实验室	河南天冠企业集团有限公司	河南省科技厅	国科发基〔2012〕57号，2012年1月20日	能源
8	电子信息系统复杂电磁环境效应国家重点实验室	中国洛阳电子装备试验中心、中国人民解放军国防科技大学电子科学学院	—	国科发基〔2012〕948号，2012年10月9日	信息
9	数学工程与先进计算国家重点实验室	无锡江南计算技术研究所、中国人民解放军战略支援部队信息工程大学	—	国科发基〔2012〕948号，2012年10月9日	数理
10	省部共建小麦玉米作物学国家重点实验室	河南农业大学等	河南省科技厅	国科发基〔2013〕715号，2013年12月19日	生物
11	超硬材料磨具国家重点实验室	郑州磨料磨具磨削研究所有限公司	河南省科技厅	国科发基〔2015〕329号，2015年9月30日	材料
12	拖拉机动力系统国家重点实验室	中国一拖集团有限公司	河南省科技厅	国科发基〔2015〕329号，2015年9月30日	制造
13	炼焦煤资源开发及综合利用国家重点实验室	中国平煤神马能源化工集团有限责任公司	河南省科技厅	国科发基〔2015〕329号，2015年9月30日	能源
14	航空精密轴承国家重点实验室	洛阳LYC轴承有限公司	河南省科技厅	国科发基〔2015〕329号，2015年9月30日	制造
15	省部共建作物逆境适应与改良国家重点实验室	河南大学	河南省科技厅	国科发基〔2019〕370号，2019年10月25日	生物
16	省部共建食管癌防治国家重点实验室	郑州大学	河南省科技厅	国科发基〔2019〕369号，2019年10月25日	医学

资料来源：作者整理。

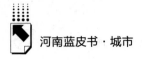

（二）创新实力显著增强

2012~2021年，全省研发经费投入从310.8亿元增加至1018.84亿元，2021年比上年增加117.57亿元，增长13.0%。2021年，研发经费投入强度为1.73%，比上年（1.64%）提高了0.09个百分点；技术合同成交额达到608.89亿，增长58.36%，是全国平均增速的1.82倍；高新技术产业增加值占规上工业增加值比重为47%。其中，汉威电子建设国内首家国家级传感器专业化众创空间，以"双创"促发展，汉威集团保持了年营收30%以上的增长，由最初的传感器零部件制造商，逐渐发展成为硬件、软件、服务相结合的传感器行业应用综合解决方案及数据服务商。2021年，全省技术合同成交额首次突破600亿元，2019~2021年年均增速61.3%，远超全国平均增速；高新技术企业从2012年的不到800家发展到2021年的8387家，增长约10倍；科技型中小企业从2012年的300余家发展到2021年的15145家，总量居中西部地区首位。

（三）支撑力实现新提升

省委成立省科技创新委员会，主任由省委书记、省长担任，负责河南国家创新高地和一流创新生态建设重大工作的统筹协调、整体推进、督促落实。科技体制改革持续深化，政策保障逐步完善，出台《关于加快构建一流创新生态建设国家创新高地的意见》《河南省"十四五"科技创新和一流创新生态建设规划》《实施创新驱动、科教兴省、人才强省战略工作方案》等一系列重大科技创新政策。创新创业蓬勃发展，2021年，共有国家级大学科技园、科技企业孵化器等创新创业孵化载体113家。开放合作不断加强，与世界上50多个国家建立了科技合作关系，成功举办两届中国·河南开放创新暨跨国技术转移大会。支撑产业转型升级实现新提升。培育壮大了一批具有核心竞争力的产业，盾构、新能源客车、耐火材料、超硬材料等四类产业的技术水平和市场占有率均居全国首位，主要农作物育种、畜禽疫病检测、生物疫苗、冷链物流、体外诊断试剂等领域创新水平位居全国前列。

三 河南营造城市一流创新生态的问题挑战

（一）创新平台主体结构不协调

一是平台的部门分布不协调。全省重点实验室、工程技术研究中心、工程实验室等创新平台主要分布在高校和科研院所，企业拥有的反而不多，这与企业的创新主体地位不相称。二是平台的规模等级不协调。由于缺乏科学规划、投入分散，相当一部分城市的创新平台建设量多面广规模小，与区域和产业特色的契合度不够，优势不突出。极度缺少能够促进高端要素集聚、对产业升级及区域经济高质量发展有重大推动作用的高水平高等级创新平台，特别是国家级的科技创新平台。三是平台职能发挥不协调。高校和科研院所建立的创新平台，研究往往重视技术价值、忽略市场定位，科技成果的产业成熟度不高、转化应用效率偏低；部分企业的创新平台也存在定位不准、职能偏移的现象，如个别企业的工程技术研究中心主要用于开展产品质量检测检验，没有发挥平台在攻克关键技术、提升产品性能上的作用。

（二）创新资源布局不均衡

一是空间配置不均衡。受资源禀赋和发展基底以及郑洛新国家自主创新示范区建设等国家战略空间布局的影响，河南创新平台建设主要集中在郑州及洛阳、新乡、焦作等城市，其他城市尤其是豫东豫南的传统农业城市，无论是拥有的平台数量还是规模等级，都难以望其项背，这在一定程度上加剧了区域创新能力发展的不平衡。二是产业覆盖不合理。部分创新平台的建设，与区域产业转型升级的实际需求不相适应。如一些产业类型拥有的创新平台数量较多，但分工定位模糊，属于功能相似、特色不明显的低水平重复性建设，而部分主导产业和战略性新兴产业的发展，却缺少强有力的创新平台支撑。

（三）产业转化率不高

一是平台研究与产业需求不对接。由于缺乏科学的顶层设计，一些高校、科研院所创新平台的研究活动不能很好地契合当地产业发展的实际需求，创新链与产业链未能很好地融合，导致科技创新活动空洞化、科技成果孤岛化碎片化，造成创新资源的分散、低效利用和浪费，进而会影响科技创新平台的健康持续发展。二是平台成果产业化步伐放缓。受全球经济格局深度调整及国内经济下行等因素的影响，企业的创新成果转化风险加倍。考虑到市场前景的不确定性，一些企业趋于守成，在加大对创新平台投入、加速新技术研发、推动成果产业化应用等方面的步伐有所放缓，创新平台产生的成果对产业、对经济社会的贡献率不高。特别是中小企业在2020年上半年受新冠肺炎疫情冲击，资金链和供应链趋于紧张，短期内关注点放在企业的存活上，各项创新活动有所延滞。

（四）产学研对接不畅

一是对接合作机制不健全。一方面，企业、高校、科研院所等各类创新主体的运行机制和评价机制各异，合作动力不足、合作机制不健全。另一方面，部分产学研平台存在政府、学校、企业之间对接信息传递不顺畅、周期长的问题，造成创新资源的分散、交叉、重复，影响合作的深度和广度。二是保障机制不完善。目前，河南部分产学研平台缺少健全的科研成果转化价值评估体系、风险分担和利益共享机制以及完善的专利运营平台和中介服务机构，造成技术成果与企业需求的对接渠道不通畅，未能充分挖掘和发挥平台研发成果的市场化、产业化价值。三是研究动力欠缺。个别产学研结合是以争取政府项目、补贴为目的的，对行业共性和关键技术的攻关能力不强，没有形成合力和规模性影响，也缺乏创新成果产业化的促进机制。

四　河南营造城市一流创新生态的对策建议

（一）大力集聚高端创新人才

坚持引育并举，人才政策更加积极高效，人才管理制度更加宽松灵活，这样才能激发人才的创新创造活力，让各类人才近者悦而尽才、远者望风而慕。一是加大高端人才引进力度。通过"智汇郑州"等重大人才工程，面向海内外引进一批活跃在国际学术最前沿和国家重大战略需求领域的一流科学家和学科领军人才。加大对入选"青年千人计划"等的优秀青年科技人才的引进力度，打造高水平的青年人才队伍。根据优势学科布局和河南产业技术发展需要，在智能制造、信息技术等优势产业领域和新型显示、基因工程、增材制造、无人机等新兴产业领域，加大创新科研团队的引进力度。二是加强创新人才培养，以"中原学者"培养计划为抓手，加强学术带头人培养，完善学科与领域带头人选拔与激励机制。加强青年科研人才和科研后备力量建设。探索完善基于重点科技创新平台的校企联合培养研究生模式，建立和完善博士后科研流动站、博士后创新实践基地，积极参与国际合作联合实验室计划、省博士后国际交流计划，培养国际化研究生人才。鼓励科技创新平台选派优秀青年科研骨干赴国外一流实验室留学深造、开展合作研究。加强校企合作，创新校企联合办学、共同培养模式，重点围绕学生的兴趣爱好以及创新创造思维来推动理论与实践的有机结合。三是完善人才激励机制。建立和完善人才分类评价体系，突出中长期目标导向，注重研究质量、原创价值和实际贡献，对从事科技成果转化、应用开发和基础研究的人员分类制定评价标准，强化实践能力评价，调整不恰当的论文要求。进一步推进科研人员薪酬制度改革，针对从事基础研究的科研人员实行稳定的工资制度，并建立合理的工资增长机制；针对从事应用技术研发的科研人员，加大科研人员科研成果转化收益的分配力度；针对从事科技服务的专业技术人员，引入市场评价的分配方式。落实省级财政资金管理等政策，进一步完善绩效工资改革，切实提高科研人员待遇。针对高层次人才探索建立协议工资制、项目工资制等多种收入分配形式。

（二）开放共享创新资源利用

积极推动协同创新，提高资源优化配置水平，全面提升科技资源的共享程度与利用效率，充分发挥科创平台在科技创新中的支撑作用。一是深入推进协同创新。鼓励高水平科技创新平台发起和牵头实施国际科技合作计划，拓宽交流渠道，积极与省内外、国内外的著名科研组织共同承担科研任务。引导和支持郑洛新示范区的重点科技创新平台优势资源向其他地市特色优势产业和高新技术产业辐射，通过产学研结合开展行业关键共性技术研究。支持各平台参与组建技术创新联盟，提升支撑引领产业转型升级的能力。支持企业出题出资，委托实验室等科技创新平台围绕产业发展需要，从应用需求中提炼科学问题，主动开发和储备原创技术。支持各科技创新平台和企业联合开展基础研究。二是加强重大资源开放共享。完善科技资源开放共享管理体系，通过使用"创新券"等工具与"后补助""以奖代补"等措施，建立科技资源开放共享的激励引导机制，支持各科技创新平台对外提供有偿开放共享服务，鼓励和支持非涉密和无特殊规定限制的科技资源向全社会开放和与全社会共享，全面推进河南大型科学仪器共享服务。鼓励企业研发机构依托政府搭建的科技服务平台，通过"政府购买"或"服务委托"等方式对外开放，服务中小企业。三是加强科技交流合作。实施跨类型、跨学科、跨机构、跨区域的深度开放与交流合作，广泛吸引国外科研院所参与相关科学研究和科技创新平台建设。全面深化双边、多边科技合作，创新产学研合作模式，强化与产业部门之间在产业需求、成果应用、市场推广等方面的交流与合作。鼓励有条件的科技创新平台通过举办高规格的研讨会、技术交流展等多种方式，吸引和聚集世界一流科学家互访互问，形成百花齐放、百家争鸣的学术氛围。

（三）深化自贸区、自创区"双自联动"

自贸区和自主创新示范区（简称"自创区"）都以体制机制创新为主要任务，自创区建设引领创新发展，自贸区建设则拓展了自创区对外开放的深度。要抓住国家自创区和自贸区两大政策机遇，将河南自贸区建设与郑洛新国家自主创新示范区建设有机结合，推进"双自联动"发展，释放"双区叠加"效应。主动对接国家"一带一路"倡议，中部崛起、黄河流域生态保护和高质量发展战略，打造国际化循环、全球化配置的创新生态系统，加快构建现代创新体系、现代开放体系，全面提升全球高端创新资源配置能力，让自创区和自贸区真正成为改革开放的合力和创新转型的红利，持续增强自创区创新开放的动力和活力。一是以自贸区的开放理念推动自主创新示范区建设。推动自贸区与自主创新示范区的联动发展，以实现与国际高端创新资源对接合作为主线，以国际科技人文交流、共建联合实验室、加强科技园区合作、推进跨国技术转移为主要手段，深化与发达国家和地区、"一带一路"沿线地区的科技合作。充分利用国内国际"两个市场、两种资源"，促进科技、金融、贸易、产业的多维度融合，推动人才、资本、技术、知识的多要素联动，形成"全方位、多层次、广领域、高水平"的科技开放合作局面，加快促进科技创新资源集聚，构建互利共赢、共同发展的国际科技创新合作新格局，充分发挥两大国家战略"双自联动""双区叠加"的叠加效应。二是以自贸区的制度创新推动自主创新示范区的科技创新活动。在建设自主创新示范区过程中践行自贸区的改革创新理念，正确处理好政府与市场的关系，最大限度地解放和激发科技作为第一生产力所蕴藏的巨大潜能。发挥"双自"联动效应，形成自贸区的投资贸易便利政策与自主创新示范区的科技创新功能的深度融合，以开放的体制和机制促进郑洛新国家自主创新示范区成为高度开放、与国际接轨的科创高地。

参考文献

张宵、葛玉辉：《创新生态系统视域下高新技术产业创新效率评价及影响因素——基于 DEA-Tobit 模型的实证研究》，《科学与管理》2022 年 9 月 30 日网络首发，http：//kns. cnki. net/kcms/detail/37. 1020. G3. 20220928. 1202. 004. html。

马丽、龚忠杰、许堞：《粤港澳大湾区产业创新与产业优势融合的时空演化格局》，《地理科学进展》2022 年第 9 期。

杨博全、古安伟、苏钧驿：《数字经济下吉林省创新生态系统的构建策略研究》，《商展经济》2022 年第 16 期。

张占仓：《河南经济创新驱动高质量发展的战略走势与推进举措》，《区域经济评论》2022 年第 4 期。

谷建全、彭俊杰：《高质量发展背景下国家自主创新示范区体制机制创新问题研究》，《中州学刊》2020 年第 10 期。

B.14
河南城市吸引汇聚青年人才研究

齐　爽*

摘　要： 青年最具创新潜力，青年人才是人才队伍中的重要组成部分，是
推动城市发展的生力军，承载城市各类事业发展的未来和希望。
近年来，河南城市在吸引汇聚青年人才方面出了很多大招、实
招，青年人才队伍建设势头正猛。但总体来看，河南城市在吸引
汇聚青年人才方面还存在培育提升通道支撑不足、选拔任用灵活
程度欠缺、激励评价机制不够完备、人才流动渠道不够畅通等问
题。未来，河南城市吸引汇聚青年人才可以从加快构建青年人才
培育体系、优化创新青年人才引进体系、健全完善青年人才评价
体系、优化提升青年人才工作环境、完善创新青年人才激励机制
等五方面入手，真正凝聚推动城市发展的中坚力量，实现城市的
更高质量、更可持续发展，汇聚建设现代化河南的磅礴力量。

关键词： 青年人才　吸引人才　人才激励　河南

青年是社会发展的主要推动力，是社会中最具活力和朝气的群体；青年
人才是实施科技兴国战略和人才强国战略的重要支撑，是城市繁荣发展的坚
实后盾。习近平总书记在中央人才工作会议上强调：“要造就规模宏大的青
年科技人才队伍，把培育国家战略人才力量的政策重心放在青年科技人才
上，支持青年人才挑大梁、当主角。”当今世界正处在经济全球化、政治多

＊ 齐爽，河南省社会科学院改革开放与国际经济研究所助理研究员。

极化、文化多元化等多种因素叠加的背景之下，新时代国际形势复杂多变，河南经济社会发展也处在标兵渐远、追兵渐近的危机当中。未来，河南城市如何吸引汇聚青年人才，如何在经济社会发展中凝聚澎湃的青春力量，如何厚培青年人才成长的沃土，如何激发青年人才蕴含的巨大创新潜力，如何让青年人才在更多岗位上挑大梁、当主角，如何在吸引汇聚青年人才的过程中形成推动河南城市发展的磅礴力量，意义重大、影响深远。

一 相关概念界定

研究城市如何吸引和汇聚青年人才，首先要对"青年人才"这一概念进行界定，以便为后续研究明晰方向、提供支撑。

（一）对青年的界定

随着经济、社会、政治等环境的变化，根据不同的划分依据和方法，世界不同组织对青年人员的划分标准不尽相同。例如，世界卫生组织认为青年年龄阶段是 15~44 周岁；联合国教科文组织认为青年年龄阶段是 16~45 周岁；青年联合会认为青年年龄阶段是 18~44 周岁。2017 年，中共中央、国务院出台了《中长期青年发展规划（2016—2025 年）》，规划中所指青年的年龄范围是 14~35 周岁。进一步地，在《河南统计年鉴》每年分年龄、性别的人口结构统计数据中，划分区间以 5 年为一阶段，从 15 周岁开始到 44 周岁可以分为 15~19 周岁、20~24 周岁、25~29 周岁、30~34 周岁、35~39 周岁、40~44 周岁六个阶段。

综上分析，基于数据的可获得性和易分析对比性，本报告依据世界卫生组织对青年人员的划分标准，结合国家《中长期青年发展规划（2016—2025 年）》和河南省高层次人才特殊称号及自然、社会科学基金青年项目等申报人的年龄条件，将 15~34 周岁的人员纳入标准青年人员范围，35~44 周岁的人员纳入拓展青年人员范围。

（二）对人才的界定

人才是经济社会发展的第一资源，是指具备良好人品，具有一定专业知

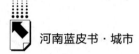

识或专业技能，在某个或某些领域有一定特长，能够较好地进行创造性劳动，并能够对社会做出贡献的人，是个人能力和综合素质都较高的劳动者，是在各行各业里的领军人物。根据不同的划分标准，人才也可以分为不同的类型。通常情况下，按照国际惯例，人才普遍可以分为学术型人才、工程型人才、技术型人才、技能型人才等四大类。此外，按照级别划分，人才还可以分为初级人才、中级人才、高级人才等；按照年龄阶段，人才还可以分为中青年人才、中老年人才、离退休人才等。

（三）对青年人才的界定

综上所述，本报告所指的青年人才是指年龄为15~44周岁，具备大学专科及以上学历，德才兼备，具有良好人品和创造能力，在某个或某些领域具备较高专业知识和技能水平的高素质人员。

二　河南城市青年人才发展现状

河南作为全国人口大省，2021年常住人口数量为9883万人，居全国第三位，较2020年末减少58万人；其中，每10万人中拥有大学（指大专及以上）文化程度的人数为12244人，较2020年增长4.26%。近年来，河南深入推进创新驱动、科教兴省、人才强省战略，截至2021年底，河南全省人才资源总数达到1201.23万人，较十年前增加了170万人，增长率达到27.7%。本部分将从不同视角出发，对河南青年人口和青年人才发展情况进行简要分析和说明。

（一）河南青年常住人口发展情况

相关统计数据显示，2016~2020年，河南省常住人口数量呈逐年稳步递增态势；15~44周岁常住人口数量则总体呈现下降趋势，由2016年的3969.9万人下降到2020年的3668.2万人，降幅达到7.6%；15~34周岁常住人口数量也总体呈现下降趋势，由2016年的2640.1万人下降到2020

年的 2525 万人，降幅达到 4.4%，详见表 1。此外，2016~2020 年，15~44 周岁常住人口占全省常住人口比重也呈现下降态势，由 2016 年占比 40.6%下降到 2020 年占比 36.9%，下降了近 4 个百分点；15~34 周岁常住人口占全省常住人口比重也呈现下降态势，由 2016 年占比 27%下降到 2020 年占比 25.4%，下降了 1.6 个百分点。由此可以看出，2016~2020 年，河南的青年常住人口数量呈现下降态势，这在一定程度上体现出河南青年人口数量存量不足，未来将会对河南青年人才队伍的发展壮大产生相关影响。

表 1　2016~2020 年河南省全省常住人口及青年常住人口情况

单位：万人，%

	2016 年	2017 年	2018 年	2019 年	2020 年
全省常住人口	9778	9829	9864	9901	9941
15~44 周岁常住人口	3969.9	3803.8	3847	3851.5	3668.2
15~34 周岁常住人口	2640.1	2565.4	2623.8	2663.4	2525
15~44 周岁常住人口占全省常住人口比重	40.6	38.7	39	38.9	36.9
15~34 周岁常住人口占全省常住人口比重	27	26.1	26.6	26.9	25.4

资料来源：作者根据 2017~2021 年《河南统计年鉴》自行整理所得。

（二）河南科学研究与试验发展（R&D）中青年人员数量情况

统计数据显示，2017~2020 年，河南参与 R&D 活动的博士毕业生、硕士毕业生、本科毕业生数量均在 2018 年出现小幅度下滑后，呈现上升趋势。2020 年，河南参与 R&D 活动的高等院校毕业生总数达到 181467 人，其中博士毕业生人数达到 13950 人，硕士毕业生人数达到 37857 人，本科毕业生人数达到 129660 人，详见表 2。河南参与 R&D 活动的博士毕业生、硕士毕业生、本科毕业生数量同比增长最明显的是 2019 年，2020 年的河南参与 R&D 活动的博士毕业生、硕士毕业生、本科毕业生数量同比增长均不显著。进一步地，2017~2020 年，河南参与 R&D 活动的高等院校毕业生人数占当年 R&D 活动人员数量的比重分别为 58.07%、57.08%、58.54%、59.58%，占比虽有提升，但增幅并不大，可见河南参与 R&D 活动的中青年动力源还存在一定程度的欠缺，对中青年尤其是刚毕业的高等专业人才的各类激励措施和保障机制有待进一步完善。

表 2　2017~2020 年河南参与 R&D 活动高等院校毕业生数量情况

单位：人

年份	博士毕业生	硕士毕业生	本科毕业生	毕业生总数
2017	10185	32467	112063	154715
2018	10161	32440	103616	146217
2019	12985	35778	124731	173494
2020	13950	37857	129660	181467

资料来源：2018~2021 年《河南统计年鉴》。

（三）河南青年人才发展情况概述

近年来，河南通过制定出台《关于加快建设全国重要人才中心的实施方案》，大力实施“1+20”一揽子人才引进政策，大力实施顶尖人才突破行动、领军人才集聚行动、青年人才倍增行动、潜力人才筑基行动、创新平台赋能行动、人才创业扶持行动、人才生态优化行动、人才工作聚力行动等人才强省“八大行动”。此外，针对青年人才，河南坚持引育并举，下大力培育、用好本土青年人才，通过大力实施“中原英才计划”，汇聚中原青年拔尖人才，积极构建引才育才相衔接的高层次创新创业青年人才开发体系。

2018~2021 年，河南落地人才合作项目共计 2289 个，签约各类人才 20 余万人，其中，硕士、博士及副高以上职称人才共计 9.4 万人。截至 2020 年末，河南全省共有全国杰出专业技术人才 6 人，百千万人才工程国家级人选 107 人，国家有突出贡献中青年专家 136 人，享受国务院特殊津贴专家 2820 人，省杰出专业技术人才 89 人，享受省政府特殊津贴专家 600 人，中原基础研究领军人才 32 人，省学术技术人员 2230 人，省职业教育教学专家

438 人，省特聘研究员 23 人，2020 年全年认定高层次人才 2267 人。到 2019 年 9 月，全国 1600 多名院士，在河南工作的只有 26 人，河南每万人中专业技术人才数量为 502 人，低于全国平均水平。2021 年以来，河南共引进"两院"院士、国家级领军人才等顶尖人才 220 余人，海内外博士 4200 余人。仅在 2022 年上半年，河南就引进"两院"院士、"长江学者"、国家杰出青年基金获得者等高层次人才 62 人，海内外博士 1500 余人。

（四）河南城市吸引汇聚青年人才的典型案例

以郑州为例，近年来，郑州围绕建设全国青年发展型试点城市，全力打造"活力郑州 青春郑州"，设立青年创新创业基金 100 亿元，高标准建设两个 10 平方千米的青年创新创业园区，规划建设人才公寓 40 万套（间），全面推动实施青年人员创新创业行动。截至 2022 年 8 月底，郑州征集储备青年人才就业岗位 33.3 万个，成功吸引签约了 17.4 万名青年人才在郑州就业、创业。此外，2022 年，郑州大力引进各大知名院所、高校科研机构、高科技头部企业研发机构等，带动集聚了一大批领军人才和高质量的创新团队，签约重点项目超过 160 个。与此同时，郑州更是计划通过建设人才公寓、实施人才奖励措施、打造城市综合体等方式，5 年引进 100 万青年人才。

以洛阳为例，为吸引更多青年人才到洛阳就业创业，自 2021 年下半年以来，洛阳通过制定支持青年人才就业创业的"1+22"一揽子引才政策措施，大力实施产业平台聚才、青年就业创业、青年安居保障、社交消费赋能、城市活力提升等五大工程，探索推行使用"河洛英才卡"，出台《洛阳市支持青年人才就业创业若干举措》，全力打造青年友好型城市。洛阳的"清洛基地"更是通过几年的发展，成功吸引集聚了一批人才，进而形成了 200 余人的高层次青年人才队伍，硕士生、博士生占比之和接近一半，平均年龄 33.4 岁。此外，洛阳还为留住青年人才，围绕青年消费特点，打造"15 分钟休闲圈"，推动形成了一大批时尚潮流消费街区和丰富多彩的活动场所，不断释放城市温度，让青年爱上一座城市。

以平顶山为例，为吸引青年人才、营造良好创新创业环境，平顶山通过

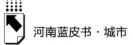

制定出台《鹰城英才集聚工程实施方案》《关于全面推进"鹰城英才计划"加快创新驱动发展的实施意见》等具有较强针对性和较高含金量的政策措施，形成了以"人才新政31条"为统领、"鹰城英才计划"六大工程为抓手、N个配套方案为支撑的"1+6+N"政策体系。

以鹤壁为例，鹤壁推出"兴鹤聚才"三年行动计划，通过建立市本级人才驿站，探索"事业编，企业用"新路径，有效打破了人才在企业单位与事业单位之间流动的藩篱。

以濮阳为例，近年来，濮阳通过深化人才"引育用服"体制机制改革，积极打造创新开放高地和人才强市，出台了"1+14"人才政策升级版，并将每年的9月27日设为"濮阳人才日"，将每年9月的最后一周设为"濮阳人才周"，加快创建一流人才发展环境。

三 河南城市吸引汇聚青年人才的问题

总体来看，河南城市的人才基数和人才层次有待进一步提高，城市在吸引汇聚青年人才方面还存在培育提升通道支撑不足、选拔任用灵活程度欠缺、激励评价机制不够完备、人才流动渠道不够畅通等问题。

（一）培育提升通道支撑不足

首先，青年人才在工作之余"充电"提升的机会不多，这主要体现在大多数用人单位提供不了足够的学习时间或资金支持。目前，针对青年人才的免费培训机会少之又少，大部分学习需要青年人才自己支付较为高昂的培训费用，造成过大的经济压力，限制了青年人才的进一步发展。其次，青年人才成长需要在人脉资源、技术成果、学术成果、工作经验等方面有较多的积累，尤其是对青年科研人员来说，需要大项目的锻炼，但是由于其职称的限制、经验的相对缺乏，加之不少大项目名额有限，为提高中标率，单位往往会推荐资历老、实力强、经验丰富的中青年人才和专家，虽然青年人才可以在其中有所参与，但是其突出科研成果较少，对评审各环节的参与度也不高，真正获得的课题成效并不显著。最后，多数单位存在忽视青年人才成长规律，对青年人才重引进轻培养的问题，没有在人才成长的不同阶段制定具有针对性的培养措施。

（二）选拔任用灵活程度欠缺

近年来，虽然河南在人才任用方面日趋合理，青年人才数量有所增加，但是在人尽其才方面还存在一定问题。首先，在机关事业单位和大多数企业里，用人制度的不灵活，致使青年人才大多处于职务体系的中低层位置，缺乏更多的发展机会和锻炼机会，在工作中不能够担起主要的任务和责任。其次，河南多数高校和研究机构的薪酬与职称挂钩，但职称名额有限且人员流动性较差，加之考核、任用选拔机制不健全，人才"帽子"、论文、项目等评价指标过于单一、不灵活，导致评审很难起到正面引导作用，且加剧了竞争，选拔任用机制的不合理倒逼了青年人才将研究功利化、套路化、重复化，出现很多投机取巧、追求数量不顾质量的现象，甚至有些青年人才不得不加入一些评审负责人的团队，抛弃兴趣爱好和专长而做一些依附性的工作，极其不利于青年人才的身心健康和全面发展。

（三）激励评价机制不够完备

首先，普遍来看，河南青年人才的收入待遇还比较低，尤其是在新一线城市郑州，大多数青年人才的收入都不足以有效缓解巨大的购房压力、还贷压力和生活压力，不足以支撑其在工作之余更好地享受生活、放松身心，从而致使很多优秀的青年人才迫于生活和发展需要而流失。此外，薪酬内部差距较大，60岁以上的教授、研究员与30~40岁的青年教师、助理研究员的收入差距较大，存在一定程度的付出劳动与收入不成正比的情况。其次，在青年人才评价标准上存在不合理因素，致使很多青年人才迫于生存和生活压力把精力过多地投入到职称评审和项目申报与考核当中，且这些评审和考核太注重评审考核结果的可视性，过分注重填表、展示、答辩、专家评议等环节，从而忽视了成果蕴含的社会价值和青年人才的创新性与科研潜力等，评价机制单一、考核程序过于烦琐，没有做到针对不同专业、学科特色和项目类型科学分类、分层次考核，考核的科学性不够。最后，在不少领域，还存在很多青年科研人员和技术人员挑大梁、当主角的机会少，科研资源分配不当，青年人才成长、晋升通道窄等情况，青年人才经世致用的家国和大局情怀不能得到充分展现，研究和工作的纯粹性和价值感不足。

（四）人才流动渠道不够畅通

人才市场建设不够成熟，人才的流动性较差，青年人才在城乡、部门、行业、体制等各方面的流动存在障碍，尤其是人员流动中牵扯到的各类组织关系、职称待遇等，不能够实现高效率的同步转化，人才市场机制建设无法满足青年人才实现自身最大价值的需求，有待进一步加强。以政府事业单位重塑性改革为例，重塑性改革分流出了一大批青年人才，这些青年人才在名义上实现了工作调动和调整，但是工资待遇、职务职称兑现等还存在一定的滞后，需要进一步健全人才市场的相关政策，重塑性改革的各类后期保障工作还需要进一步完善、加强，使青年人才真正早日实现"身、心"的同步转换，早日安心、高效地投入新的工作当中。

四 河南城市吸引汇聚青年人才的对策建议

青年时期是工作的黄金时期，青年人员精力旺盛，具备较强的创新活力，对新事物的接受度高，对变化感知更为敏锐，而青年人才往往能够做出更具创造性的成果，蕴含着巨大潜力，是城市发展的希望。未来，河南城市吸引汇聚青年人才可以从加快构建青年人才培育体系、优化创新青年人才引进体系、健全完善青年人才评价体系、优化提升青年人才工作环境、完善创新青年人才激励机制等五方面入手。

（一）加快构建青年人才培育体系

首先，河南城市应持续加大对高等院校及科研院所的投入力度，鼓励相关高校与国内外知名大学合作，在城市所在地设立分校，提升办学水平和质量；与国内外相关机构合作，政府、高校、企业等共同发力，建设多主体、多维度的青年人才培养联盟，联合培养各类高端复合型人才，试行"人才+产业""人才+课题"等培养开发模式，积极开展国际人才管理改革试点。其次，河南城市应积极发展职业教育，加大对职业教育的资金投入力度，鼓励民间资本投向职业技术院校，为外向型企业培养符合实际需要的产业工人。最后，创新优化并严格落实"传帮带"制度，鼓励支持受邀参加各类高级别调研、考察活动的专家、学者自带一名青年人员随行，使青年人才可以更好地了解一线情况，在前辈的帮扶下真正做到理论和实践相结合，促进青年人才的成长。分行业、分部门、分专业开展"专家带教促成长"活动，通过一些平台的搭建和定期举办名师大讲堂、青年人才骨干培训班、实践训练营等行动，让青年人才获取更多的专家、师傅手把手现场帮扶、解惑、指导的机会。探索建立副高以上职称人员帮扶机制，鼓励副高以上职称人员利用积累的经验与资源，培育新一代的年轻才俊，做到研究不断代、技术不断代。

（二）优化创新青年人才引进体系

首先，突出城市的整体政策导向，放大人才引进政策的叠加效应。以住房优惠政策为抓手，推行梯度租房补贴政策，进一步做好房价调控引导工作，广泛吸纳青年人才住房需求；以保障青年人才子女入学为依托，适度取消青年人才子女在学区选择等方面的限制；全面取消青年人才的落户限制，并安排好落户后的各类城市配套服务。其次，河南城市应加快推进创新型城市的建设进度，积极构建区域性科技高地和人才高地。在管理、技术、金融、互联网等各类人才的引进方面，探索"政府部门出面引进，为相关企业服务"的举措，即根据当地企业的实际需求，制定有吸引力的人才引进政策，统一出面到人才集中地区进行人才引进宣讲活动，人才引进后，由相关企业聘用。在个税方面，河南城市应进行大胆探索，对相关单位引进的青年高级技术人员和青年高级管理人员给予一定的个税优惠。最后，各城市在培育自身本地青年人才的同时，应通过构建青年人才流动机制，吸引人才集聚。三、四线城市要明晰自身定位，为一、二线城市的青年人才开通绿色通道，注重聘请"高精尖"青年人才常驻本市工作，以指导和带动相关产业和领域的创新发展，与此同时，可以推荐本市青年人才到一、二线城市交流学习，实现信息、技术和各类资源的互联、互通和共享，搭建不同级别城市之间的青年人才流动机制。

（三）健全完善青年人才评价体系

首先，要适时改进和完善科研院所与高校的人才评价机制，突出知识、能力、业绩、品德、交流等方面的评价指标，以创新能力、科研成果质量、科技成果转化能力等为重点，创新引入多元化的评价主体，构建包含单位评价、市场评价、社会评价三重评价的符合科研人才成长规律、尊重和体现人才价值的评价体系。其次，要完善职称、职务评价机制，出台完善青年人才破格晋升评审办法，每年为此预留一定的高级职称名额，创新完善青年人才聘任机制，可以适当提高各类资格认定和职称申报等的条件，做到条件标准高、申报严要求，但是一旦申报成功，及时兑现，使有为人才的能力和价值得到认可与尊重。最后，注重青年人才的创新能力与发展潜力，注重创新在评价体系中的地位，如突出基础研究评价的原创性、突出应用技术成果转化评价的实效性等，将创新及其价值放在科技、研究评价体系的突出位置，并以此为基础，以评价监督体系为依托，从科学性、先进性、可行性、效益性等四个方面出发，完善以质量、绩效和贡献为核心的评价导向机制。

（四）优化提升青年人才工作环境

首先，进一步改善城市发展的硬环境，依托高速公路、高铁、城铁、地铁、公交等交通基础设施建设，密切各相邻城市之间和各城市与一、二线城市，新一、二线城市之间的融通互动；不断提升城市居住条件、办公条件和文化、娱乐、教育、卫生、医疗、养老等公共服务设施条件。其次，营造公平的环境，消除各类"灰色地带"，注重重大事项集体、科学决策，坚持阳光政务，消除青年人才关于三、四线城市"人情社会"的思想负担。实行更加宽松、便捷的人才签证制度，破除人才流动障碍，畅通人才引进，加快人才培养，强化人才交流。再次，加强对青年人才的人文关怀和情感激励，尤其是做好青年人才的心理培训和辅导工作，如在城市核心地带建立青年人才长廊、主题公园等，探索打造青年人才生活区，提供精准化的特色服务，增强青年人才对工作的认同感、对城市的归属感和自身安全感。最后，要不断完善青年人才保障体系。提高青年人才的薪资水平，为引进的各类高端复合型青年人才在配偶就业、子女入学、购房、医疗等方面依法依规提供帮助和支持，不断完善青年人才法律保障，发扬城市的包容汇通精神，健全容错纠错机制，为青年人才干事创业、创新创业营造良好的鼓励奋进的文化氛围。

（五）完善创新青年人才激励机制

河南城市应与时俱进，根据经济社会发展实际，不断完善人才激励机制，进一步加大对各个领域高端技术人员和高端管理人员的激励力度。首先，构建完备的、科学合理的人才选拔、考核及激励体系，为人才创建城市内部良好的工作环境和氛围，加强对科技创新成果的知识产权保护，以实绩为导向，研究制定城市青年人才贡献值奖励制度，根据青年人才所在单位的薪资水平、青年人才工作实绩、对所在地区的贡献程度等分行业、分部门、分等级对青年人才予以不同级别的奖励，逐步打破唯学历、唯职称、唯荣誉称号的评价导向，充分调动青年人才干事创业的积极性，真正做到创新机制"留"人才、优化环境"聚"人才。其次，探索推动标志性成果认定，逐步将社会经济效益、成果转化成效、科研潜力等纳入评价体系。在科研资源分配体系上做好设计，适度倾斜科研资源，在省级、市厅级项目中提高青年项目比例，并在一般项目中规划一半以上的项目用于支持35岁以下的青年科研人才。最后，建立合理的薪酬分配体系，提高科研成果转化收益，允许科研单位发放奖金，推动实现能者多得，弱化薪资与职称的关联度。探索建立动态管理的"青年人才精英库"，对入库的青年人才在进修、奖励、成果申

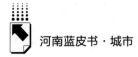
报等方面给予优先考虑，鼓励青年人才创建创新团队，激发青年科研者和青年创业者的积极性。

参考文献

喻思南：《支持青年人才挑大梁当主角》，《人才资源开发》2022 年第 14 期。

张瑞：《我国高校青年科技人才培养文献研究综述》，《西部素质教育》2022 年第 14 期。

潘志贤、李家琳：《用一揽子引才政策构筑"青年之家"》，《中国青年报》2022 年 7 月 12 日，第 6 版。

陈颖航：《三四线城市在青年人才争夺战的对策研究——以清远市为例》，硕士学位论文，首都经济贸易大学，2019。

智慧城市篇
Smart City

B.15

河南城市新型基础设施建设研究

王建国*

摘　要： 近年来，河南不断加快5G、数据中心、物联网、工业互联网、充电桩等新型基础设施的布局建设，取得了显著成效，但融合基础设施、创新基础设施建设相对滞后，尤其是以5G为突破口的信息基础设施建设尚未转化为产业优势，基础设施建设与应用场景搭建不匹配，重点突破与全面铺开不协调，建设需求与配套供给不同步。为此，要把准切入时间、领域、节奏，加快发展通用平台技术，增强应用需求牵引作用，提高资源统筹配置效率，筑牢网络强省安全屏障，提升资源要素保障能力。

关键词： 城市　新基建　河南

---

* 王建国，河南省社会科学院城市与生态文明研究所所长、研究员，研究方向为区域经济、城市经济。

习近平总书记明确指出，要抓住产业数字化、数字产业化赋予的机遇，加快5G网络、数据中心等新型基础设施建设。[①] 新型基础设施建设，即"新基建"，正在成为我国稳投资、调结构、扩内需、促创新的新引擎，也将为河南直道冲刺、弯道超车、换道领跑和现代化河南建设提供新平台、新支撑。

一 新型基础设施的特征和发展

（一）新型基础设施的基本特征

新型基础设施是相对于传统的、成熟的、外部性不断减弱的基础设施而言的，是以新发展理念为引领，以技术创新为驱动，以信息网络为基础，面向高质量发展需要，提供数字转型、智能升级、融合创新等服务的基础设施体系。

新型基础设施有以下几个显著特征。一是范畴持续拓展延伸。新型基础设施主要依托于信息技术，信息技术之间、信息技术与传统领域之间不断深度融合发展，更多的新兴信息技术正在推动演化形成新的基础设施形态。二是技术迭代升级迅速。新型基础设施对技术能力要求高，需要快速进行迭代式开发应用。三是持续投资需求旺盛。新型基础设施技术迭代快的特点决定了其建设和运营不是一次性的，需要进行持续性大规模投资。四是互联互通水平更高。新型基础设施要能够进行计算、传输、交换、存储、挖掘和智能应用，对统一建设标准和建设规范要求更高。五是安全可靠性要求更高。新型基础设施实行联网运行，一旦发生恶意攻击或者网络故障，带来的损失不可估量，对安全性可靠性提出了更高要求。

（二）新型基础设施的发展方向

随着技术和产业的变革，新型基础设施的内涵和外延也发生了变化，其

[①] 《统筹推进疫情防控和经济社会发展工作 奋力实现今年经济社会发展目标任务》，《人民日报》2020年4月2日，第1版。

发展方向随之丰富扩展。目前新型基础设施主要向三个方面发展。一是信息基础设施。主要包括以 5G、物联网、工业互联网、卫星互联网、人工智能、云计算、区块链、数据中心、智能计算中心等为代表的通信网络基础设施、新技术基础设施和算力基础设施。二是融合基础设施。主要包括智能交通、智慧能源、智能水利等传统基础设施领域的融合基础设施。三是创新基础设施。主要包括支撑科学研究、技术开发、产品研制的重大科技、科教基础设施和产业技术创新基础设施等。

（三）新型基础设施的发展阶段

新型基础设施从技术研发到成熟普及是一个长期成长的过程，大致可以分为以下五个阶段：第一阶段为提出与研发，新型基础设施的技术构想被提出并进入研发环节；第二阶段为实验性部署，新的技术或产品研发出来，行业领先者进行小规模实验部署和应用；第三阶段为小规模商用，基于实验开始进行小规模的商用；第四阶段为大规模推广，新技术和产品逐渐完善成熟，开始网络化、规模化应用，新型基础设施体系基本形成；第五阶段为全面普及，技术成熟、形态稳定，开始在全社会普及应用。

二 河南新型基础设施的建设进展和存在问题

（一）建设进展

近年来，河南从发展实际出发，不断优化基建投资结构，在推进交通、物流、能源、水利等传统基础设施数字化改造的同时加快布局建设 5G、数据中心、物联网、工业互联网、充电桩等新型基础设施，在提升传统基建能级、培育发展新动能上协调推进，加快形成助推高质量发展的合力。

1. 主要领域布局建设不断加快

河南以 5G 网络建设为突破口，统筹推进宽带网络、物联网、数据中心等建设，组织实施一批重大应用示范工程，推动 5G 网络规模进入全国第一方阵，2021年底，互联网宽带接入端口数位居全国第六，5G终端用户数量、互联网网内、网间平均时延均居全国第三，郑州国家级互联网骨干直联点总带宽均居全国第五。聚焦交通、物流、能源、水利、制造业等方面数字化改造，加快推进传统基础设施"数字+""智能+"升级，成功打造了一批示范试点。聚焦提升创新基础设施建设能力，完善创新生态体系，形成了国家生物育种产业创新中心、国家超级计算郑州中心、国家农机装备创新中心等一批具有国内国际影响力的高端创新平台。《中国新基建竞争力指数白皮书》显示，河南"新基建"竞争力指数2020～2021年连续两年位居全国第八、中部地区第一，"新基建"成为全省高质量发展的重要推动力量。

2. 政策体系支持力度持续加大

"十三五"时期，河南深入实施"大数据发展战略"并成功获批建设国家大数据综合试验区，先后出台了《关于加快推进国家大数据综合试验区建设的若干意见》《河南省大数据产业发展三年行动计划（2018—2020年）》《河南建设社会信用体系与大数据融合发展试点省实施方案》《河南省新一代人工智能产业发展行动方案》《关于推进河南省电信基础设施共建共享支撑5G网络加快建设发展的通知》等一系列政策举措，在空间布局、行业发展、制度创新、载体搭建、要素保障、优惠政策等方面推动大数据技术与经济社会深度融合发展，指导全省所有省辖市和省直管县（市）编制5G基站专项规划，为"新基建"打下坚实基础。2021年4月，河南出台《河南省推进新型基础设施建设行动计划（2021—2023年）》，提出了三大新型基础设施建设行动的33项建设任务、5项保障措施，形成了河南版"新基建"38条，为全省"新基建"提供了有力支撑。

3. 重点城市先行示范作用明显

近年来，河南支持部分重点城市充分发挥产业链完备、产学研体系完善、市场化机制相对健全、重大战略叠加等优势，在"新基建"布局建设、技术攻关、产业赋能、投运模式等方面开展先行先试，先后建成洛阳、漯河、许昌、新乡等4个工业互联网标识解析二级节点以及中国移动（河南郑州航空港区）数据中心、中国联通中原数据基地、中国电信郑州高新数据中心、中原大数据中心等一批大型数据中心，推动郑州、开封、洛阳互联网国际专用通道建设开通带宽 320G 并实现河南自贸区全覆盖，支持郑州、洛阳、鹤壁、新乡、焦作等 8 个城市开展新型智慧城市试点建设，推进"星火·链网"（漯河）骨干节点建设，依托郑东新区智慧岛打造国家大数据（河南）综合试验区的核心区和先导区，依托郑洛新国家自主创新示范区联合申报人工智能创新应用先导区，一批典型示范试点为全省"新基建"探索实践路径，不断发挥聚合带动效应。

4. 市场主体参与建设热度空前

得益于在一些重点领域布局相对较早，河南吸引了众多市场主体积极参与到新型基础设施建设中，推动了鲲鹏小镇、国家超级计算郑州中心、河南省能源大数据应用中心、河南移动 2020 年无线网新建工程、现代重工机器人产业园、上汽全球数据中心等一大批"新基建"重点项目落地。再比如，聚焦智慧信息化、云计算、大数据、物联网、人工智能等 5G 应用重点方向，中国移动河南分公司先后与上海诺基亚贝尔、中原内配、华为技术、中兴通讯、海康威视、爱立信（中国）等企业签署战略合作协议；中国铁塔河南分公司与上海诺基亚贝尔开展 5G 基站部署和铁塔"一体两翼"业务合作；郑州金惠、河南讯飞人工智能、博兰奇集团、河南大学人工智能学院、机械工业第六设计研究院等百家单位联合组建河南省人工智能产业创新发展联盟，开展相关产学研用深度合作；以卫华集团、中信重工、中国一拖为龙头打造的工业互联网平台有力带动整个行业实现业务模式深度调整和提质增效。此外，全省已形成了从传感器研发制造到行业集成应用比较完整的产业链，形成了一批在全国具有影响力的企业，物联网产业集群呈现出良好发展势头。

5. 应用场景覆盖范围有力拓展

在加速推进"新基建"的同时，河南加快搭建与之相适应的典型应用场景，目前应用场景范围已拓展到 5G+工业互联网、智慧医疗、智慧交通、智慧矿山、城市治理等 14 大类，在产业升级、民生改善、生态治理等维度

"腾云驾数"场景应用方面取得了明显成效。比如,中信重工矿山装备等 8 个工业互联网平台入选国家工业互联网试点示范项目;建成智慧化、网格化、专业化的高速公路动态管理体系;建成国内首个普通国省干线公路的 5G 基站,对应路段设置 23 个车路协同应用场景;中原科技城开通全球首条开放道路 5G 无人驾驶公交线路;全省智能充电服务平台上线运行推动超过 3.3 万个充电桩实现互联互通;建成郑大一附院我国首个连片覆盖的 5G 医疗实验网。零售转型线上,开启云销售模式,数字"赋能",制造业提质增效;智慧管理,高效协同治理"大城市病"……一系列应用场景的实现有力推动了"新基建"不断转化为高质量发展的动能。

（二）存在问题

和全国发达地区相比,河南新型基础设施建设相对滞后,当前主要面临着创新能力亟待提升、应用场景支撑不足、投融资来源单一等问题和挑战。可以概括为以下几个方面。

1. 三大主要领域"新基建"发展不平衡

当前,河南以 5G 网络建设为突破口的信息基础设施建设水平处于国内领先行列,但仍未转换形成 5G、人工智能、软件等产业优势,人工智能产业等在国内还处于第三梯队（第一梯队为北京、上海、浙江、江苏、广东等,第二梯队为山东、安徽、重庆、黑龙江等）。融合基础设施建设大多聚焦于交通、能源、健康和制造领域的升级改造,但深度广度不够,传统基础设施数字化水平整体还偏低,基于产业、交通、社会、生态等领域的基础设施感知网络建设还任重道远。相比先进地区,创新基础设施建设滞后,国家重点实验室、国家工程研究中心、国家企业技术中心等高端创新平台支撑不足,先进计算、互联网、大数据、区块链等关键技术短板明显,缺少重大科技基础设施以及如北京中关村、武汉光谷、合肥声谷之类的引领型创新生态空间,全省 R&D（科学研究与试验发展）经费投入强度远低于全国平均水平以及北京、上海、天津、广东、浙江、湖北、陕西、安徽等省（市）,创新能力亟待提升。

2. 基础设施建设与应用场景搭建不匹配

"新基建"的价值是通过"用"来体现的，"新基建"要为产业发展、城市转型、生态建设等提供助力。"新基建"应遵循以应用为主导、与场景创新深度融合的基本原则，否则就不能及时转化为产品和服务的有效供给，更无法转化为发展动能。当前，受各种因素的影响，全省推进"新基建"过程中存在重基建轻场景的倾向，应用场景规模化发展和产业生态培育相对滞后。一方面，已有的基于5G网络、大数据等的远程医疗、智慧医疗、智慧物流、智慧城管、智能交通等应用场景建设有待提速、深度有待拓展。另一方面，多数应用场景开发处于"单打独斗"的局面，很难形成可复制、易推广的应用场景模式，也忽视了"场景链""场景矩阵""场景集群"的打造，这在很大程度上影响了产业的培育和企业规模的扩大，无法有效满足用户差异化、个性化场景应用需求，也不利于培育形成新型体验类信息消费市场。

3. 重点突破与全面铺开不协调

"新基建"不仅仅能够为个别企业、某些行业或部分地区带来新机遇，它更能够为整个经济社会发展提供内生动力和新动能。当前全省部分重点城市在"新基建"主要领域发挥出较为明显的示范引领作用，但仍有不少城市尤其是中小城市以及乡村对于"新基建"发展意识尚未觉醒，基础设施建设及相应的产业发展相对滞后。比如，全省近95%的人工智能企业都集聚在郑州和洛阳。5G等信息通信网络建设城乡一体化进程较为缓慢，乡镇、农村等区域的5G网络覆盖及热点区域覆盖大多还停留在规划层面，数字乡村与"新基建"融合应用的新蓝海亟待挖掘开发。新一代信息技术与工业、服务业相关领域的融合创新成效较为明显，但与农业融合不够，特别是新一代信息技术在种植业、畜牧业、渔业、农产品加工业等农业领域融合应用较为滞后。即便是在融合相对较好的工业领域，制造业企业智能化改造的任务仍较为繁重，传统企业"不会转""不能转""不敢转"等问题依旧比较突出。

4. 建设需求与配套供给不同步

"新基建"资金、人才等要素需求量较大，赢利模式和投资回报不确定，而且还需要相应的技术标准作为支撑。从全省情况看，当前"新基建"主要依靠各级财政和国有企业投入，社会资本和投资基金投入不足，投融资来源单一，尚未形成政府引导、企业为主、市场运作的投融资格局。全省现有高等院校在"新基建"学科建设方面相对滞后，相关领域的学科带头人、技术领军人才较为紧缺。"新基建"相关技术和产品都需要通过实际应用场景来进行验证、实验和积累相关数据，但全省在场景建设方面缺乏相关配套政策、缺乏标准支持，影响了企业的成长和产业技术的商业化进程。此外，目前全省还未形成协调推进跨部门、跨地域、跨领域协作的议事合作组织和相应的协同联动工作机制，也缺少数据处理、硬件设施、应用服务、安全隐私等方面的技术标准和应用规范，在一定程度上阻碍了"新基建"的互通融合、快速发展。

综合来看，河南新型基础设施建设呈现从重点领域突破到整体全面铺开、从重视基建本身到注重场景应用、从重点城市引领示范到城乡一体化加速推进、从政府主导到市场深度参与的发展趋势，高水平新型基础设施体系正在加快形成，将有力助推全省产业升级、城市治理能力现代化和科技创新竞争力提升。

三　河南推进新型基础设施建设的对策建议

（一）渐次推进，把准切入时间、领域、节奏

新型基础设施具有鲜明的快速迭代式演进的特征，商业模式和投资收益还具有很大的不确定性和风险。这就要求推进新型基础设施建设，要充分考虑技术成熟度、自身产业特征、建设运营模式清晰度和风险管理能力等因素：从近期发展来看，优先部署对消费和投资带动性强、乘数效应大、示范效应突出的5G、千兆光纤宽带、IPv6、数据中心、云边端设施、工业互联网、超级计算中心、城市大脑等领域，加快交通、能源、水利、生态等传统基础设施智能化升级，前瞻布局国内领先的创新基础设施，不

断推广建设经验，逐步提升综合效益；从中长期发展来看，在人工智能、移动物联网、量子通信、区块链平台、卫星互联网、量子计算、6G 等领域加大投入和技术开发力度，加快推广成熟技术和模式，实现若干领域的领跑目标。

（二）共性优先，加快通用平台技术发展

新型基础设施建设对资金需求量大，不可能面面俱到进行投资，可以整合共性需求，探索共建共享的建设运营模式，以最大限度提高投资效益和利用效率。首先是完善共性基础设施。加快实现 5G、千兆光纤宽带等网络信息基础设施在县级以上城市、各类园区、旅游景点和镇区的全覆盖，加快建设大数据中心、计算中心等算力基础设施，为应用提供基础支撑。其次是打造共性应用平台。在传输、算力、存储等基础支撑不断完善的同时，将围绕产业互联网和科技创新平台等发展重点，由政府主导，推进重点实验室、产业研究院、创新联盟、"智慧岛"等双创载体和重点园区规模以上企业实现数据采集、连接、自动化控制和数据运用全打通，支撑产业转型升级。最后是推进共性技术研发。对于超越市场经济边界的共性关键技术，紧盯现实难题和迫切需求，政府提出研发目标明确、应用导向鲜明的选题方向，通过"揭榜挂帅"等形式推进重大项目攻关。

（三）场景驱动，增强应用需求牵引作用

"新基建"具有一种典型的层级结构。例如 5G 是一个最基础的技术，在其之上是工业互联网等，"新基建"最大的意义在于 5G 等技术创新能够带来巨大的应用价值。因此，在推进传输、计算、存储、联网等环节建设的过程中，要同步推进应用增点扩面。首先是赋能产业数字化发展。加快推进行业性工业互联网平台、工业互联网标识解析节点、工业大数据中心建设，推动企业"上云用数赋智"全覆盖，助推传统产业高位嫁接、新兴产业抢滩占先。其次是赋能治理能力现代化。建设城市大数据平台，丰富完善城市大脑功能，增强城市感知能力和智能计算能力，持续挖掘应用场景。统筹发

展数字乡村与智慧城市，强化一体设计、同步实施、协同并进、融合创新，避免形成新的"数字鸿沟"。最后是赋能新产品新业态。丰富面向政府、企业、公众的信息产品供给，创新教育、文化、医疗、养老、健康、环保、应急等服务的智能化提供方式。

（四）区域协同，提高资源统筹配置效率

新型基础设施具有典型的平台经济特性，能够产生巨大的网络效应和规模效应。推进区域协同对接、互通共享，是降低建管成本和实现物尽其用的不二之策。在央地、政企层面，应积极对接国家有关部委，强化与通信、电力、能源、交通等领域中央企业的战略合作，争取更多的新型基础设施落地河南。在省际层面，应深度融入国家重大区域战略，探索建立新型基础设施跨区域统筹协调机制，加快推动与兄弟省市信息基础设施共建共享、数据资源高效流通、数字产业协同互补。在省内层面，既要注重区域协调，也要兼顾城乡平衡。可在郑州、洛阳等地适当超前、重点布局新型基础设施，创新开展新设施试验、新技术推广、新应用普及，形成示范带动效应；统一城乡网络规划、建设、服务标准，提升乡村信息基础设施规划建设水平，促进城乡普惠发展。

（五）安全可靠，筑牢网络强省安全屏障

新型基础设施与数据高度关联，但数据容易在权属界定、价格形成、交易流通、开发利用等方面存在潜在的问题和挑战，必须完善数据安全、个人信息保护、网络安全等配套制度，提升整体安全保障水平。首先是加强网络安全基础设施建设。支持网络和信息安全核心芯片、模块、基础软件、整机等核心技术自主创新研发，构建从基础层到应用层的网络软硬件相互交融贯通的网络安全保障体系。其次是强化行业应用安全保障。围绕数字政府、工业控制、智能交通、电子商务等场景，持续开展安全设施提升改造，推动形成网络安全能力与行业应用深度融合的功能自适应、"云—边—端"协同的内生安全体系。最后是强化信息安全服务体系建设。综合利用人工智能、大

数据、云计算、区块链、安全虚拟化等新技术，建设集网络安全态势感知、风险评估、通报预警、应急处置和联动指挥于一体的新型网络安全服务平台，推动关键信息基础设施联防联控。

（六）聚焦需求，提升资源要素保障能力

各类新型基础设施具有明显的公共物品属性或准公共物品属性，需要政府和有效市场相结合，一方面发挥政府在规划建设、政策设计和财政资金使用方面的导向作用，另一方面也要充分利用市场机制投融资，调动各类社会资本积极参与"新基建"。在政府层面，要建立健全新型基础设施建设政策保障，构建从建设、应用到产业化的全价值链规划体系和政策体系；充分发挥政府投资基金引导作用，创新多元化资金投入、多元化主体参与的新型基础设施投资建设运营模式；建立要素跟着项目走机制，提前做好土地储备和能耗资源分配调剂，优先保障新型基础设施项目建设；深化"放管服效"改革，聚焦新型基础设施相关企业设立、经营、发展全生命周期服务体系，持续打造开放包容的营商环境。在行业层面，围绕数据处理、硬件设施、应用服务、安全隐私等，加快推进人工智能、物联网、超级计算、工业互联网、智能制造等领域的标准化工作，强化跨领域、跨层级的关键共性标准制定；加快推进社会信用体系建设，明确行业组织实施信用管理的主体地位，建立健全行业信用监管体制，完善行业信用评价指标体系；加快推进人才培养体系建设，积极推进"新工科"教学改革，优化"新工科"专业设置，为行业发展培养出卓越工程科技人才。

参考文献

徐宪平：《深刻认识新型基础设施的特征》，《人民日报》2021 年 1 月 14 日，第 9 版。

李海舰：《五方面理解"新基建"内涵与重点》，《经济参考报》2020 年 7 月 7 日，第 7 版。

河南省发展和改革委员会：《河南省"十四五"新型基础设施建设规划》，2022 年 2 月 9 日。

河南省人民政府办公厅：《河南省推进新型基础设施建设行动计划（2021—2023 年）》，2021 年 4 月 12 日。

孔文青：《加快新基建建设，助推河南高质量发展｜龙志刚专栏》，"大河财立方"百家号，2022 年 6 月 20 日，https：//baijiahao.baidu.com/s？id=1736135 975211801453。

牟春波、韦柳融：《新型基础设施发展路径研究》，《信息通信技术与政策》2021 年第 1 期。

B.16
河南城市数据大脑建设研究

盛 见*

摘 要： 城市数据大脑建设是推进新型智慧城市建设、促进城市治理体系和治理能力现代化的关键抓手。当前，河南城市数据大脑建设刚刚起步，尚存在顶层设计缺乏、制度建设滞后、对城市治理需求响应不足、数据融合共享不充分、数字治理风险防范薄弱等诸多问题与挑战，以致总体建设成效不明显。为此，要从强化顶层设计、推动数据资源开发和融通、研发运用实用共性技术、强化数字应用场景建设、激发市场活力、统筹安全与发展等六个方面入手，多措并举，形成协同推进的格局。

关键词： 城市数据大脑 智慧城市 城市治理 河南

当前，河南经济社会发展已经站上了新的历史起点。省委省政府抢抓构建新发展格局战略机遇、新时代推动中部地区高质量发展政策机遇、黄河流域生态保护和高质量发展历史机遇，以前瞻30年的眼光想问题、做决策，锚定"两个确保"，全面实施"十大战略"。在实施数字化转型战略和以人为核心的新型城镇化战略过程中，为推进城市治理体系和治理能力现代化，河南加快推进以城市数据大脑为引领的新型智慧城市建设，着力实现"一网通享""一屏掌控""一网通办""一网通管"。

---

* 盛见，河南省社会科学院城市与生态文明研究所副研究员，研究方向为城市经济、养老服务。

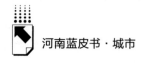
一 城市数据大脑建设问题的提出

近年来，为有效应对"城市病"、提高城市治理效能，我国充分发挥数字技术的功能优势，将数字技术与城市治理紧密结合起来，加速推进智慧城市建设。但在持续推进智慧城市建设进程中，条块分割、信息孤岛、数据"烟囱"等数据共享难题长期存在，严重制约了城市数字治理效能的发挥。为有效推进智慧城市建设，整体提高城市治理能力，2016 年，杭州在全国首次提出建设城市数据大脑，又于 2017 年在全国率先组建数据资源管理局，2018 年 5 月发布《杭州城市数据大脑规划》，提出建设城市数据大脑的目标和路径，城市数据大脑建设成为杭州新型智慧城市建设的重要抓手和代表性工程。

城市数据大脑是一个城市综合运用大数据、云计算、人工智能、区块链等数字技术，以提高城市整体治理能力为目的，以数据、算力、算法为基础支撑，开展城市经济管理、社会治理、交通管控、环境保护等的综合数字平台系统，是实现城市治理体系和治理能力现代化的智能治理中枢，是支撑智慧城市发展的"数字底座"。显然，通过城市数据大脑建设，能够推动分散在城市各领域的数据资源实现互联互通、共享共用，推动数据收集传导、汇集计算和有效应用，实现真正意义上的城市运行"一网共治"。

2020 年，我国将城市数据大脑建设正式纳入国民经济和社会发展第十四个五年规划纲要，明确提出完善城市信息模型平台和运行管理服务平台，构建城市数据资源体系，推进城市数据大脑建设。此后，全国各地积极启动城市数据大脑建设。截至 2020 年 6 月，我国有 500 多个城市宣布建设城市数据大脑。从全国来看，多数城市还处于打通各领域数据壁垒促进数据共享的进程中，加快建成城市数据大脑任重道远。更为科学、高效、规范地建设城市数据大脑，已经成为加快推进智慧城市建设、有效提升城市整体管理水平的迫切需要。

二 河南城市数据大脑的建设现状

城市数据大脑建设离不开新型智慧城市建设。在推进新型智慧城市试点建设和稳步推进智慧社区建设基础上，河南积极推进以城市数据大脑建设为引领的新型智慧城市建设，以新型智慧城市建设支撑城市数据大脑建设。总体而言，河南城市数据大脑尚处于依托新型智慧城市建设分领域分步骤推进阶段。

（一）积极推进新型智慧城市试点

根据《河南省人民政府办公厅关于加快推进新型智慧城市建设的指导意见》（豫政办〔2020〕27号），河南加快推进以省辖市为主体的新型智慧城市建设，创建一批特色鲜明的新型智慧城市示范市。扎实推进郑州、洛阳、焦作、鹤壁、新乡、漯河、三门峡、驻马店8个省级新型智慧城市建设试点市的试点工作，在智慧交通、智慧医疗、智慧养老、智慧社区等领域形成一批特色数字应用场景示范典型，如郑州将构建新一代信息基础设施体系，建设"城市数据大脑"，打造智慧交通、智慧医疗、智慧社区、智慧城管等分领域应用场景；洛阳市发挥自身优势，将打造旅游大数据应用示范市，并建设国内重要的机器人及智能装备研发生产和示范应用基地。2022年，河南选择10个县开展县城智慧化改造试点，提升县城智慧化水平。

（二）智慧社区建设稳步推进

近年来，河南把数字化建设作为城乡社区服务高质量发展的重要抓手，持续挖掘、深化大数据在社区服务中的作用，加快推进城乡社区服务数字化转型。支持各地结合实际，加强社区服务和管理功能综合集成，打造集智慧养老、智能安防、智慧停车、智能配送等应用于一体的一站式社区服务中心。加快推动省级智慧社区试点建设，鼓励相关部门丰富便民应用，对接社区各类软硬件设施，推广社区服务管理的智能化应用场景。2021年，确定郑州市二七区人和路街道荆胡社区、洛阳市西工区西工街道市委院社区、鹤

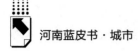

壁市淇滨区长江路街道新城社区等 10 个社区为省级智慧社区试点。推动许昌市魏都区国家智能社会治理（社区治理特色）实验基地建设，发挥引领示范作用。总结省级智慧社区试点建设经验做法，推动各地增点扩面，全面开展智慧社区建设。

（三）城市智慧服务水平持续提升

优化完善全民健康信息标准化体系，推进省医疗保障平台建设，提升医疗机构智慧化服务水平。建设完善"互联网+教育"政务服务一体化平台，开展智慧教育试点，遴选不少于 20 个智慧教育示范区、示范校。稳步推进智慧养老服务平台建设，截至 2020 年底，已建成居家智慧养老服务信息平台 74 个，入网服务老人 403 万人，2022 年底前，争取老人入网人数超过 1000 万，同时深化智慧健康养老应用试点示范，积极推广物联网和远程智能安防监控技术。

（四）积极推进城市数据大脑建设

2021 年，根据《河南省国民经济和社会发展第十四个五年规划和二〇三五年远景目标纲要》，河南已经明确提出在整合交通运输、市政管理、公共安全、应急管理、卫生健康、空间地理等领域信息系统和数据资源的基础上，加快推进以省辖市为主体的城市数据大脑中枢平台建设，实现公共空间、城市楼宇、地下管网等"一张图"数字化管理和城市运行一网统管。《河南省"十四五"城市更新和城乡人居环境建设规划》也明确提出推进省辖市、济源示范区城市数据大脑中枢平台和 CIM 基础平台建设。至此，河南城市数据大脑建设步入全面探索建设阶段。2021 年，郑州、洛阳、濮阳等市综合管理服务平台建设方案通过评审，许昌市基本建成城市综合管理服务平台，郑州、洛阳建成智慧停车平台，10 个市县初步建成智慧园林系统。

实际上，2019 年 8 月，郑州市以"城市数据大脑"项目为抓手，全面启动了数字化、智能化、智慧化治理的核心基础设施建设，由郑州市大数据管理局具体负责统筹推进"城市数据大脑"项目建设。该项目由市财政全额投资，估算总投资 20 亿元，项目建成后将有效提升城市治理现代化水平。该项目共分三期。一期重点建设城市数据大脑云资源池、城市数据大脑数据资源平台、城市数据大脑数据运营服务平台三大基础平台，同时启动大数据平台数据归集工作。二期重点建设包括统一计算资源、支撑服务、视觉计算、区块链以及政务中台在内的五大统一平台，搭建城市数据大脑底座，并在此基础上提供涵盖政务服务、智慧交通、智慧医疗、城市应急等 14 个领域的智慧应用服务，建立起"一网通办、一网统管"智慧城市大数据平台运营框架。三期建设以民生服务为主，截至 2020 年底已有 38 个单位申报建设需求。

三 河南城市数据大脑建设存在的问题与面临的挑战

河南城市数据大脑建设尚处于起步探索阶段，存在顶层设计缺乏、制度建设滞后、数据融合共享不充分、对城市治理需求响应不足、数字治理风险防范薄弱等诸多问题与挑战，以致总体建设成效不明显。为此，本报告聚焦城市数据大脑展开深入研究，为科学推进河南城市数据大脑建设提供决策参考。

（一）围绕城市数据大脑建设和的顶层设计比较缺乏

城市数据大脑建设是一项巨大的系统工程，需要发挥政府主导作用，做好顶层设计，稳步有序推进。城市数据大脑建设顶层设计就是主张运用系统论的方法，从全局的角度，对城市数据大脑建设的各方面、各层次、各要素进行统筹规划，实现资源上的整合、结构上的优化、功能上的提升等目标。因此，应该从组织推动、规划引领、标准统一、体制保障等方面进行顶层设计，以有效推进城市数据大脑建设。

浙江省强化城市数据大脑顶层设计为我们提供了一些经验。为有效推进城市数据大脑建设，省级层面，2019 年 6 月发布《浙江省"城市大脑"建设应用行动方案》①，2020年12月成立浙江省城市数据大脑产业联盟，2022年5月设立浙江省城市数据大脑技术创新中心。市级层面，杭州成立城市数据大脑建设领导小组，由市委书记担任组长；2018年5月发布《杭州城市数据大脑规划》，2019年1月颁布《城市大脑建设管理规范》，2020年6月下发《中共杭州市委关于做强做优城市大脑打造全国新型智慧城市建设"重要窗口"的决定》，2021年3月公布《关于"数智杭州"建设的总体方案》，实施《杭州城市大脑赋能城市治理促进条例》。

然而，河南由于城市数据大脑建设起步晚，无论是在省级层面还是市级层面，对于推进城市数据大脑建设尚缺乏相应的组织领导、全方位谋划、建设标准和法规保障，导致城市数据大脑建设推进缓慢，整体成效不明显。

（二）城市数据大脑对城市治理有效需求响应不足

一方面，数字技术与城市数据大脑建设需求之间尚不完全匹配。城市数据大脑的高智能、全系统决定其系统构建非常复杂，需要成熟顶尖数字技术支撑，但目前发展城市数据大脑所需要的支撑性技术还没有完全成熟稳定，并且技术迭代更新的速度较快，容易造成资源浪费。例如，普通的云计算平台并非为智能城市业务专门设计，缺乏人口流动聚集预警模块、交通流量预测模块、充电桩选址模块等有效组件，在云平台上直接开发智能应用的难度大、代价高，且成果比较封闭，可扩展性和复用性弱。城市数据大脑建设技术先行，要结合城市治理的自身特点，全力推动城市综合治理核心技术研发，提升计算能力。

另一方面，城市数据大脑是智慧城市建设中的新生事物，容易被一些地

---

① 在现有文献中，城市大脑与城市数据大脑都是指智慧城市中的综合数字平台系统，是同一系统的不同称呼。2021年3月国家公布的《中华人民共和国国民经济和社会发展第十四个五年规划和二〇三五年远景目标纲要》将"城市大脑"规范地称为"城市数据大脑"，《河南省国民经济和社会发展第十四个五年规划和二〇三五年远景目标纲要》也称之为"城市数据大脑"。本报告统一称其为"城市数据大脑"，但是由于城市大脑这一称呼是2016年由杭州市首先提出来的，其早些年份的文件仍然称其为"城市大脑"，为尊重原文，本报告中部分杭州市文件标题中依然保留"城市大脑"的叫法。

方作为城市"政绩"工程来推进，往往忽视市民和企业在城市数据大脑建设中主体地位，可能会出现城市"被智慧"、需求响应不足的现象。对于智慧城市和城市数据大脑建设，市民和企业既是参与者，也是受益者。一些城市行政主管部门很狭隘地把城市数据大脑顶层设计中的"顶层"局限为当地政府，或是若干"顶级专家"。其实，广大市民和企业才能真正代表一个城市数字治理的智慧需求，最终决定城市数据大脑功能结构与发展方向。应建立健全市民和企业参与城市数据大脑建设的互动机制，避免城市数据大脑建设中出现市民和企业边缘化现象。

（三）全域数据融合共享不充分降低了城市数据大脑整体效能

在城市数据大脑建设并成功运行之前，城市治理所需的多元数据散落在各个政府部门、各个企业组织、各个社会领域独立的信息系统里，互不融通，形成一个个信息孤岛。城市数据大脑就是运用全新的数字技术手段，汇聚城市全域各类数据，通过"数据大脑"进行合理的分析和调度，大幅提升城市治理的智慧化、科学化水平。因此，汇集并整合政府、企业和社会数据，然后在城市治理领域进行融合计算，是有效发挥城市数据大脑整体效能的前提和基础。

然而，由于客观存在的行政区划、部门、城乡分割，各领域特别是政府部门利益固化、职能交叉、权责不清等现实影响因素长期存在，短期内难以彻底突破区划、部门、行业壁垒和体制性障碍，河南实现全领域的共融互通、构建真正的综合性城市治理"大脑"任重道远。这类问题的存在导致的结果就是城市数据大脑功能单一，大多局限为"局部领域大脑"，城市整体数字治理水平难以大幅提高。

（四）安全与发展统筹不够增加了城市数字治理的风险隐患

根据现有研究，推进城市数据大脑的建设发展不仅能够优化城市治理，带来诸多传统治理模式难以企及的积极成效，同时也可能会导致技术官僚简化主义（technocratic reductionism）、城市治理公司化、忽视市民需求、侵犯

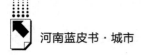

隐私空间、增加城市运转脆弱性等城市数字治理风险。因此，数字经济时代，对待城市数据大脑建设这一新生事物，我们不仅要对城市数据大脑未来的美好愿景充满坚定的信心，更要对城市数据大脑在未来建设发展进程中潜在的风险隐患保持足够清醒的认识。

河南在推进城市数据大脑建设中，由于起步晚，缺乏顶层设计，安全与发展统筹不够，城市可能会面临城市数字治理风险。2021年郑州市"7·20"特大暴雨灾害就暴露了城市风险预警能力的不足以及智慧城市和城市数据大脑建设中存在的问题。这警示我们，在城市数据大脑的建设中，拥有科学、合理、可操作性强的应急预案是防止城市数据大脑"失智""失灵"的关键。

四　河南城市数据大脑建设的路径选择

城市数据大脑是一个涉及数字技术、城市自然生态和经济社会多领域的复杂系统，建设运营涉及政府、企业、市民等多个主体，亟待建立政府主导、市场为主体、市民参与的多主体协同的建设运营体系。要从强化顶层设计、推动数据资源开发和融通、研发运用实用共性技术、强化数字应用场景建设、激发市场活力、统筹安全与发展等六个方面入手，多措并举，形成协同推进的格局。

（一）强化顶层设计，发挥政府主导作用

首先，政府层面要建立健全支持城市数据大脑发展的组织保障。至少要在市级层面成立领导小组、探索建立"首席数据官"和联席会议制度等，破除跨层级、跨部门、跨业务、跨领域的协同壁垒，推动形成横向纵向贯通协同的城市数据融通联动体系。如郑州市应成立城市数据大脑建设领导小组，由市委书记挂帅，多位市领导担任副组长，各区县（市）和各部门主要领导均为领导小组成员。

其次，强化对城市数据大脑建设的中长期谋划。城市数据大脑建设需要坚持循序渐进、持续发展的理念，要做中长期发展规划。要参考浙江的做

法，研究编制《河南省城市数据大脑建设应用行动方案》以及地级市城市数据大脑建设中长期规划，稳步推进，分步实施。

最后，建立健全制度规范。由于城市数据大脑目前在国家层面没有统一的建设规范和标准，众多科技企业和城市根据不同的理解进行探索，按照不同的技术规范框架开展建设，这不利于城市数据大脑未来健康可持续发展。河南要结合城市数字化转型发展的实际，探索建立体系完善、长（期）短（期）结合、协调配套、具有地域特色的《河南省城市数据大脑标准与管理规范》，涵盖数据汇集、数据开放、安全保障、项目管理等方面，为城市数据大脑依规发展提供指引。鼓励郑州市、洛阳市、许昌市等省辖市，借鉴杭州市成功经验，结合自身实际，研究制定本市城市数据大脑建设管理规范，以及城市数据大脑建设运营条例。

（二）推动数据资源开发和融通，充分释放数据要素生产力

数据是城市数据大脑运行中重要的信息传播媒介、关键资源和关键要素，应积极挖掘城市全域范围内的有效数据资源，充分释放数据要素生产力。既要根据城市治理现实需求，有针对性地挖掘、整理分布于城市各个领域的数据资源，大幅提高数据资源的利用价值；又要以推动全市域数据融通为目标，按照"市域全覆盖、数据全口径、标准全统一、安全全保障"要求，持续打通层级、部门、城乡、地域数据阻隔，推进各领域数据有效汇入，实现跨区域、跨层级、跨系统、跨部门、跨业务的数据有效融通共享；还要完善数据分级分类利用规则，建立"政企合作、管运分离、授权经营"的数据运营管理模式与机制，最大限度释放数据巨大潜力。

（三）研发运用实用共性技术，夯实城市数据大脑的底座

充分认识城市数据大脑的枢纽性、基础性能力和核心引领作用，将支撑城市数据大脑有效运转的共性数字技术软硬件平台作为城市开发新基建的核心。通过构建人口流动聚集预警模块、交通流量预测模块、充电桩选址模块、城市各类风险预警等工具化技术模块，完善城市数据大脑关键共性技术、应

用开发组件，夯实计算资源、数据资源、算法服务等的共性支撑平台，灵活高效地为上层应用系统提供大数据、物联网感知、城市信息模型等技术服务，以及身份认证、信用、底图服务、非税支付、电子证照等方面应用服务，全面赋能上层应用，打造城市政务数字服务统建统管资源池、城市级数字底图。

（四）强化数字应用场景建设，充分释放城市数据大脑应用效力

建设城市数据大脑目的主要是预防和治理"城市病"，整体促进城市治理体系和治理能力现代化。城市数据大脑建设不应是"政绩工程"，更不是"面子工程"，而应该以城市治理需求为导向，尤其要聚焦市民和企业"急难愁盼"的问题，强化数字应用场景的开发建设，不断提高城市数据大脑对城市服务需求的响应强度。一是强化满足市民和企业城市服务需求的数字应用场景建设。以满足市民和企业需求为导向，加强政策引导，开发能够精准把握市民和企业城市服务需求痛点、难点的数字应用场景。二是强化城市综合治理应用场景的开发。要结合城市治理实际需求，以跨领域综合协同业务为引领、以提升综合管理决策效能为核心，着力设计并优化城市跨部门应用流程与场景，以更高视角、更全数据、更综合服务，增强跨部门跨领域业务调度与决策能力。

（五）激发市场活力，构建城市数据大脑建设运营生态

城市数据大脑建设、运营和维护对资金和技术持续性投入要求较高，应将有为政府与有效市场紧密结合起来，前期大规模基础建设阶段应由政府主导推动，而后期多领域运营维护阶段则应发挥好市场的主体作用。政府指导并授权企业建立城市数据大脑平台公司，开展设施运维、内容服务、产品运营、数据分析等增值服务和专业化运营、孵化、投融资服务。政府应着力打造公平竞争的市场环境、法治环境，以平台公司为载体，对各类社会投资主体一视同仁，支持多元社会主体公平参与共享出行、智慧社区、智慧停车等盈利能力强的应用场景建设，与各类数字技术企业共同构建新型智慧城市共建共赢体系，推动当地数字经济发展。

（六）统筹安全与发展，增强城市数字治理风险防范能力

确保城市数字治理安全与城市数据大脑建设发展是相辅相成的，安全是发展的保障，发展是安全的目的，应该统筹推进。要摒弃"先建设再规范"的落后理念，要高度重视城市数据大脑建设的安全要求，把安全体系建设作为城市数据大脑建设的重要方面。要增强安全意识，把技术官僚简化主义、城市治理公司化、忽视市民需求、侵犯隐私空间、增加城市运转脆弱性等城市数字治理潜在风险进一步上升到国家安全影响因素的高度，将维护城市数据大脑建设中的数字治理安全作为政府的重要职责。在城市数据大脑顶层设计、建设和运营中，要强化安全管理，加大安全投入，做好网络安全技术应用，积极引入各种配套的网络安全设备设施。要建立健全信息资源采集、存储、交换、使用过程中的安全保障制度，建立科学、合理、可操作性强的应急预案，确保城市数据大脑运行的保密性、安全性和可控性。

参考文献

王卓岚、王筱卉：《"城市大脑"赋能新型智慧城市发展》，《城乡建设》2022 年第 10 期。

陈德权、王欢、温祖卿：《我国智慧城市建设中的顶层设计问题研究》，《电子政务》2017 年第 10 期。

胡坚波：《城市数据大脑，怎么建设？》，光明网，2021 年 8 月 11 日，https：//theory. gmw. cn/2021-08/11/content_ 35071164. htm。

孟凡坤、吴湘玲：《重新审视"智慧城市"：三个基本研究问题——基于英文文献系统性综述》，《公共管理与政策评论》2022 年第 2 期。

胡坚波：《关于城市大脑未来形态的思考》，《人民论坛·学术前沿》2021 年第 9 期。

孙芊芊：《新时期智慧城市建设的机遇、挑战和对策研究》，《江淮论坛》2019 年第 4 期。

B.17
河南拓展新型智慧城市应用场景研究

张 健*

摘　要： 河南拓展新型智慧城市应用场景进程在统一的政策、规划引领下，在先发、核心城市已取得了阶段性成效。在实践过程中，河南新型智慧城市应用场景拓展仍然存在一些不足之处，在城乡、区域的均衡协同发展，数据信息的互通共享，资金投入规模和模式，数据信息的安全防护，高精尖企业及人才培育，应用场景数量和质量等方面仍有待发展。下一步，河南新型智慧城市应用场景拓展应在优化资金来源模式、构建"中原智慧城市群"、建设专业人才队伍、强化信息安全屏障、提升应用场景质量等方面持续发力。

关键词： 智慧城市　应用场景　河南

　　智慧城市的发展，实现了互联网、大数据、区块链、云计算、人工智能等技术和城市治理、公共服务、实体经济的深度融合。多样化的应用场景担负智慧城市应用交互平台和触感神经的角色。拓展新型智慧城市应用场景是提升城市管理水平、推进城市更新、为市民创造美好城市生活的重要措施，对提升智慧城市可持续发展能力具有重要意义。当前，我国智慧城市应用场景建设处于快速发展阶段，中国智慧城市工作委员会数据显示，2022 年我国智慧城市市场总规模将达到 25 万亿元。

---

* 张健，河南省社会科学院改革开放与国际经济研究所，工程师，主要研究方向为技术经济。

2020 年 4 月习近平总书记在浙江考察时指出，"运用大数据、云计算、区块链、人工智能等前沿技术推动城市管理手段、管理模式、管理理念创新，从数字化到智能化再到智慧化，让城市更聪明一些、更智慧一些，是推动城市治理体系和治理能力现代化的必由之路，前景广阔"。河南深入贯彻习近平总书记重要讲话重要指示，把实施数字化转型作为"两个确保"的战略之举，全方位打造数字强省。2021 年，河南省数字经济规模突破 1.7万亿元，规模连续 6 年稳居全国前十。在此背景下，依托河南坚实的信息基础设施支撑、富集的数据资源，大力拓展智慧城市新应用方式、搭建新场景、发展新业态，在提升智慧城市建设水平、推进城乡一体化发展、加快传统产业数字化升级等方面取得了扎实的成效，为河南"更加出彩"提供了有力支撑。

一 河南拓展新型智慧城市应用场景的实践与成效

（一）统筹布局，因城施策推进新型智慧城市应用场景建设

2020 年 7 月，河南省人民政府办公厅下发《关于加快推进新型智慧城市建设的指导意见》（以下简称《意见》），明确了河南推进新型智慧城市建设的基本原则、发展目标、总体架构和重点任务，为全省统筹推动新型智慧城市建设、提升城市治理现代化水平提供政策依据和路径指引。《意见》明确了 4 项基本原则：以人为本，便民惠民；顶层设计，系统布局；政府引导，多元参与；因地制宜，科学有序。《意见》明确了河南省新型智慧城市的总体框架：以省辖市为主体推进，原则上各地应基于"1 个平台、3 大体系、4 大应用"的"134"一体化架构规划实施（"1"即建设统一的中枢平台，"3"即构建新一代信息基础设施、标准规范、网络安全等三大体系，"4"即开展城市治理、民生服务、生态宜居、产业发展等四类智慧化创新应用），各县（市、区）根据自身需求依托市级统一的中枢平台开展特色智慧应用。

河南新型智慧城市应用场景的拓展坚持按照不同城市规模和发展特点，因城施策，引导鼓励先发、核心城市构建拓展有区域特色新型智慧城市应用场景。郑州拓展交通综合治理、医疗保障领域具备全国标杆水平的新型智慧城市应用场景；洛阳重点建设国内重要的机器人及智能装备研发生产领域示范应用场景，拓展旅游服务场景；鹤壁重点聚焦公共安全应用场景；新乡以建设全国智慧养老示范市为目标，探索智慧康养应用场景拓展；焦作探索新型智慧城市应用场景在金融领域的赋能功效；漯河重点开展食品领域中新型智慧城市应用场景的建设；三门峡以城市治理更高效、民生服务普惠便捷为目标，拓展新型社会民生智慧城市应用场景；驻马店重点拓展智慧农业应用场景，打造淮河生态经济带智慧农业示范区。

（二）以5G为代表的新基建为河南智慧城市提供坚实支撑

完备的数字信息基础设施是新型智慧城市应用场景拓展的首要条件，河南以5G网络建设为突破口、发力点，大力推进数字信息基础设施建设，为智慧城市建设、新型应用场景拓展提供了坚实支撑。截至2022年6月底，河南5G基站达到12.47万个，居全国第5位。截至2022年8月，郑州国家级互联网骨干直联点总带宽达到1820G，居全国第6位；开通窄带物联网（NB-IoT）基站3.5万个，实现乡镇以上区域和人口密集行政村全覆盖。

郑州航空港区、高新区和洛阳三个超大型数据中心的总容量为7万个机架。中国移动CDN内容中心大区郑州节点，内容分发能力达13T，位居全国第二。"全光网河南"搭建了全省智慧城市的高速"神经网络"。国家互联网信息办公室发布的《数字中国发展报告（2021年）》显示，河南与北京、上海、浙江、江苏、天津、广东、重庆、山东、四川等10个省（市）位列全国各省（区、市）数字基础设施建设水平前10名。

（三）先发、核心城市拓展新型智慧城市应用场景成效显著

目前，河南智慧城市建设已经从数字化、信息化建设阶段进入新型智慧城市应用场景全面搭建、拓展的新阶段。河南注重依据区域城市实际情况，

引导先发、核心城市探索、拓展各具特色的新型智慧城市应用场景，并取得显著的成效。

郑州作为人口超千万的国家中心城市和河南省新型智慧城市建设试点市，以善政、惠民、兴业为郑州智慧城市应用场景拓展的总思路，以"城市大脑+应用场景"为框架构建智慧城市运行系统。"城市大脑"依托大数据、云计算、区块链等技术即时分析处理智慧城市即时状态、修正城市运行缺陷、智能调配城市公共资源，形成具备多维敏捷感知、海量数据共享、全局实时洞察、持续迭代进化能力的城市智能中枢。多种多样的新型智慧城市应用场景成为智慧城市的感知神经末梢和社会应用服务平台，实现对海量数据信息的即时汇聚，为广大市民提供快捷、智能的综合服务。

郑州以在线政务平台"郑好办"作为郑州政务服务场景入口平台，政务服务集中统一在"郑好办"，实现一体化、全流程、全天候服务。基本涵盖行政审批类政务服务，水电气暖类、公共交通等公共服务和疫情防控、停车缴费、补贴领取、优惠券发放等综合城市服务。企业、市民通过"郑好办"便捷完成各种事项办理，享受高效的智慧城市生活。2020 年，郑州已有 118 个新型智慧城市应用场景上线运行，这些应用场景涉及城市运行、营商环境、市民生活的各个方面。国内多家权威评价机构排名显示，郑州已跻身数字政务发展一线城市，成为数字政务"中部样板"。

许昌作为河南重要的制造业城市，是全国首个基于黄河鲲鹏架构的智慧城市。许昌在建设智慧城市、拓展新型智慧城市应用场景过程中，注重发挥新型智慧城市应用场景对营商助企的助力作用、对企业数字化转型升级的赋能作用。许昌着力拓展有特色的企业服务应用场景，以企业码为媒介，衔接政府、企业、金融机构、第三方服务机构，提升服务企业效率，提高企业融资便捷度，助力企业生态协同，精准监测企业运行状态。许昌建设中的工业互联网二级标识码解析系统，联合电力装备制造优势企业，共建许昌市电力装备制造行业工业互联网二级节点。打通行业产业链及价值链的数据和信息入口，搭建许昌综合工业互联网平台，构建工业互联网服务体系，打造了许昌智慧城市电力装备制造产业生态场景体系，助力许昌制造业高质量发展。

许昌凭数字城市建设案例荣获"2020 中国智慧城市示范城市奖"和"2021中国领军智慧城市"称号等。

三门峡以"优政、惠民、兴业"为方向,以数字政府、数字社会、数字经济建设为路径推进智慧城市建设。通过搭建"两平台"(政务云平台、时空云平台)、建设"三中心"(数字三门峡运行指挥中心、大数据中心、网络安全运营中心)、畅通"三联网"(电子政务外网、视联网、物联网)、拓展"多应用场景"(12345 政府服务热线、线上三门峡 App、互联网+政务服务、智慧 120 急救等 60 多个新型智慧城市应用场景),推进三门峡新型智慧城市应用场景拓展取得良好成效。2020 年,三门峡市新型智慧城市建设成果先后获得中国信息协会颁发的"政府信息化管理创新奖"、2020 银川国际智慧城市博览会颁发的"特殊贡献奖"。

随着河南新型智慧城市应用场景拓展不断提速,多样的新型智慧城市应用场景让民众更深切地感受到办事、出行、医疗等方面的便利;政府的政务服务能力得到了极大提升;各种新型企业应用场景为河南传统产业数字化转型升级赋能,实现了实体经济与数字技术的融合发展。腾讯研究院发布的《数字中国指数报告(2019)》显示,河南在数字中国总指数省级排名中居全国第 6 位、中部省份首位。

二 拓展新型智慧城市应用场景存在的问题分析

(一)新型智慧城市应用场景城乡、区域不同步、不均衡问题突出

拓展一体化的新型智慧城市应用场景有助于区域城市协同发展,是实现新型城镇化、城乡一体发展化的有力抓手。当前河南的智慧城市建设、新型应用场景拓展存在城乡发展不同步、区域发展不均衡等问题。一是目前各地优先聚焦于城市主城区的新型应用场景拓展,提升了城市的公共服务能力和治理水平,但因为历史与现实因素,乡村的数字化、智慧化建设相对城市而言滞后,新型智慧城市应用场景在农村拓展力度不够,社会渗透率不高,存

在乡村覆盖盲区，造成"城乡数字鸿沟"。二是部分先发核心城市如郑州、洛阳、许昌、三门峡、鹤壁等地在智慧城市建设、新型应用场景拓展方面走在了全省乃至全国前列，但由于全省各地经济发展水平差异、智慧城市的建设进度和推进力度的不同，河南省整体的新型智慧城市应用场景的区域发展不同步、不均衡的问题仍比较突出。

（二）新型智慧城市应用场景存在"信息孤岛""数据烟囱"现象

新型智慧城市应用场景的高效运行基础是获取海量的跨行业、跨区域信息数据，可以说，智慧城市信息数据的海量性、流动性、共享性是新型智慧城市应用场景能否实现效能最大化、结果智能化的决定性因素。当前，河南智慧城市建设中存在跨部门信息数据互通机制不健全、信息数据采集口径不统一、信息数据共享渠道不畅通、信息数据安全防护等级不一致等问题。一些政府、业务部门在拓展应用场景方面存在数据重复采集、信息数据封闭等现象，社会数据信息不能在应用场景间互通共享。智慧城市"信息孤岛"与"数据烟囱"现象已成为影响新型应用场景拓展及发挥最大效能的关键因素。

（三）新型智慧城市应用场景拓展资金来源渠道单一

智慧城市建设、新型应用场景拓展是一个长期资本密集工程，其运营管理与维护也是一个对资金投入要求很高、投资回报周期较长的过程。河南各地智慧城市建设、新型应用场景拓展的基本模式是政府主导投资，社会资本主要提供技术及拓展支持服务。政府主导更容易推进融资、建设、共享，但是智慧城市建设的高投入、长周期模式使政府背负较大的财政压力，新型智慧城市应用场景运营、拓展、维护也必须有不间断的资金支持。当前，河南各地的智慧城市建设、新型应用场景拓展整体处于爬坡提升和资金净投入阶段。单一的政府主导投资模式使地方政府财政背负较大的财政压力，不利于河南智慧城市建设的长远发展。

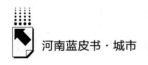

（四）新型智慧城市应用场景信息安全面临挑战

新型智慧城市应用场景的背后是利用最新数据信息技术对全社会海量数据信息进行智慧化、最优化处理的过程，此过程呈现信息数据海量化、流动无边界化、数据风险复杂化的特点，任何智慧城市安全防护体系的疏漏都将会给智慧城市运行、新型应用场景拓展带来灾难性的影响。保证数据信息安全是整个智慧城市应用场景安全运营的基础工程。同时，智慧城市信息安全面临的挑战将是长期性的。一些地方在智慧城市建设中对数字信息的风险意识不强，信息安全保护设施投入不够，信息防护技术落后，给智慧城市应用场景的安全运行带来了不确定性。

（五）新型智慧城市应用场景建设人才队伍储备薄弱

新型智慧城市应用场景建设是将最新科技与传统城市融合，为城市运行增智赋能的过程，各种应用场景需要具有前瞻性和决策性的领导人才做好宏观规划设计，需要众多高新技术人才开发拓展，智慧城市建设是典型的高科技人才密集行业。河南智慧城市在建设起步阶段是借鉴学习国内外先进智慧城市的建设经验，借助电信运营商和国内头部科技公司力量推进智慧城市初期阶段建设，随着对多样化、本地化应用场景需求的增加，对本地化的创新技术人才、复合型管理人才的需求将会越来越旺盛。河南高精尖创新科技人才、复合型管理人才短缺问题成为河南智慧城市建设、新型应用场景拓展升级发展的瓶颈问题。

（六）新型智慧城市应用场景与"有温度"智慧城市的目标仍有差距

新型智慧城市应用场景基于城市以人为本、科技服务社会的初心，通过为市民量身定制满意的生活方式，创造便捷美好的新型城市生活，让市民感受到智慧城市的"温度"，实现城市运行更智能、市民生活更美好的目标。总体上看，当前河南新型智慧城市应用场景存在规模小、数量少，社会面覆盖渗透不广，民众场景体验人性化状况不佳，智能性、功能性不强等问题，与深圳、杭州、上海等先进城市相比尚有不足，与社会公众对智慧城市建设的期望和"有温度"的智慧城市的目标还有较大差距。

三　加快拓展新型智慧城市应用场景的对策建议

（一）拓展新型智慧城市应用场景建设资金渠道

进一步加大智慧城市建设政策扶持力度，拓展智慧城市建设资金渠道，探索"政府引导、市场运作、企业参与"的智慧城市建设运营模式。政府做好智慧城市建设的统筹规划、标准制订、规范管理、基础设施建设，借鉴智慧城市建设先行地区的经验做法，探索运用政策、资源、税收等支持工具，汇聚社会多方力量，吸引社会民间资金参与河南智慧城市建设，形成新型智慧城市应用场景建设从资金投入、管理运营到经济收益的明确、可持续的发展路径，从而减轻地方政府财政压力，提高智慧城市建设速度和成效。

（二）加强省域智慧城市应用场景建设统筹

统筹推进河南新型智慧城市应用场景拓展与中原城市群建设工作，构建"中原智慧城市群"。在聚焦先发、核心城市智慧城市新型应用场景拓展的同时，加强区域中小城市、区县的协调发展。河南智慧城市建设存在的重复投资、区域发展不均衡、数据信息不互通等问题，可通过构建全省统一的"中原智慧城市群"予以破解。政府继续发挥规划、统领职能，构建分布式的全省性的智慧城市群统一平台，制定全省统一智慧城市应用场景开发应用标准，拓展全省一体化智慧政务、智慧医疗、智慧农业、智慧交通等应用场景。打破城市间、行业间数据信息屏障，实现城市间、行业间数据信息流动畅通、共享。消除"信息孤岛""数据烟囱"，构建一体化的"中原智慧城市群"。建设"中原智慧城市群"，为"数字河南"战略、城乡一体化发展激发新动能。

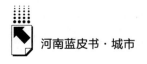

（三）加大创新企业、高新人才培育力度

智慧城市的建设是科技创新的主战场，创新科技人才和企业是智慧城市建设的主力军。河南在智慧城市建设中一方面要加强与国内高科技企业如华为、阿里巴巴、腾讯的合作，另一方面要深入落实"创新驱动、科教兴省、人才强省"战略，加强河南智能科技人才的培养和储备工作。通过政策引导、资金扶持，鼓励河南高校、科研院所开展智慧城市建设的实践研究。创新人才政策、优化人才环境，吸引大数据、云计算、人工智能、智能制造等领域的"高精尖"人才参与到河南智慧城市建设中。持续不断改善营商环境，扶持培育一批扎根于河南、服务于河南的本地高新科技企业。促进企业、人才与河南智慧城市建设的相互促进、相互成就和共同成长。

（四）加强智慧城市的信息安全建设

新型智慧城市应用场景的不断拓展，为社会和民众带来了更高效的社会服务和更便利的城市生活，但是经济学理论中效率和安全的矛盾也会凸显，任何智慧城市的数据信息安全疏漏、信息数据流失都将会影响智慧城市应用场景的运行，损害社会公众利益，甚至危害国家安全。因此数据信息安全防护是智慧城市建设、新型应用场景拓展的基础支撑和重中之重。河南智慧城市建设要进一步强化网络基础设施及数据信息资源方面的安全防护，建设高等级的信息安全监控平台和信息安全风险评估体系，在信息安全防护的政策法规制定、资金投入、社会安全知识教育等方面多方施策，为智慧城市构筑起全方位的防护屏障，确保智慧城市建设、新型应用场景拓展行稳致远。

（五）持续推进智慧城市应用场景升级拓展

进一步推动新型智慧城市应用场景数量增加、效能升级，扩大社会覆盖面和提高渗透度，提升应用场景对民众的友好度，实现新型智慧城市应用场景由"可用能用1.0"到"好用都用2.0"的升级。新型智慧城市应用场景是社会民众对智慧城市建设的感知载体、应用平台，应用场景的使用规模、社会覆盖广度、民众使用频次决定智慧城市建设的成效水平。要充分利用和发挥河南人口大省、经济大省的海量数据的优势，提升新型智慧城市应用场景的出新数量、出品质量。一是增强新型智慧城市应用场景的功能性、针对性，便于社会民众通过应用场景以最短时间、最小成本解决最突出问题，享受智能、便利的智慧城市生活。二是提高新型智慧城市应用场景开发量级和拓展广度，充分发挥新型智慧城市应用场景的网络覆盖规模效能，不断拓展多样化的应用场景，使其服务于城市的方方面面，实现河南新型智慧城市应用场景拓展再上新的台阶。

参考文献

新华社记者：《让城市更聪明更智慧——习近平总书记浙江考察为推进城市治理体系和治理能力现代化提供重要遵循》，2020 年 4 月 6 日。

邓岩：《河南省新型智慧城市发展路径研究》，《河南科技学院学报》2020 年第 11 期。

徐建勋、王延辉、李林：《城市有"大脑" 郑州更"聪明"》，《河南日报》2020 年 7 月 6 日，第 5 版。

栾姗：《打造全场景数字孪生城市》，《河南日报》2020 年 11 月 4 日，第 6 版。

《〈河南省人民政府办公厅关于加快推进新型智慧城市建设的指导意见〉政策解读》，河南省人民政府网站，2020 年 7 月 16 日，https：//www. henan. gov. cn/2020/07 - 16/1741149. html。

刘高雅：《未来已来！河南发文推进新型智慧城市建设》，大河网，2020 年 7 月 16 日，https：//news. dahe. cn/2020/07 - 15/686729. html。

绿色城市篇

Green City

B.18
河南优化城市生态空间研究

郭志远*

摘　要： 城市生态空间是城市复杂系统的重要组成部分，是维持城市生态环境功能和提供生态产品的重要空间载体，是城市居民享受美好生活的重要场所，合理有序的生态空间是城市健康持续发展的重要保障。近年来，随着河南各城市政府对生态文明建设的投入不断加大，全省城市生态空间呈面积持续增加、空间结构不断优化的态势。但是，与国内外发达地区的城市相比，特别是与市民对美好生活的向往相比，河南城市生态空间建设仍存在数量不足、分布不均、使用负荷较重等问题，今后，应进一步增加城市生态空间有效供给，保障其系统稳定性与类型多样性。

关键词： 生态空间　生态服务　城市

---

* 郭志远，河南省社会科学院城市与生态文明研究所助理研究员，主要研究方向为城市经济。

城市生态空间是城市复杂系统的重要组成部分，是维持城市生态环境功能和提供生态产品的重要空间载体，合理有序的生态空间是城市健康持续发展的重要保障。2020 年底，河南城市绿化覆盖面积 138690 公顷，园林绿地面积 122110 公顷，公园个数 538 个，城市生态空间建设成效显著。河南是人口大省和农业大省，截止到 2021 年底，全省常住人口 9883 万人，其中城镇常住人口 5579 万人，常住人口城镇化率为 56.45%，比 2020 年提高了 1.02 个百分点，仍处于城镇化快速推进过程中。一方面，快速增长的城市人口对生态空间的需求不断增长；另一方面，城市高强度的人类活动对生态空间的压力日益增大。与国内外发达城市相比，河南多数城市生态空间数量不足、品质不高。因此，在今后的城市建设中，既要增加城市生态空间供给数量，又要注重生态空间品质提升。

一　优化城市生态空间意义重大

城市生态空间具有生态、景观、健康、休闲、科研等多重服务价值，能够有效缓解城市热岛效应，净化受污染环境，美化人居环境，降低疾病发病率，传播生态文化知识，提升城市景观品质，是城市复杂系统不可或缺的组成部分。

（一）城市生态空间是城市复杂系统的重要组成部分

从学术研究的角度来看，由于关于生态空间的尺度和属性的认识不尽相同，因此对生态空间的理解和界定并不统一。中共中央办公厅、国务院办公厅 2017 年印发的《关于划定并严守生态保护红线的若干意见》指出，生态空间是具有自然属性、以提供生态服务或生态产品为主体功能的国土空间，包括森林、草原、湿地、河流、湖海、滩涂、荒漠、戈壁等。王甫园等认为，城市生态空间为城市提供生态系统服务，是保障城市生态安全、提升居民生活质量不可或缺的城市空间，城市生态空间是指城市地表人工、半自然或自然的植被及水体（森林、草地、绿地、湿地等）等生态单元所占据的为城市提供生态系统服务的空间，包括城市绿地、城市森林、农用地、未利用地和水域等多种土地利用类型。① 王成认为生态空间是生态用地在国土空间规划中的另一种表述方式。② 综合来看，不论对生态空间的认识从何角度得出，城市生态空间都是城市复杂系统的不可或缺的组成部分。

（二）城市生态空间是城市生态产品供给的重要载体

从以上对于城市生态空间的定义来看，城市生态空间是指能够为城市居民提供生态产品或生态服务的国土空间。这些生态产品，既包括森林、绿地、湿地等有形的生态产品，还包括清洁的空气、干净的水源、宜人的环境等无形的生态服务。因为几乎所有的自然资源和生态产品都需要在一定的生态空间内产生、存在和被利用，所以在城市内保留足够的生态空间意义重大。如城市森林生态空间在提供涵养水源、调节气温、固碳释氧、净化空气、生物多样性保护、休闲游憩等生态服务方面具有重要作用。③ 只有保留足够的森林、绿地、湿地、湖泊等生态系统的用地空间，才能生产出更多优质的生态产品。因此，城市生态空间是生态产品供给的重要载体，加强城市生态空间的建设与保护，是生产优质生态产品、提供优质生态服务的前提条件，关系到城市的健康可持续发展。

（三）城市生态空间是满足城市居民美好生活向往的重要场所

习近平总书记曾经指出："建设人与自然和谐共生的现代化，必须把保护城市生态环境摆在更加突出的位置，科学合理规划城市的生产空间、生活空间、生态空间，处理好城市生产生活和生态环境保护的关系，既提高经济发展质量，又提高人民生活品质。"④ 有研究表明，居民平均收入每增加

---

① 王甫园、王开泳、陈田、李萍：《城市生态空间研究进展与展望》，《地理科学进展》2017年第2期，第207~218页。

② 王成：《中国城市生态空间：范围、规模、成分与布局》，《中国城市林业》2022年第2期，第1~7页。

③ 王兵、牛香、宋庆丰：《中国森林生态系统服务评估及其价值化实现路径设计》，《环境保护》2020年第14期，第28~36页。

④ 《贯彻新发展理念构建新发展格局 推动经济社会高质量发展可持续发展》，《人民日报》2020年11月15日，第1版。

10%，对城市绿色空间面积的需要就会增加 1%。[①] 城市生态空间是城市健康发展和居民高品质生活的重要保障，不是可有可无、只需随意修修补补的填空补缺的装饰品。城市内的森林具有较强的二氧化碳和臭氧吸收能力，城市内的湿地能够有效缓解城市热岛效应，城市内的公园绿地是居民休闲娱乐的重要场所，城市生态空间顺应了城市居民对良好生态环境的期待。

二　河南城市生态空间建设的最新进展

近年来，河南省各城市深入践行习近平生态文明思想，大力实施城市生态修复和修补，城市生态空间的数量快速增加、布局更加合理、生态功能不断完善，进一步满足了城市居民对生态空间的需求。

（一）城市生态空间的数量快速增加

近年来，河南城市生态空间建设力度不断加大，生态节点数量大幅提升，各种类型生态空间面积快速增加。围绕森林河南建设，积极开展林长制试点，强力推进国土绿化提速行动，仅"十三五"期间，全省各城市累计造林 1338 万亩，完成森林抚育 2326 万亩，16 个省辖市成为国家森林城市。截止到 2020 年底，河南城市绿化覆盖面积达到 138690 公顷，比 2015 年增加了 35990 公顷；园林绿地面积达到 122110 公顷，比 2015 年增加了 32158 公顷；公园绿地面积达到 38664 公顷，比 2015 年增加了 13463 公顷。各城市在土地资源日益紧张的情况下，保持了绿地空间的大幅增加，体现了河南各城市在建设城市生态空间上的努力和成效。

（二）城市生态空间的结构更加合理

包括公园、湿地、生态廊道、绿道网络在内的城市生态空间类型更加丰

---

① 王成：《中国城市生态空间：范围、规模、成分与布局》，《中国城市林业》2022 年第 2 期，第 1~7 页。

富，结构更加合理。公园建设方面，河南各城市都在加快建设包括国家公园、城市公园、郊野公园等在内的各种类型的公园，截止到2020年底，河南城市公园个数达到538个，比2015年增加了211个。湿地建设方面，各城市不断加大湿地自然保护区、湿地公园建设力度，截止到2020年底，已建立湿地自然保护区11处，总面积371.3万亩；建立湿地公园（试点）71处，总面积157万亩，全省国家级、省级湿地保护区和湿地公园（包括2020年申报后待批复的）数量达到115个，覆盖全省所有城市的湿地保护体系基本形成。河南各城市积极落实黄河流域生态保护和高质量发展国家战略，大力实施沿黄生态廊道建设工程，截至2021年3月，全长710千米的黄河河南段，沿黄生态廊道已贯通330千米，完成绿化造林7.04万亩。[①] 此外，河南黄河沿岸各城市还依托黄河及其支流、绿带、堤坝等自然和人工廊道，积极打造城市"绿芯""绿廊"等各种生态空间，为城市居民打造越来越多的生态产品和服务。

（三）城市生态空间的功能不断丰富

作为国土空间的一种类型，城市生态空间具备生态、环境、经济和景观等多重功能。近年来，河南各城市在进行生态空间建设时，更加注重发挥城市生态空间的多重功能，通过加强统筹规划建设，有效激发城市生态空间的生态、景观、游乐、研学等多种功能。通过打造开放共享的城市生态空间，实现城市生态空间的生态效益、社会效益和经济效益的有机统一。通过城市中心或者郊野公园、绿地、湿地等生态空间的建设，推动生态效益和居民需求的和谐统一，有效满足了居民对美好生态生活生产环境的需求。

三　河南城市生态空间建设存在的突出问题

虽然河南各城市在生态空间建设方面取得了一定成绩，但是也应看到，

---

① 河南省自然资源厅网站：《沿黄生态廊道2021年底全线贯通》。

受城镇化发展阶段和经济实力等主客观因素的制约，与国内外生态空间建设发达的城市相比，河南各城市当前在生态空间建设方面仍存在城市生态空间数量不足、分布不均、使用负荷较重等问题，亟待在今后的建设中加以解决。

（一）城市生态空间的规模仍需增加

从生态学的研究视角来看，一定的空间规模，是发挥城市生态空间的生态价值和功能的前提。河南地处平原地带，土地肥沃，承担着保障国家粮食安全的重任，耕地红线需严格保护，城市土地开发强度大，森林覆盖率整体较低。国内外实践表明，要让一个国家或地区的生态环境比较优越，其森林覆盖率要达到30%以上，此时森林的一系列生态服务功能才能得到有效发挥。河南省2020年森林覆盖率仅有24.1%，森林面积、人均森林面积、森林覆盖率均排在全国20名左右。郑州市中心城区建成区2020年绿化覆盖率35.5%，人均公共绿地面积6.9平方米，但与生态环境发达的城市相比还有一定的提升空间，如北京、深圳、广州等城市森林覆盖率均已超过40%，人均公园绿地面积超过16平方米。城市生态空间的不足，必然会造成难以满足居民生态环境需求的困境。

（二）城市生态空间保护与利用尚需协调

生态空间是保障城市生态安全的重要载体，要在严格保护的前提下进行科学合理的开发利用，以满足居民多元化需求。在严格保护城市生态空间的前提下，满足城市经济社会发展和市民生态需求，是当前摆在河南各城市政府面前的一个严峻挑战。一方面，河南所有城市的生态空间都需要进行严格的保护，以保证有限的生态空间规模不缩小、功能不退化。另一方面，河南土地资源稀缺，城镇化仍处于快速推进阶段，土地供需矛盾非常突出，城市内及周边地区能用于建设生态空间的土地资源更为稀少。有效发挥城市生态空间的生态效益、经济效益和社会效益等多重效益，为城市居民提供更多生态产品和生态服务，实现城市生态空间的多重价值最大化，依然任重道远。

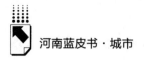
（三）城市生态空间的使用负荷较重

河南生态资源分布不均，生态空间与人口分布存在空间错位现象。森林资源分布不均情况尤为明显，全省超过60%的林业用地、森林面积、森林蓄积都分布在伏牛山区。湿地资源以豫南地区分布较多，南阳、信阳和驻马店3个城市的湿地面积占全省湿地面积的40%以上，其中南阳湿地面积最大，占全省湿地总面积的18%还多。而城镇化水平较高的郑州、新乡、焦作等城市只能通过建设城市公园、广场绿地、绿道等增加城市生态空间。从单个城市看，较为成熟的中心城区，人口密度大，但生态空间规模小，生态空间使用负荷重；而人口密度较小的郊区，则多建有超大型的森林公园、湿地公园，加上距离中心城区较远，生态空间的利用效率相对较低，生态服务功能还没有得到最大限度的发挥。

四 河南优化城市生态空间的对策建议

在习近平总书记"人民城市人民建，人民城市为人民"理念的指引下，河南今后在城市生态空间建设方面，需要更加注重生态空间的系统稳定性、类型多样性和福祉公平性，推动城市生态空间建设从数量管控向布局优化和功能提升转变，以不断满足居民对美好生态空间的需求和向往。

（一）增加城市生态空间的有效供给

宜居宜业的生态环境是现代化城市建设的重要标志之一，而一定数量的生态空间又是保障城市生态安全的重要基础。对于城镇化滞后的河南来说，生态空间建设是河南城市高质量发展必须补齐的短板。一定面积的城市生态空间布局是保持城市生态系统整体性和功能性的基础，它既包括空间形态上的空间布局，也包括组成类型上的结构布局。2021年6月2日，国务院办公厅发布了《关于科学绿化的指导意见》，指出要合理安排绿化用地，并鼓励特大城市、超大城市通过建设用地腾挪、农用地转用等方式加大留白增绿力度，留足绿化空间。在河南今后的城市建设中，要鼓励各城市的中心城区和老城区通过城市更新、"城市双修"等途径，积极开展拆旧建绿、见缝插绿、屋顶添绿等行动，多措并举增加城市生态空间。在城市郊区，积极整合现有的农田、林地、河流、湖泊、湿地等生态基底，加强郊野公园等生态空间建设。推动城市生态空间布局优化，积极串联城市公园、休闲空间和滨水绿带，加大城市内部及周边地区的山地、林地、湿地保护力度，加快推进城市绿环、绿廊、绿楔和绿道建设，保持城市自然水域面积和生态用地规模，不断丰富优质生态产品供给。

（二）保障城市生态空间的系统稳定性

城市，从来就不可能孤立地存在，把城市看作一个复杂生态系统是研究城市问题的一种有效的途径与范式。[①] 城市生态空间的核心任务是保障城市的生态安全，需要久久为功的长期保护培育才能形成健康高效的生态系统。在城市建成区、近郊区、市域范围、省域范围4个空间尺度上统筹城市生态空间的分布，以保障全省范围内城市化的区域生态空间的整体性和功能性。加强城市生态空间的总量管控和分类型控制，通过合理布局大尺度森林、湿地、草地等生态斑块，保护恢复骨干河流生态廊道、森林生态廊道，以及与城区建筑空间、农业生产空间和乡村聚落空间相依相映的林网水网，形成"生态源块+生态干廊+生态支网"的空间布局。在人口密集、生态空间破碎的建成区和近郊区，要保留和引入一些以近自然森林、湿地、草地为主的自然状态的生态空间。此外，还应尽可能保留城市内部和周边地区的森林、绿地、湿地等原生态的生态系统，保护动植物原生态的栖息空间，既发挥生态空间的生态屏障作用，又满足城市居民生态需求。

（三）维持城市生态空间的类型多样性

城市生态空间所具有的众多功能只有在一定面积地块的尺度上才能实

---

① 吴志峰、象伟宁：《从城市生态系统整体性、复杂性和多样性的视角透视城市内涝》，《生态学报》2016年第16期，第4955~4957页。

现，正是不同功能的地块组合起来，才能够有效发挥生态空间的多重服务功能。在城市及其近郊保留和培育总量适宜、分布均衡、互联互通的自然和近自然森林、湿地以及生态廊道，能够为城市提供生态安全屏障。加强城市公园、森林公园、湿地公园等多种类型的城市绿地建设，能够为居民提供普惠共享的生态福祉。立足城市的森林、河湖、湿地等生态空间，不仅能够发展木材、渔业、食品、中药材等传统生态产业，而且能够发展生态旅游、生态康养、生态研学等新场景新业态，在满足城乡居民品质生活和健康需求的同时，提高城市生态空间对城市经济和居民就业增收的贡献率。通过打造城市生态空间"生态安全+生态福祉+生态产业"的结构布局，有效发挥利用生态空间主体服务功能，最终实现城市生态空间整体的多功能和综合服务价值。

（四）提升城市生态空间的福祉公平性

"人民城市为人民"，城市是人民的城市，城市生态空间也应当是服务于城市居民的生态空间。通过加快建设城市公园、森林公园、湿地公园等各种类型的城市公共生态空间，能够有效增进人民各种生态福祉。各种类型的城市生态空间，不仅要数量充足，而且要类型丰富、布局合理，并尽可能向社会免费开放，保障城市生态空间的普惠性和公平性。目前国家园林城市要求建成区公园绿地 500 米服务半径对居住用地覆盖 85%以上，国家森林城市更进一步提出了覆盖整个城市建成区的要求，并提出各类自然公园 20 千米服务半径对市域覆盖 90%以上、乡镇和村庄公园 100%全覆盖等建设标准。鼓励各城市积极创建国家森林城市、生态园林城市，通过各种类型的创建活动，进一步增加城市生态空间的供给数量和推动其分布优化，为全体居民提供便捷、公平、共享的高品质生态福祉。

（五）强化城市生态空间管理的部门协同

城市生态空间建设与管理涉及自然资源、国土、林业、水利等多个行业和部门，需要多部门联合才能实现城市生态空间的优化。但是在实际工作中，由于"多头管理"，各部门各说各话、各算各账，如果没有强力的上层推动，很难实现城市生态空间的总量把控和布局优化。这就需要加快改变目前过于强调生态土地的部门属性观念，从城市生态系统和城市居民福祉的角度和高度来重新认识城市生态空间的重要性，更加强调城市生态空间的普惠性和公益性。以山水林田湖草系统治理的理念，积极完善城市生态空间的制度体系建设，加快修订与山水林田湖草系统治理不一致的部门规章，破解当前存在的部门观念落后、沟通协调机制不畅等问题，使制度与理念更加符合城市生态空间的系统性和整体性要求。

参考文献

欧阳志云：《把保护城市生态环境摆在更加突出位置》，《上海企业》2021年第5期。

王甫园、王开泳：《城市化地区生态空间可持续利用的科学内涵》，《地理研究》2018年第10期。

詹运洲、李艳：《特大城市城乡生态空间规划方法及实施机制思考》，《城市规划学刊》2011年第2期。

程进：《"十三五"~"十四五"上海城市生态空间体系特征及品质提升研究》，载周冯琦、胡静主编《上海资源环境发展报告（2021）》，社会科学文献出版社，2021。

张永超：《总书记开启美丽中国建设新征程》，《中国城市报》2022年9月26日，第2版。

B.19
河南城市倡导绿色生活方式研究

赵 执*

摘 要： 加快推动形成绿色生活方式是深入贯彻习近平生态文明思想，落实"双碳"目标，建设人与自然和谐共生现代化的应有之义，也是顺应消费升级趋势，培育新的经济增长点，增强高质量发展新动能的重要手段。河南积极倡导和培育绿色生活方式，目前城市在增强全民绿色低碳环保意识，节约能源资源，推广绿色出行、绿色建筑、城市生活垃圾分类等方面取得了明显的进展，但也存在着一些短板和瓶颈，亟须从加强宣传和引导、健全协同工作机制、增加绿色产品供给、倡导绿色消费、提供制度支撑等方面着手，加快形成绿色生活方式。

关键词： 绿色生活方式 城市 河南

中央全面深化改革委员会第二十七次会议提出："要增强全民节约意识，推行简约适度、绿色低碳的生活方式，反对奢侈浪费和过度消费，努力形成全民崇尚节约的浓厚氛围。"绿色生活方式是以节约资源、减少污染、保护环境为核心的生活方式，涉及老百姓衣食住行旅各个方面。加快构建绿色生活方式，是深入贯彻习近平生态文明思想，落实"双碳"目标，建设人与自然和谐共生现代化的应有之义；也是顺应消费升级趋势，培育新的经济增长点，增强高质量发展新动能的重要手段。河南积极倡导和培育绿色生

---

* 赵执，河南省社会科学院城市与生态文明研究所副研究员，博士，研究方向为城市土地利用与管理、国土空间优化利用。

活方式，提出了全省到 2035 年广泛形成绿色生产生活方式的远景目标。本报告以人口、产业、能耗高度集中，作为碳排放最主要场所的城市为例，深入分析河南城市倡导绿色生活方式的做法与成效、面临的突出问题与困境，并提出相应的对策建议，以期为河南加快构建绿色生活方式、促进绿色低碳转型发展提供借鉴参考。

一 河南城市倡导绿色生活方式的做法与成效

河南深入贯彻落实新发展理念，高度重视绿色低碳转型发展，积极从加强顶层设计、广泛宣传引导、强化政策支撑等方面着手，努力推动全社会形成简约适度、绿色低碳的生活方式。截至 2022 年，全省在节约能源资源、推广绿色出行、绿色建筑、城市生活垃圾分类等方面取得了明显的进展，进一步激发了政府、企业、公众等践行绿色生活方式的积极性和主动性。

（一）高度重视并加强绿色低碳转型发展顶层设计

河南高度重视绿色发展，将实施绿色低碳转型发展战略作为深入贯彻新发展理念、落实党中央碳达峰、碳中和决策部署的重要抓手和举措。《河南省国民经济和社会发展第十四个五年规划和二〇三五年远景目标纲要》将"绿色生产生活方式广泛形成"列入 2035 年远景目标之中，并提出要"深入推进绿色生活创建，倡导绿色出行、文明用餐、节俭消费，坚决制止餐饮浪费行为。推广节能家电、高效照明产品、节水器具等绿色产品，扩大政府绿色采购规模"。省第十一次党代会将绿色低碳转型战略纳入"十大战略"之中，提出要"坚持绿色生产、绿色技术、绿色生活、绿色制度一体推进""建立健全绿色低碳循环发展的经济体系"。省委、省政府高度重视绿色发展，为全省践行绿色发展理念、推动形成绿色生产生活方式提供了重要指导。

（二）强化形成绿色生活方式的政策引导与支持

河南结合省情实际出台了一系列专项规划、实施意见等，为倡导和培育绿色生活方式提供了政策支持。在生态环境保护方面，如《河南省"十四五"生态环境保护和生态经济发展规划》强调"践行绿色低碳生活"，提出到2025年"绿色生活创建行动取得显著成效，绿色出行创建城市的绿色出行比例达到70%以上""政府采购绿色产品比例达到30%"；《河南省人民政府关于实施"三线一单"生态环境分区管控的意见》（豫政〔2020〕37号）提出到2025年"生产生活方式绿色转型成效显著"、到2035年"节约资源和保护生态环境的空间格局、生产方式、生活方式总体形成"的目标；2022年，河南省出台的《河南省"十四五"节能减排综合工作方案》提出实施节能减排十大重点工程，进一步健全节能减排政策机制，"推动能源利用效率大幅提高、主要污染物排放总量持续减少、生态环境质量持续改善"。在绿色经济发展方面，如《河南省人民政府关于加快建立健全绿色低碳循环发展经济体系的实施意见》（豫政〔2021〕22号）提出通过"健全绿色低碳循环发展的生产体系""健全绿色低碳循环发展的流通体系""健全绿色低碳循环发展的消费体系""加快基础设施绿色升级"等，建立健全绿色低碳循环发展经济体系，推动全省绿色发展迈上新台阶。在绿色消费培育方面，如《河南省进一步释放消费潜力促进消费持续恢复实施方案》强调要加强绿色消费、健康消费和理性消费，《河南省人民政府办公厅关于促进全民健身和体育消费推动体育产业高质量发展的实施意见》《加快建设体育河南实施方案》等提出要"促进全民健身和体育消费""更好满足人民群众多样化体育需求"。在绿色建筑推广方面，如河南省为促进绿色建筑高质量发展，推进城乡建设领域碳达峰、碳中和，研究出台了《河南省绿色建筑条例》，进一步规范了绿色建筑的规划与标准、建设与改造、技术创新与循环利用等重要环节；河南省住房和城乡建设厅等九部门联合印发《河南省绿色建筑创建行动实施方案》，明确了全面推进绿色建筑发展的思路与目标，加快推进城乡建设绿色发展。在绿色交通构建方面，如《河南省推进多式联运高质量发展优化调整运输结构工作方案（2022—2025年）》提出要优化运输结构，推进绿色低碳发展，到"十四五"末，"基本建成开放互联、衔接高效、智慧绿色、保障有力的现代化多式联运服务体系"；《河南省人民政府关于城市优先发展公共交通的实施意见》提出要倡导"绿色交通、低碳出行"理念，加快绿色公共交通体系建设；《河南省人民政府办公厅关于进一步加快新能源汽车产业发展的指导意见》中提出"促进新能源汽车产业提速提质发展"和实现"公共领域绿色替代"的目标。在绿色生活倡导方面，如《河南省人民政府关于深入开展爱国卫生运动的实施意见》（豫政〔2021〕25号）提出，要从培养文明卫生习惯、倡导自主自律健康生活、践行绿色环保生活理念等方面着手"倡导文明健康、绿色环保生活方式"，并提出了"文明健康、绿色环保的生活方式广泛普及"的目标；《河南省文明行为促进条例》提出要倡导文明健康绿色环保生活方式，鼓励公众文明就餐、低碳生活、绿色出行、讲究卫生等；《河南省城市生活垃圾分类管理办法》明确了生活垃圾分类标准，进一步规范了生活垃圾分类设施规划与建设、源头减量、分类管理、资源化利用等方面，为改善城市人居环境，保障公众健康，促进生态文明建设和经济社会可持续发展提供了指导和依据。随着相关政策、文件的陆续制定出台，河南城市生活方式绿色化转型的政策支撑越来越坚实。

（三）广泛宣传引导社会各界践行绿色生活方式

河南各个城市采取多种形式广泛传播绿色发展理念，引导全民践行绿色生活方式。一是广泛宣传节能降碳和绿色发展理念。全省各地在世界环境日、爱国卫生月、全国城市节约用水宣传周、"保护母亲河行动"等活动中广泛宣传绿色低碳生活方式，并在全省范围内开展了节能宣传月、绿色食品宣传月和绿色低碳先进技术推广等活动。各省辖市也广泛开展了绿色出行宣传月、公交出行宣传周、绿色骑行活动、绿色产品认证与标识宣传周、绿色建筑行动宣传周、"光盘行动"、绿色节能志愿服务活动等活动。二是深入推进绿色生活创建活动。河南还积极落实国家发改委印发的《绿色生活创建行动总体方案》，连续开展节约型机关、绿色家庭、绿色学校、绿色社区、绿色出行、绿色商场、绿色建筑创建活动。随着各类宣传和创建活动的开展，各级党政机关、团体、企业和社会公众积极参加主题实践活动、签署倡议

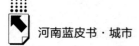

书、参与创建评比等，广泛地树立起绿色、低碳、节能、环保的理念，并将之融入工作、生活的方方面面，逐步形成了崇尚生态文明的社会新风尚。

（四）多措并举推动全社会形成绿色生活方式

河南多措并举推广绿色用能、绿色出行、绿色建筑、城市生活垃圾分类等，推动城市加快形成绿色生活方式。2021年，全省人均生活用煤量仅为2012年的一半，人均生活用电量和用天然气量分别是2012年的1.7和3.5倍，能源利用结构持续向清洁化转化；2021年底，全省累计保有新能源公交车3.31万辆，网约车、共享汽车、共享单车、地铁等现代化交通工具发展迅速，绿色出行在缓解城市拥堵、节能降碳等方面发挥了实效；全省大力推进建筑节能降耗，发展装配式建筑、绿色建筑，绿色建筑在减碳、减少不可再生资源消耗等方面发挥越来越重要的作用，到2022年底，城镇新建建筑中绿色建筑面积占比将达到70%；城市污水处理和再生利用管理进一步加强，省辖市基本消除黑臭水体，市政再生水利用量占污水处理量的比例超过全国平均水平；城市居民生活垃圾分类意识不断加强，参与度不断提升，截至2021年底，全省各省辖市和济源示范区完成生活垃圾分类投放收集设施覆盖476.5万户，其中，省会郑州生活垃圾分类投放收集设施覆盖327万户；城市居民享有绿地面积不断扩大，2021年，全省城市绿地面积达到10.46万公顷，城市公园绿地面积达到3.44万公顷，有效改善了城市的人居环境，为城市居民生活增加了绿色福祉。总体来说，节约、环保、绿色、低碳的生活消费理念渐入人心，全社会绿色生活方式逐步形成。

二　河南城市倡导绿色生活方式的短板与瓶颈

尽管河南城市倡导绿色生活方式取得了进展、收到了实效，但当前河南绿色生活的体制机制不健全，且受资源禀赋、产业结构、创新能力等影响，生产方式绿色化转型也面临不小压力，绿色产品有效供给和需求不足，绿色消费仍处于低级阶段，等等，阻碍了河南城市加快推动生活方式绿色转型的步伐。

（一）绿色生活体制机制仍不健全

健全的体制机制是推动生活方式绿色化转型的重要保障，目前河南绿色生活的体制机制仍存在需要进一步完善的地方。一是部门联动机制有待完善。河南深入实施绿色低碳转型发展，各部门、各地市也相应出台了一系列有关的专项规划、实施意见等，提出了广泛形成绿色生活方式的目标及相应的举措。当前，河南推动生活方式绿色化转型的部门协同机制尚不健全，政策之间的协调性、配合性仍需进一步增强，要避免出现政出多门、政策效应相互抵消等现象。二是多元协同机制有待完善。倡导和培育绿色生活方式，需要多部门、多领域、多主体协同发力。截至 2022 年，政府对推进绿色生活方式的引导和监管、企业的绿色创新体系和生产体系、社会公众的广泛参与机制仍在各自完善当中，且未形成职责明确、分工协作的长效机制，在广泛调动多元主体积极性、形成生活方式绿色转型的合力方面仍有提升空间。

（二）生产方式绿色转型面临压力

推动形成绿色生活方式是一项长期复杂的系统工程，不仅需要政府、企业、公众等多元主体的协同参与，还需要推动生产与生活的协同发展，绿色生产方式的形成更是促进生活方式绿色转型的重要支撑。受资源禀赋、产业结构、创新水平等因素所限，河南生产方式绿色转型也面临着压力。一方面，河南产业层次整体偏低，煤炭、化工、钢铁等传统产业占比依然偏大，食品制造与安全、节能环保装备、新材料等绿色发展领域的高端创新型人才供给不足、关键核心技术攻关能力较弱。一些绿色产品生产工艺仍处于开发调试阶段，再加上一些企业对绿色产品的开发意愿不足、开发力度不够，市场上的绿色产品尤其是高端绿色产品种类单一、供给不足，尚不能满足群众对绿色产品的多样化需求。另一方面，全省偏煤的能源结构在短时期内难以得到根本性扭转，非化石能源消费占比在全国属中等偏下水平，煤炭消费占比高于全国平均水平 10 个百分点以上，温室气体排放总量大。总体来说，河南生产方式绿色化转型与生活方式绿色化转型之间的互促和支撑能力有待进一步提升。

（三）绿色消费发展尚处初级阶段

绿色消费是践行绿色生活方式、促进经济绿色发展的助推器，当前河南绿色产品和服务的有效供给和需求不足，绿色消费发展仍处于初级阶段。一是公众的绿色消费意识尚处于初级阶段，对绿色产品的关注度和认知度相对较低，对个人绿色消费行为所产生的环境效益认识不充分；二是绿色产品受原材料、生产工艺、生产成本等因素影响价格普遍偏高，社会大众的经济能力对购买绿色产品和服务的支撑不足；三是市场上各类绿色产品良莠不齐、鱼龙混杂，消费者对绿色产品认证体系的了解和熟悉程度不高，难辨产品品质高低；四是针对消费者购买绿色产品和服务的补贴方式和价格引导措施仍待完善；等等。这些均导致城市居民对绿色产品的购买信心不足、购买意愿偏弱。

三 河南城市倡导绿色生活方式的对策建议

推动形成绿色生活方式意义深远，是一项具有长期性、复杂性的系统工程，针对当前城市构建绿色生活方式存在的一些问题，河南应当从加强宣传引导、健全工作机制、增加绿色产品供给、倡导绿色消费、提供制度支撑等方面着手加强政策保障。

（一）持续有效开展宣传和引导，健全绿色生活体制机制

一是持续有效开展绿色发展理念的宣传和引导。多措并举强化绿色发展理念的宣传推广，鼓励各个城市利用电视、广播、报刊等传统媒体和微信公众号、短视频等新媒体开展"线上+线下"多样化的宣传活动，持续提升绿色生活方式的传播力和影响力。二是加强统筹协调，建立健全工作机制。进

一步加强生活方式绿色化转型的顶层设计和统筹协调，强化发展改革、财政、住建、交通、能源、商务、自然资源、生态环境、金融、科技等相关政策之间的协调联动，促进部门间做好生活方式绿色转型支持政策的有效衔接，增强政策的协调性、一致性，形成强大的政策合力。进一步健全倡导绿色生活方式的工作机制，明确政府、企业、公众等多元主体的责任，强化工作机制衔接和政策配套衔接。充分发挥党政机关等在全社会绿色低碳发展中的示范引领作用，带动企业、社会公众等自觉践行简约适度、绿色低碳的生活方式。

（二）推动生产方式绿色化转型，有效增加绿色产品供给

一是加快能源结构清洁化发展。推动煤炭等化石能源清洁高效利用，持续优化现代城市配电网，推广应用清洁发电模式与技术，不断完善天然气供应网络，大力发展风能、太阳能、生物质能、地热能等清洁能源，支持探索风电储能、光伏储能、多能互补等，不断提高清洁能源的消费量占比，促进能源绿色低碳循环发展。二是提升资源节约集约利用水平。支持城市加强产业、基础设施和公共服务设施等土地使用标准管理，加强对轨道交通、综合管网等基础设施节地技术和新业态新能源产业项目节地模式的研发和推广。完善工业用地"标准地"出让和全生命周期管理制度，合理推进土地复合利用、立体化利用，增加混合产业用地供给。构建和落实好存量消化与增量安排相挂钩机制，提高存量建设用地利用效率。加强对污染土地的治理与生态修复。大力推进水资源高效利用，突出抓好工业、城镇节水工作，推进沿黄城镇节水降损工程，开展区域再生水循环利用试点，有效提升水资源节约集约利用水平。三是提高产业链供应链绿色化水平。深入推进"无废城市"试点建设，促进城市再生资源规范化、规模化、清洁化利用。支持城市打造循环经济产业链，建设生态环境友好型静脉产业园，强化行业间、企业间、园区间的原料产品流通、能源资源协同利用以及废弃物的互通和再利用，打通企业与产业、园区、城市之间的循环链接和共生通道，提升单位能源消耗、单位用地面积创造的经济效益，提高产业链供应链绿色化水平。四是增

加绿色产品有效供给。鼓励科研院所、骨干企业等开展节能降碳关键核心技术的攻关和推广应用，支持绿色食品、节能环保、新能源、新材料等领域企业开展绿色低碳产品的研发和生产，有效增加绿色产品的供给。

（三）推动生活方式绿色化转型，积极倡导推广绿色消费

一是强化绿色基础设施。以郑州都市圈为引领，推动区域轨道交通、环境保护等重大基础设施和公共服务设施互联互通，构建覆盖都市圈、城市群的功能完善、衔接紧密、绿色高效的综合立体交通等现代化基础设施网络，支持发展多式联运，改善交通运输以公路为主的结构，促进交通基础设施与生态环保设施布局相协调。支持城市开展基础设施绿色化改造，持续优先发展城市公共交通，规范发展各类共享交通，加强城市步行、骑行等慢行网络和重点区域停车场、充电桩建设，支持购置清洁能源汽车。二是积极倡导绿色消费。强化绿色有机食品认证，扩大优质绿色食品有效供给，提倡文明就餐、节约消费。鼓励开展"旧衣零抛弃"等活动，提升废旧纺织品再利用水平，增加绿色纺织品和衣物的有效供给。持续开展家电"以旧换新"活动，以发放补贴等方式鼓励消费者购买绿色智能家电。三是大力发展绿色建筑。加强绿色建材的研发、制造和应用，推广光伏发电与建筑一体化建设，支持既有建筑屋顶光伏发电系统改造，提高绿色建筑覆盖率和建设水平。完善绿色家居用品环境标识和能效标识认证体系，支持街区、居民使用绿色家居用品和先进节能环保产品。四是切实做好城市生活垃圾分类工作，不断完善生活垃圾分类设施体系，提升城市生活垃圾减量化、资源化、无害化利用水平。

（四）夯实绿色发展的制度支撑，健全绿色生活支持政策

聚焦绿色低碳发展的重要领域关键环节深化改革，强化生活方式绿色转型的政策支撑。一是健全自然资源有偿使用制度，加强节能环保、环境保护指标约束性管理，完善以用能权、水权、排污权、碳排放权交易为重点的绿色交易市场机制。完善居民用电气水阶梯价格及供暖按热量计费政策，健全

城镇非居民用水超定额累进加价等绿色发展价格政策。二是健全政府绿色采购制度，完善绿色产品认证和服务体系，严厉打击虚标绿色产品行为，拓展绿色消费产品的补贴范围和补贴方式，鼓励各地采用发放节能消费券、建立绿色消费积分制度、兑换绿色能量等多元化的方式引导消费者购买绿色产品和服务。三是强化对循环经济、绿色动能发展的财税政策支持，健全绿色绩效考核评价体系，完善区域生态环境共保共治机制，推动形成产业、消费、环保、区域等政策紧密配合的绿色发展政策支撑体系，为城市生活方式绿色转型提供有力保障。

参考文献

高冉：《新时代绿色生活方式研究》，硕士学位论文，郑州大学，2020。

刘乃刚：《习近平关于绿色生活方式重要论述的理论内涵与现实意义》，《宁夏大学学报》（人文社会科学版）2021 年第 6 期。

金观平：《加快推行绿色低碳生活方式》，《经济日报》2022 年 9 月 19 日，第 1 版。

李思诗：《绿色生活转型研究》，硕士学位论文，广西师范大学，2022。

B.20
河南城市推进产业绿色发展研究

王元亮[*]

摘 要: 近年来，河南城市推进产业绿色发展取得显著成效，但还面临诸
如三次产业结构仍然偏重、传统工业仍占据主要地位、现代服务
业占比仍然不高等主要问题，存在绿色发展产出效率较低、产业
绿色发展人才比较缺乏、绿色环保意识仍然比较薄弱等制约因
素。在此基础上，提出构建绿色低碳循环发展经济体系、全面推
进工业发展绿色转型、加快构建绿色低碳技术创新体系、建立健
全市场化生态补偿机制、完善绿色低碳发展的政策体系、营造绿
色低碳的浓厚社会氛围等对策建议。

关键词: 产业绿色发展 绿色低碳转型 城市 河南

当前，产业绿色发展作为提升区域产业核心竞争力的基本要求，推动城
市经济转型升级的必然选择，建设生态宜居城市的基本内涵以及深入推动生
态文明建设、实现碳达峰与碳中和目标的主要抓手，是实现高质量发展的主
要内容和重要支撑。"十四五"期间，河南深入贯彻习近平生态文明思想，
牢固树立"绿水青山就是金山银山"的理念，探索以生态优先、绿色发展
为导向的绿色低碳转型路径，积极打造高质量发展的绿色引擎，让绿色成为
实现高质量发展的底色，河南产业绿色发展取得显著成效。但值得注意的
是，目前河南城市产业绿色发展正处在关键期和窗口期，产业发展伴随的高

---

[*] 王元亮，河南省社会科学院智库研究中心副研究员，研究方向为城市经济。

耗能、高投入、高污染问题仍然比较突出，因此，在各城市发展阶段、资源禀赋、自然环境等差异较大的基础上，如何推进河南城市产业绿色发展日益成为一个重要的亟待解决的现实课题。

一 河南城市产业绿色发展现状的问题

与产业绿色发展基础较好的省份相比，河南城市推进产业绿色发展还存在以下突出问题，实现产业绿色发展的任务迫在眉睫。

（一）三次产业结构仍然偏重

2021 年，河南三次产业结构为 9.5∶41.3∶49.1，虽然在比重上第三产业超过第二产业，对河南经济发展的支撑作用不断增强，但工业仍是支撑河南经济快速发展的支柱产业，并且与全国平均水平相比，产业发展水平较低，产业发展层次不高，仍然是偏重的结构。从城市层面来看，与全省平均水平相比，18 个省辖市中，郑州、濮阳、南阳工业占比低、服务业占比高，平顶山、安阳、鹤壁、新乡、许昌、漯河、三门峡、济源工业占比高、服务业占比低，开封、商丘、信阳、周口、驻马店工业占比低、服务业占比低，洛阳、焦作工业占比高、服务业占比高。当前，河南三次产业结构偏重的现状与河南经济发展所处的阶段性、结构性特征关系密切，也与河南是我国东部沿海发达地区产业转移的主要承接地有很大关系，河南城市推进产业绿色发展面临较大的压力。

（二）传统工业仍占据主要地位

当前，河南大部分城市工业发展依赖能矿资源，资源开发型和消耗型产业等传统工业仍然占有较大比重，以能源原材料加工业、器械及器材制造业和农产品加工业等传统产业为主，整体科技含量不高，高技术制造业和战略性新兴产业虽然发展迅速，但比重仍然较低，规模相对较小。具体地来看，"三高"企业占规模以上工业的比重超过 30%。重制造业、轻服务业的产业

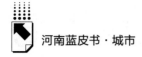

格局对推进河南城市产业绿色发展提出了不小挑战，未来河南城市需要更多的投入推动产业绿色发展。

（三）现代服务业占比仍然不高

虽然河南大部分城市传统服务业占比呈逐渐下降的趋势，但其内部结构仍然不优，推动绿色发展重要领域的传统服务业和生活性服务业仍然占据较大的比重，传统服务业营业收入占总收入的比重仍然较大，现代服务业如金融、保险、证券、咨询、物流等行业的发展还比较不足，科学研究和技术服务业、水利环境和公共设施管理业、文化体育和娱乐业等行业相对薄弱，其比重仍有很大提升空间，整体上，现代服务业发展还比较滞后，提升其比重这也是未来河南第三产业产业推动绿色发展的主攻方向。

二　河南城市产业绿色发展的制约因素

近些年来，河南城市推动产业绿色发展取得了积极成效，但依然面临传统产业绿色转型动力不足、产业绿色产出效率低、社会环保意识淡薄等影响因素，它们制约着河南城市产业实现高质量的绿色发展。

（一）绿色发展产出效率较低

有关数据显示，目前河南绿色发展指数低于全国平均水平，水、主要能源等资源的消耗量下降趋势平缓，而GDP等产出指标上升并不明显，各项污染物排放量也没有显著减少，同时，河南城市绿色制造共性技术以及关键技术较为欠缺，企业绿色技术自主研发不足，没有形成具有影响力、竞争力的绿色支柱产业，产业发展走的还是高污染、高耗能、高排放的传统老路，绿色发展产出效率不高，绿色产品成本较高，总体上产业绿色发展水平仍然相对较低。

（二）产业绿色发展人才比较缺乏

科技创新人才是推动产业绿色发展的核心要素和关键力量。当前，河南城市较为缺乏绿色技术创新领域人才。主要体现在以下两个方面：一是缺乏关键专业人才，尤其缺乏新能源技术研发、新能源工程应用、新能源系统管理等领域的创新型人才与技术型人才；二是缺乏基础支撑人才，河南现有的知名高校较少，对基础能力较好的生源吸引力度有限，另外，技术才能较高的毕业生人才更倾向于选择到外省就业，这些使本省大量人才流失，不能够较好地为本省企业、科研单位服务。

（三）绿色环保意识仍然比较薄弱

绿色环保意识比较薄弱的情况主要体现在以下三个方面。一是城市汽车尾气排放超标、生活垃圾没有分类投放等现象还比较普遍，人们环境保护的意识比较淡薄，一定程度上导致环境问题的恶化。二是大部分居民对绿色产品没有太多关注，普遍还未形成绿色消费意识，较少特别关注对比绿色产品与普通产品的差别，缺乏对公众的绿色消费文化意识的宣传和教育。三是企业家绿色转型意识不足，多数企业没有意识到绿色转型的迫切性和潜在收益，仅着眼于短期效益而发展。

三 河南城市推进产业绿色发展的对策建议

推进河南城市产业绿色发展，要锚定"两个确保"，深入贯彻落实绿色低碳转型战略，将绿色发展理念贯彻到经济发展各领域，将产业绿色发展与城市高质量发展有机结合，加快促进河南经济社会发展全面绿色转型。

（一）构建绿色低碳循环发展经济体系

一是加强河南碳达峰、碳中和顶层设计和系统谋划，制订能源、钢铁、化工、交通等重点行业和领域实施方案，明确碳达峰、碳中和实施路径，推进各行业各领域落实目标任务。二是结合各城市的资源禀赋、产业基础，因地制宜优化产业布局，推动能源结构、产业结构、交通运输结构优化调整，全面开展能源"双控"，推进能源结构绿色化改造，增加清洁低碳能源供应，实施绿色低碳产业培育行动，着力构建绿色产业体系，发展绿色交通。三是壮大产业绿色发展主体，做好企业引育、服务工作，抓好绿色产业招商、龙头企业引领、企业绿色改造，激发市场主体活力。四是加快绿色基础设施建设，完善固体废物处理系统，推进废弃物源头减量、无害化处置和资源化利用，提高生活垃圾和生产废物的回收和再利用水平。

（二）全面推进工业发展绿色转型

使绿色低碳理念贯穿工业尤其是制造业发展各领域全过程。一是大力推进工业节能降碳，全面淘汰"三高"和落后产能，实行清单化管理，规范审批程序，严格项目准入。加快煤电、钢铁、石化、化工等高能耗行业节能、节水、环保技术和产品设备研发与服务模式创新，不断提高资源综合利用效率，积极创建零碳低碳园区。二是围绕重点行业展开清洁生产技术改造，建立严苛的污染排放标准，开展源头控制与过程削减协同，研发推广减污工艺和设备，实施清洁生产水平提升工程，推进化工、医药、集成电路等行业清洁生产全覆盖。三是开展绿色制造体系建设，积极实施绿色制造行动计划，持续推进绿色工厂、绿色园区、绿色产品、绿色供应链建设，实施对绿色制造名单动态管理，强化效果评估，建立有进有出的动态调整机制，推动有条件的城市创建国家绿色制造示范区，加快打造绿色低碳产业集群。四是完善绿色标准体系建设，加快能耗、水耗、碳排放、节能管理等标准制修订，制定绿色产品标准，发布绿色产品目录，制定绿色园区评价标准、绿色供应链管理标准。五是强化绿色低碳服务，加强电子商务和信息化、研发设计、检验检测、物流仓储等生产性服务业绿色低碳升级，支持制造业企业整合上下游资源，提供设计、采购、制造、工程施工、运维管理等系统解决方案。六是推动工业生产方式数字化转型、能源消费低碳化转型、生产过程清洁化转型、资源利用循环化转型，提升绿色低碳服务供给能力。

（三）加快构建绿色低碳技术创新体系

充分发挥市场在绿色技术创新领域的决定性作用，以深化科技体制改革为引领，加快推动绿色低碳技术研发和应用。一是构建多元化绿色技术创新经费投入机制，引导社会资本投入绿色技术研发，建设完善绿色技术交易市场或交易中心，加快推动绿色技术成果转移转化。二是依托中原科技城、省实验室、省中试基地、产业研究院等开展重点科技攻关，加大"卡脖子"、迭代性、颠覆性技术攻关力度，在光伏、风电、储能、智能电网、绿色生物制造等方面重点发力开展技术创新，推动新能源技术与新一代信息技术、新材料技术融合发展，大力推进低碳技术全流程应用。三是着力培育绿色技术创新主体，构建由企业、高校、科研院所、金融机构、中介机构等主体组成的绿色技术创新联盟，实现创新主体之间跨界合作、多方协同和深度融合。四是积极参与国内外绿色低碳科技重大研究，推动绿色低碳技术创新成果转化落地，促进绿色低碳技术产品推广应用，推动绿色制造和绿色低碳服务"走出去"。五是优化绿色技术创新环境，完善绿色低碳技术评估、交易体系平台，构建开放共享的绿色技术信息服务平台，健全绿色技术知识产权保护制度，加快构建良好的创新环境。

（四）建立健全市场化生态补偿机制

主动服务和高质量落实国家碳达峰、碳中和战略，以政府为主导，构建跨界多元化的生态补偿机制，突破地域限制实现跨界生态补偿，完善跨市生态补偿标准和体系，确保生态补偿跨区域有效实施，引导社会投资者对生态保护者的补偿。健全市场化生态补偿机制，积极参与全国碳排放权交易市场联建联维，加快建设用能权、用水权、排污权、碳排放权等的交易市场，加强电力交易、用能权交易和碳排放权交易的统筹衔接，探索资源开发补偿、排污权交易和生态建设配额交易，丰富交易品种和交易方式，完善配额分配管理，完善资源环境价格机制，加快建立生态产品价值实现机制。

（五）完善绿色低碳发展的政策体系

全面落实国家绿色低碳发展政策，加快建立产业绿色低碳发展基本制度和政策体系，强化财政资金支持引导作用，落实节能节水、资源综合利用等税收优惠政策，完善绿色低碳产品政府采购政策和财税价格政策，加快形成具有合理约束力的碳价机制，激励低碳产业快速发展，完善投资政策，做好绿色金融顶层设计，构建与产业绿色发展相适应的投融资体系，通过货币信贷政策引导金融资源向碳捕捉与封存等绿色创新项目倾斜，探索推出碳中和债券、碳中和基金等碳金融产品，以及碳期货、碳质押、碳债券等模式的金融衍生品，破除产业绿色发展科技创新人才的体制障碍，夯实产业绿色发展科技创新人才支撑基础。

（六）营造绿色低碳的浓厚社会氛围

坚持生态理念，增强"绿水青山就是金山银山"的意识，加强绿色发展的宣传引导，不断增强公众生态文明素养，营造全社会崇尚节约、绿色低碳的良好风尚和浓厚氛围。积极开展专题论坛、技术展示、交流研讨等多层次、多形式的节能降碳主题宣传活动，充分利用世界低碳日、世界水日、全国节能宣传周、全国低碳日、中国水周等大型活动，广泛传播普及绿色低碳发展知识和法律法规，不断增强全社会节能降碳意识，全面推行绿色生活方式，强化节约、环保意识，倡导绿色出行，拒绝"舌尖上的浪费"，创建绿色家庭、绿色社区，畅通群众参与环保的渠道，加快建设绿色低碳社会，形成全民参与的社会氛围。

参考文献

吴玉萍、张云：《河南省绿色发展的问题及对策研究》，《价值工程》2017年第12期。

郑婕：《河南省绿色经济发展问题研究》，《中国集体经济》2022年第8期。

颜培霞、于宙：《绿色产业：城市绿色转型的核心动力》，《经济动态与评论》2019年第1期。

杨懋、张海军：《绿色产业型城市的构建和发展对策研究》，《重庆科技学院学报》（社会科学版）2012年第15期。

连锦添：《以特色产业促绿色发展》，《人民日报》2022年6月9日，第11版。

李文文、刘雨欣：《中国产业绿色发展模式研究》，《环渤海经济瞭望》2022年第4期。

刘伟：《以绿色产业推动城镇化高质量发展的路径研究》，《经济纵横》2022年第4期。

刘玲玲：《全球绿色产业加速发展》，《福建市场监督管理》2022年第3期。

刘瑾：《做强绿色产业　助力"双碳"战略》，《经济日报》2021年12月10日，第10版。

武晗：《河南省绿色经济发展研究》，《合作经济与科技》2020年第17期。

Abstract

As the economic development of China changes from high-speed growth stage to high quality development stage, the new urbanization construction will change from pursuing speed and scale to paying more attention to the quality. The Implementation Plan of the New Urbanization of the 14th Five-Year Plan issued by the National Development and Reform Commission (NDRC) puts forward the requirements for promoting the construction of new types of city. It also emphasizes to adapt to the new trend of urban development, accelerate the transformation of urban development mode, and build livable, resilient, innovative, smart, green and humanistic cities. In 2022, Henan Province has given full play to the role of new types of city as the main engine, main battlefield and main front of major platform carriers. Relying on the construction of new types of city, Henan Province strove to improve the quality of urban development, and has achieved significant improvement in continuous optimization of the spatial pattern of urbanization, significant improvement in the quality of living space, etc. In 2023, Henan Province should continue to make efforts in promoting the optimization of urbanization layout, enhancing urban development momentum, improving urban security and resilience, promoting urban green and low-carbon development, and promoting urban-rural integration, comprehensively promote the development of new types of cities, gather new drivers of high-quality development, and help improve the quality and efficiency of the new urbanization.

Annual Report on Urban Development of Henan (2023) focuses on the theme of "Building a Livable, Resilient and Smart Modern City", starts from the reality of Henan Province, systematically and comprehensively studied and discusses the ideas and countermeasures of building livable resilient smart modern city, from the aspects of livable city, resilient city, innovative city, smart city and green city construction, so as to promote and support the high-quality development of Henan's new urbanization.

The general report of *Annual Report on Urban Development of Henan (2023)* is divided into two parts. The first part is " Strengthen the Function of New Type of City as Platforms and Carriers to Support High-quality Development—Review on the Development of New Urbanization in Henan in 2022 and Prospect in 2023", which systematically summarizes and analyzes the main practices, effects and existing problems of Henan in 2022 in terms of new types of city supporting high-quality urbanization development, analyzes and forecasts the situation of Henan's new cities supporting the high-quality development of urbanization in 2023, and put forward the corresponding countermeasures and suggestions. The second part is "Monitoring and Evaluation Report on Urban Vitality in Henan Province in 2022", which constructs Henan city vitality big data evaluation index system from the four dimensions of population, economy, society and environment, comprehensively evaluates and analyzes the urban vitality of 17 provincial cities and Jiyuan demonstration areas in Henan Province in 2021, and put forward the countermeasures and suggestions to further enhance the vitality of Henan city. Other special reports focus on the topics of improving the livable level of cities, enhancing the safety and resilience of cities, enhancing the innovation capacity of cities, building a new type of smart city, and promoting the construction of green cities, and put forward countermeasures and suggestions to further accelerate the construction of livable, resilient and smart modern cities.

Keywords: Urbanization; New Type of City; Urban Vitality; Henan Province

Contents

I   General Reports

Abstract: In 2022, Henan identified people-centered urbanization as one of the "Ten Strategies", and has achieved significant improvement in scale and quality of urbanization , continuous optimization of the spatial pattern of urbanization, and significant improvement in the quality of living space, etc, by implementing a number of initiatives, such as promoting the planning and construction of center city and sub-central city, optimization of reshaping "1+8" Zhengzhou Metropolitan Area, the construction of high quality new city, etc. However, there are still some problems in the process of promoting urbanization, such as the overall development of Henan's urbanization still lags behind the national average level, the development space is not balanced, and the degree of urban-rural integration is not high, etc. In 2023, Henan should continue to make efforts in promoting the optimization of urbanization layout, enhancing urban development momentum, improving urban security and resilience, promoting urban green and low-carbon development, and promoting urban-rural integration development, comprehensively promote the construction of new cities, so as to help improve the quality and efficiency of urbanization.

Keywords: New Urbanization; New Type of City; Metropolitan Area; Urban-rural Integration

B.2　Monitoring and Evaluation Report on Urban Vitality in

　　　Henan Province in 2022

　　　Research Group of Henan Urban Vitality Monitoring and Evaluation / 038

Abstract: Urban vitality is an important indicator to measure the quality of urban development and ensure the healthy and sustainable development of a city. It reflects the capacity and potential of urban development to a certain extent, and represents the degree of a city's support for life function, ecological environment and economic society. This paper constructs an urban vitality big data evaluation index system from four dimensions of population, economy, society and environment, and conducts a comprehensive evaluation and analysis of 17 cities and Jiyuan Demonstration Zone in Henan Province. Through the evaluation, it is found that the urban vitality level of Henan Province is strong in the east and weak in the west, strong in the north and weak in the south, strong in the center and weak around. The population vitality is generally insufficient, and there is a significant positive correlation between POI density, population density and GDP and urban vitality. In the future, cities should start from industries, transportation, urban community construction, cultural and tourism infrastructure, ecological environment and other aspects, speed up the deepening of institutional innovation, strengthen collaborative governance, and provide strong support for the high-quality development of Henan's economy and society.

Keywords: Urban Vitality; Big Data; Henan

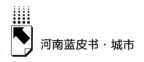
II Livable City

B.3 Research on Improving the Supply Level of Urban Public Services in Henan Province

Hong Peidan, Cui Xuehua / 067

Abstract: The urbanization process has increased the pressure of urban public service supply in Henan, and the differentiation, diversification and individualization of residents' needs have overwhelmed the government. How to further improve the supply level of public services in Henan cities and meet the needs of residents has become an important part of building a service-oriented government. By constructing a feedback model of public service supply, this paper analyzes the binary subject of public service supply process in Henan cities and finds that the constraints of public service supply in Henan cities in the feedback chain of public service purchase, direct public service supply and indirect public service supply make the public service supply in Henan province unable to form positive feedback incentive effect in the whole chain, which limits the public service supply This paper focuses on the constraints. Based on these constraints, this paper proposes measures to improve the level of public service supply in Henan cities in order to build a positive feedback incentive mechanism for public service supply, enhance the sustainability of public service supply, and continuously improve the level of public service supply.

Keywords: Urban Public Services; Service Supply; Government Procurement of Services; Henan

B.4 Study on Improving Urban Municipal Public Facilities in Henan

Yi Xueqin / 079

Abstract: Urban municipal public facilities are an important basis to ensure the operation of the city, as well as a support system for the development of urban economic and social undertakings. After decades of development, the construction of urban municipal public facilities in Henan has achieved obvious results, but there is still a significant gap in the level and quality of construction compared with the national level and developed provinces (cities) . There are still some problems, such as the imbalance of the level of construction in the province, the prominent phenomenon of light management of reconstruction, and the difficulty of fund security. In the future, during the 14th Five-Year period, we should grasp the new situation, new features and new requirements for the urban municipal facilities, emphatically from planning layout, the differentiation policy, construction mode, management, operation, investment and financing mechanism and so on filling, ensure the effective supply of municipal infrastructure, improve the level of facilities and service quality.

Keywords: Municipal Public Facilities; Urbanization; Henan

B.5 Study on Perfecting Urban Housing System in

Henan Province   *Han Peng* / 096

Abstract: Housing is connected with people's livelihood and national development, and plays an important role in ensuring people's livelihood and urban development. Since the 18th National Congress of the Communist Party of China (CPC), Henan Province has taken the improvement of the urban housing system as an important work of urban development, adhered to the housing property of "housing for residing, not speculation", prudently implemented the long-term mechanism for the steady development of real estate, accelerated the improvement of the housing security system, standarized and developed the housing rental market, carried out deepening reform and system construction in key areas, and actively responded to various risks and challenges. Remarkable results have been achieved in Henan Province's urban housing development. However, with the socialism with Chinese characteristics entering a new era,

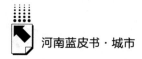

Henan Province's new urbanization stage characteristics and the requirements of high-quality urbanization development, Henan's urban housing development is facing new situations and challenges, for which it is necessary to adhere to correct concept of development, grasp the law, deal with the relationship between the government and the market, improve the mechanism of development of urban housing system.

Keywords: Urban; Housing System; Housing Security; Henan Province

B . 6   Study on Implementation of Urban Renewal in Henan Province *Liu Yisi* / 114

Abstract: Accelerating the transformation of urban development mode, coordinating urban planning and construction management, implementing urban renewal actions, and promoting urban spatial structure optimization and quality improvement have become the important criteria for Henan urban development at present and for a long time to come. System of henan to lead urban renewal, livable and toughness effect is remarkable, the wisdom of modern city construction, but also there is a new type of urbanization rate increase slowed, unbalanced development of urbanization, and around the city to improve living environment quality, the safe operation of the city and emergency guarantee ability is limited, urban intelligent degree is not high. Therefore, it is necessary to promote urban renewal with the construction of livable cities, improve urban resilience, establish a risk prevention and governance system, empower urban renewal with high-tech, and jointly promote the construction of smart cities.

Keywords: Henan; Urban Renewal ; Urban Governance

B.7 Study on the Inheritance of Urban Historical Context

in Henan Province *Jin Dong* / 124

Abstract: As the core carrier of politics, economy, culture and social life, cities are the places with the largest accumulation of historical and cultural heritage. As the inheritance of historical context plays an important role in enriching urban functions, highlighting urban characteristics and promoting urban development, attention should be paid to the protection, inheritance and utilization of historical culture in urban construction and management. Henan has a profound historical and cultural heritage, and is also a province of cultural relics and archaeology. It has made great achievements in protecting and utilizing rich urban historical and cultural heritage. However, many cities in the province still have obvious weaknesses and deficiencies in the protection and inheritance of historical and cultural heritage. In order to retain the historical memory and continue the urban context in urban development, it is necessary to actively explore the realization path of urban historical context inheritance, and make more efforts in the systematic protection of urban historical and cultural resources, the connection between historical culture and urban planning and construction, and the in-depth integration and development of urban culture and tourism.

Keywords: Historical Context; Cultural Heritage; City; Henan Province

III　Resilient City

B.8 Research on Strengthening Urban "Underground

Engineering" Construction in Henan Province *Zuo Wen* / 139

Abstract: Urban pipe network is not only the "Underground Engineering" of the city, but also the lifeline and blood vessel of the city. Henan Province has accelerated the improvement of its weak points, vigorously promoted the construction of urban underground pipe networks, coordinated the transformation

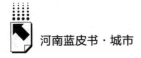

of old pipe networks and the construction of new pipes, and comprehensively improved its ability to prevent disasters and resist risks. However, there are still some problems, such as lack of comprehensive planning of underground pipe network, overlapping management authority, low construction standard of pipe network, and difficulty in transformation and upgrading. On this basis, suggestions such as drawing a map of urban underground pipe network, implementing the micro transformation of old pipe network, laying a chess game for overall management, weaving a network for intelligent management, etc. are put forward.

Keywords: Underground Engineering; Underground Pipe Network; Urban; Henan

B.9 Study on Perfecting Urban Emergency Management System in Henan Province *Wang Yanli* / 149

Abstract: Urban emergency management system is an indispensable and important part of urban management, which plays a vital role in ensuring the safety of people and property and maintaining social stability. Our province has continuously reformed the existing emergency management system, improved disaster prevention ability and emergency rescue ability, and initially formed an emergency management working mechanism of bottom-up linkage and coordinated governance. However, compared with advanced provinces, the expectations of the people and the requirements of the modernization of the national governance system and capacity, there is still a big gap, it is necessary to improve risk awareness, optimize the emergency coordination mechanism, strengthen the construction of emergency management in grass-roots communities, attach importance to the supporting role of informatization in emergency management, expand the emergency rescue team, encourage social forces to work together, and constantly improve the emergency management system Improve emergency management ability to ensure the safety of people's lives and property.

Keywords: Emergency Management; Emergency; Henan; Urban

B. 10   Research on Henan's Promotion of Urban

"Double Repairs"   *Li Jianhua* / 160

Abstract: Urban "double repairs" is a multi-level and multi perspective repair and repair activity aimed at the ecological environment, land use structure, construction style, human land harmony and other aspects of urban rapid development. This paper takes the interpretation of the connotation and characteristics of urban "double repairs" as the starting point, and by summarizing the progress, shortcomings and problems of Henan urban "double repairs" work, puts forward the countermeasures and suggestions for Henan to continue to promote urban "double repairs" work from the aspects of ecological restoration, urban repair, mechanism innovation, public participation, etc.

Keywords: Ecological Restoration; Urban Repair; Henan

IV   Innovative City

B. 11   Research on Optimizing the Layout of Urban Industrial

Innovation in Henan Province   *Zhao Zhonghua* / 169

Abstract: Industrial development promotes cities to become the center of economic and social resource allocation. Facing the new development situation, if cities want to further consolidate and enhance their competitiveness and influence, they must closely follow the mission of the times and strengthen urban industrial innovation. In the past ten years, cities in Henan have made remarkable achievements in industrial innovation. They have significantly improved their innovation power and investment, and their innovation effectiveness has also been significantly improved. In the face of the new development stage, new development requirements and new development tasks, different cities in Henan still need to face up to their weaknesses, firmly anchor the "Two Guarantees", and accelerate industrial innovation development, consolidate urban competitiveness and comprehensive strength, and

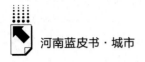
accelerate high-quality urban development by strengthening the dominant position of enterprises in innovation, strengthening the introduction and cultivation of innovative talents, strengthening the mechanism of diversified investment in innovation, and strengthening the interaction and integration of the industrial chain, innovation chain, supply chain, factor chain and policy chain.

Keywords: City; Industrial innovation; Henan

B.12 Research on the Urban Innovation Platform and Carrier in Henan *Wen Rui* / 186

Abstract: Innovation is the primary driving force for development, and innovation platform is an important support for the construction of modern city. The 11th Provincial Party Congress of Henan proposed that innovation should be placed in the logical starting point of development and the core position of modernization construction. In general, the quality and quantity of urban innovation platform in Henan have been greatly promoted and regional innovation cooperation has been gradually enhanced. However, there are still problems such as outdated construction of high-level innovation platforms, insufficient investment in scientific and technological innovation, and lack of high-end innovation talent teams. In the future, it is necessary to accelerate the accumulation of high-end scientific and technological innovation resources, optimize the layout of the urban innovation platform, innovate the management mode of the platform, improve the city's whole innovation environment, so as to construct national innovation highland, create first-class innovation ecology and innovative city.

Keywords: Innovation Platform; Innovation Carrier; The Regional Cooperation

B.13 Study on Building the First-class Urban Innovation

Ecosystem in Henan Province   *Peng Junjie* / 197

Abstract: The China's urbanization has entered a new stage, and it is transforming from quantitative urbanization to quality urbanization. Building the first-class urban innovation ecology, promoting the symbiotic coupling of urban innovation chain, industrial chain, supply chain, factor chain and system chain, and enhancing the city's scientific and technological strength and economic innovation are important engines to support the high-quality development of urbanization. And it is also necessary to implement the strategy of innovation driven, science and education revitalized province, and talent strengthened province. Based on the analysis of the international and domestic environment in building the first-class urban innovation ecosystem, this report systematically analyzed the basic advantages, existing problems and shortcomings of building the first-class urban innovation ecosystem in Henan, and puts forward countermeasures and suggestions to speed up building the first-class urban innovation ecosystem in Henan.

Keywords: Urban; The First-class Innovation Ecosystem; Henan

B.14 Study on Attracting and Gathering Young Talents

in Henan Cities   *Qi Shuang* / 208

Abstract: Young people have the most innovative potential, young people are an important part of the talent team, is to promote the development of the city is the new force, is carrying the city of all kinds of career development in the future and hope. In recent years, Henan cities have made a lot of big moves in attracting young talents, and the momentum of youth talent team construction is fierce. However, in general, there are still some problems in attracting young talents in Henan, such as insufficient support of training and upgrading channels, lack of flexibility in selection and appointment, incomplete incentive evaluation mechanism, and unimpeded talent flow channels. In the future, Henan city can attract gathering talented youth from speed up the construction of youth talent cultivating system, innovation and optimization of youth talent introduction system, consummate the youth talent assessment system, optimization of ascending young talent young working environment, perfecting the innovation talent incentive mechanism and so on five aspects, real condensed nucleus, to promote the development of the city, to achieve higher quality and more sustainable development of the city, gathering the majestic power of building modern Henan.

Keywords: Young Talenst; Attracting Talents; Incenting Talents; Henan

V　Smart City

B.15　Research on the Construction of New Infrastructure
in Henan Cities　　　　　　　　　　*Wang Jianguo* / 221

Abstract: In recent years, Henan has been accelerating the layout and construction of new infrastructure such as 5G, data center, Internet of Things, industrial Internet, and charging pile, and has achieved remarkable results. However, the construction of integration infrastructure and innovation infrastructure are relatively lagging behind. In particular, the construction of information infrastructure with 5G as a breakthrough has not yet been transformed into industrial advantages, infrastructure construction and application scenario building are not matched, key breakthroughs are not coordinated with comprehensive deployment, and construction demand and supporting supply are not synchronized. To this end, it is necessary to cut into the rhythm of time field, accelerate the development of general platform technology, enhance the traction role of application demand, improve the efficiency of resource overall allocation, build a strong network province security barrier, and improve the resource element guarantee capability.

Keywords: City; New Infrastructure Construction; Henan

B.16   Research on the Construction of Urban Data Brain

in Henan   *Sheng Jian* / 233

Abstract: The construction of urban data brain is the key to promote the construction of new smart city and improve the modernization of urban governance system and governance capacity. At present, the construction of Henan's urban data brain has just started, and there are still many problems and challenges, such as lack of top-level design, lag in system construction, insufficient response to urban governance needs, insufficient data interconnection, and weak digital governance risk prevention, so that its overall construction effect is not obvious. To this end, it is necessary to start from six aspects: strengthening top-level design, promoting the development and integration of data resources, researching and developing practical common technologies, strengthening the construction of digital application scenarios, stimulating market vitality, and coordinating security and development. In the end, in the process of building Henan's urban data brain, a pattern of multiple measures and coordinated advancement will be formed.

Keywords: Urban Data Brain; Smart City; Urban Governance; Henan

B.17   Research on Expanding Application Scenarios of Henan

New Smart Cities   *Zhang Jian* / 244

Abstract: Under the guidance of unified policies and planning, relying on strong digital infrastructure, Henan's expansion of new smart city application scenarios has achieved phased results. But there are still some shortcomings, such as the balanced development of urban and rural areas. sharing of data and information, the amount and channels of capital investment, data and information security protection, high-tech enterprises and talent cultivation, the number and quality of application scenarios still need to be improved. In the next step, Henan's expansion of new smart city construction and application scenarios should continue to

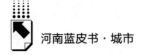
promote in terms of increasing capital investment and broadening source channels, building a unified "Zhong-Yuan Smart City Cluster", gathering professional talents, strengthening information security barriers, and improving the breadth and depth of application scenarios.

Keywords: Smart City; Application Scenario; Henan

VI   Green City

B . 18   Study on Optimizing Urban Ecological Space in

Henan Province   *Guo Zhiyuan* / 254

Abstract: Urban Ecological space is an important part of urban complex system, and is an important space carrier to maintain urban ecological environment functions and provide ecological products, an important place for urban residents to enjoy a better life, and a reasonable and orderly ecological space is an important guarantee for the healthy and sustainable development of cities. In recently years, with the increasing investment in ecological civilization construction by municipal governments in Henan Province, the ecological space of cities in the province is characterized by continuous increase in area and continuous optimization of spatial structure. However, compared with developed cities at home and abroad and citizens' yearning for a better life, Henan's urban ecological space still has some problems, such as insufficient quantity, uneven distribution and heavy use load, for which it is necessary to further increase the effective supply of urban ecological space and guarantee its system stability and type diversity.

Keywords: Ecological Space; Ecological Service; Urban

B. 19   The Research of Advocating Green Lifestyle in the

Cities in Henan   *Zhao Zhi* / 264

Abstract: Accelerate the formation of green lifestyle is an integral part of deeply implementing Xi Jinping's thought on ecological civilization, and implementing the goal of "double-carbon", and building the modernization of harmonious coexistence between man and nature. It is also an important means to follow the trend of consumption upgrade, and foster new areas of economic growth, and strengthen new drivers of high-quality development. Henan actively advocates and cultivates the green lifestyle, and has made significant progress in city. However, there are also some challenges and deficiencies. It is urgent to accelerate the formation of green lifestyle by strengthening publicity and guidance, and improving the collaborative working mechanism, and advocating green consumption, and so on.

Keywords: Green Lifestyle; City; Henan

B. 20   Research on Promoting Green Development of Industry

in Henan Cities   *Wang Yuanliang* / 274

Abstract: In recent years, Henan cities have made remarkable achievements in promoting industrial green development, but they still face major problems such as the emphasis on the three industrial structures, the dominance of traditional industries, and the low proportion of modern service industries. They further propose to build a green and low-carbon circular development economic system, comprehensively promote the green transformation of industrial development, accelerate the construction of a green and low-carbon technology innovation system, and establish and improve a market-oriented ecological compensation mechanism, Improve the policy system of green and low-carbon development and create a strong green and low-carbon social atmosphere.

Keywords: Green Development of Industry; Green and Low-Carbon Trans-formation; City; Henan

社会科学文献出版社

皮 书

智库成果出版与传播平台

❖ 皮书定义 ❖

皮书是对中国与世界发展状况和热点问题进行年度监测，以专业的角度、专家的视野和实证研究方法，针对某一领域或区域现状与发展态势展开分析和预测，具备前沿性、原创性、实证性、连续性、时效性等特点的公开出版物，由一系列权威研究报告组成。

❖ 皮书作者 ❖

皮书系列报告作者以国内外一流研究机构、知名高校等重点智库的研究人员为主，多为相关领域一流专家学者，他们的观点代表了当下学界对中国与世界的现实和未来最高水平的解读与分析。截至 2022 年底，皮书研创机构逾千家，报告作者累计超过 10 万人。

❖ 皮书荣誉 ❖

皮书作为中国社会科学院基础理论研究与应用对策研究融合发展的代表性成果，不仅是哲学社会科学工作者服务中国特色社会主义现代化建设的重要成果，更是助力中国特色新型智库建设、构建中国特色哲学社会科学"三大体系"的重要平台。皮书系列先后被列入"十二五""十三五""十四五"时期国家重点出版物出版专项规划项目；2013~2023 年，重点皮书列入中国社会科学院国家哲学社会科学创新工程项目。

皮书网

（网址：www.pishu.cn）

发布皮书研创资讯，传播皮书精彩内容
引领皮书出版潮流，打造皮书服务平台

栏目设置

◆ **关于皮书**

何谓皮书、皮书分类、皮书大事记、
皮书荣誉、皮书出版第一人、皮书编辑部

◆ **最新资讯**

通知公告、新闻动态、媒体聚焦、
网站专题、视频直播、下载专区

◆ **皮书研创**

皮书规范、皮书选题、皮书出版、
皮书研究、研创团队

◆ **皮书评奖评价**

指标体系、皮书评价、皮书评奖

◆ **皮书研究院理事会**

理事会章程、理事单位、个人理事、高级
研究员、理事会秘书处、入会指南

所获荣誉

◆ 2008 年、2011 年、2014 年，皮书网均
在全国新闻出版业网站荣誉评选中获得
"最具商业价值网站"称号；
◆ 2012 年，获得"出版业网站百强"称号。

网库合一

2014年，皮书网与皮书数据库端口合
一，实现资源共享，搭建智库成果融合创
新平台。

皮书网

"皮书说"
微信公众号

皮书微博

权威报告·连续出版·独家资源

皮书数据库
ANNUAL REPORT(YEARBOOK) DATABASE

分析解读当下中国发展变迁的高端智库平台

所获荣誉

- 2020年，入选全国新闻出版深度融合发展创新案例
- 2019年，入选国家新闻出版署数字出版精品遴选推荐计划
- 2016年，入选"十三五"国家重点电子出版物出版规划骨干工程
- 2013年，荣获"中国出版政府奖·网络出版物奖"提名奖
- 连续多年荣获中国数字出版博览会"数字出版·优秀品牌"奖

皮书数据库

"社科数托邦"
微信公众号

成为用户

登录网址www.pishu.com.cn访问皮书数据库网站或下载皮书数据库APP，通过手机号码验证或邮箱验证即可成为皮书数据库用户。

用户福利

- 已注册用户购书后可免费获赠100元皮书数据库充值卡。刮开充值卡涂层获取充值密码，登录并进入"会员中心"—"在线充值"—"充值卡充值"，充值成功即可购买和查看数据库内容。
- 用户福利最终解释权归社会科学文献出版社所有。

社会科学文献出版社 皮书系列
SOCIAL SCIENCES ACADEMIC PRESS (CHINA)

卡号：346886464526
密码：

数据库服务热线：400-008-6695
数据库服务QQ：2475522410
数据库服务邮箱：database@ssap.cn
图书销售热线：010-59367070/7028
图书服务QQ：1265056568
图书服务邮箱：duzhe@ssap.cn

S 基本子库
SUB DATABASE

中国社会发展数据库（下设 12 个专题子库）

紧扣人口、政治、外交、法律、教育、医疗卫生、资源环境等 12 个社会发展领域的前沿和热点，全面整合专业著作、智库报告、学术资讯、调研数据等类型资源，帮助用户追踪中国社会发展动态、研究社会发展战略与政策、了解社会热点问题、分析社会发展趋势。

中国经济发展数据库（下设 12 专题子库）

内容涵盖宏观经济、产业经济、工业经济、农业经济、财政金融、房地产经济、城市经济、商业贸易等 12 个重点经济领域，为把握经济运行态势、洞察经济发展规律、研判经济发展趋势、进行经济调控决策提供参考和依据。

中国行业发展数据库（下设 17 个专题子库）

以中国国民经济行业分类为依据，覆盖金融业、旅游业、交通运输业、能源矿产业、制造业等 100 多个行业，跟踪分析国民经济相关行业市场运行状况和政策导向，汇集行业发展前沿资讯，为投资、从业及各种经济决策提供理论支撑和实践指导。

中国区域发展数据库（下设 4 个专题子库）

对中国特定区域内的经济、社会、文化等领域现状与发展情况进行深度分析和预测，涉及省级行政区、城市群、城市、农村等不同维度，研究层级至县及县以下行政区，为学者研究地方经济社会宏观态势、经验模式、发展案例提供支撑，为地方政府决策提供参考。

中国文化传媒数据库（下设 18 个专题子库）

内容覆盖文化产业、新闻传播、电影娱乐、文学艺术、群众文化、图书情报等 18 个重点研究领域，聚焦文化传媒领域发展前沿、热点话题、行业实践，服务用户的教学科研、文化投资、企业规划等需要。

世界经济与国际关系数据库（下设 6 个专题子库）

整合世界经济、国际政治、世界文化与科技、全球性问题、国际组织与国际法、区域研究 6 大领域研究成果，对世界经济形势、国际形势进行连续性深度分析，对年度热点问题进行专题解读，为研判全球发展趋势提供事实和数据支持。

法律声明

"皮书系列"（含蓝皮书、绿皮书、黄皮书）之品牌由社会科学文献出版社最早使用并持续至今，现已被中国图书行业所熟知。"皮书系列"的相关商标已在国家商标管理部门商标局注册，包括但不限于LOGO（　）、皮书、Pishu、经济蓝皮书、社会蓝皮书等。"皮书系列"图书的注册商标专用权及封面设计、版式设计的著作权均为社会科学文献出版社所有。未经社会科学文献出版社书面授权许可，任何使用与"皮书系列"图书注册商标、封面设计、版式设计相同或者近似的文字、图形或其组合的行为均系侵权行为。

经作者授权，本书的专有出版权及信息网络传播权等为社会科学文献出版社享有。未经社会科学文献出版社书面授权许可，任何就本书内容的复制、发行或以数字形式进行网络传播的行为均系侵权行为。

社会科学文献出版社将通过法律途径追究上述侵权行为的法律责任，维护自身合法权益。

欢迎社会各界人士对侵犯社会科学文献出版社上述权利的侵权行为进行举报。电话：010-59367121，电子邮箱：fawubu@ssap.cn。

社会科学文献出版社